Jesus
et les Esséniens

Par
Dolores Cannon

Traduction par:
Monique Glibert

© 1992 Dolores Cannon
Publication originale par Gateway Books, Grande Bretagne-1992
Première impression américaine © 2000 Ozark Mountain Publishing, Inc"
Première traduction française - 2021

Tous les droits sont réservés. Toute partie de ce livre, partiellement ou dans sa totalité, ne peut être reproduite, transmise ou utilisée sous quelque forme que ce soit, ou par quelque moyen que ce soit, électronique, photographique ou mécanique, y compris la photocopie, l'enregistrement ou tout autre système de stockage et de recherche sans une autorisation écrite. par Ozark Mountain Publishing, Inc. à l'exception de brèves citations incorporées dans des articles littéraires et des périodiques.

Pour la permission, la sérialisation, la condensation, les adaptations, ou pour notre catalogue d'autres publications, écrivez à "Ozark Mountain Publishing, Inc., P.O. box 754, Huntsville, AR 72740, ATTN: Permissions Department."

Données de catalogage avant publication de la Bibliothèque du Congrès
Cannon Dolores, 1931 - 2014
Jésus et les Esséniens par Dolores Cannon

Rapports de témoins sur les années manquantes de Jésus, les parties qui ont été omises de la Bible et la communauté des Esséniens à Qumran. L'information a été obtenue grâce à l'hypnose régressive menée par Dolores Cannon. Sont inclus une bibliographie et un index.

1. Jésus 2. Les Esséniens 3. Les manuscrits de la mer morte 4. Hypnose 5. Réincarnation
I Cannon Dolores, 1931-2014 II. Les Esséniens III. Titre

Library of Congress Catalog Card Number: 2021932411
ISBN# 978-1-950608-33-1

Traduction par : Monique Glibert
Maquette de couverture par Drawing Board Studio and Travis Garrison
Illustrations par Joe Alexander
Livre en Times New Roman
Publié par:

PO Box 754, Huntsville, AR 72740
800-935-0045 or 479-738-2348; fax 479-738-2448
www.ozarkmt.com
Imprimé aux États-Unis d'Amérique

Table de matière

Preface
PREMIÈRE SECTION: Les Mystérieux Esséniens
CHAPITRE 1: Comment tout a commence — 3
CHAPITRE 2: Le sujet — 13
CHAPITRE 3: Rencontre avec Suddi — 20
CHAPITRE 4: Qui étaient les Esséniens — 32
CHAPITRE 5: La description de Qumran — 38
CHAPITRE 6: Le gouvernement de la Communauté de Qumran — 63
CHAPITRE 7: La bibliothèque mystèrieuse — 84
CHAPITRE 8: Les douze commandements — 99
CHAPITRE 9: La méditation et les chakras — 105
CHAPITRE 10: Le premier voyage de Suddi dans le monde extérieur — 115
CHAPITRE 11: Sarah, la soeur de Suddi — 127
CHAPITRE 12: En allant à Bethesda — 132
CHAPITRE 13: L'interrogatoire — 142
CHAPITRE 14: Parchemins et histoires bibliques — 163
CHAPITRE 15: Moïse et Ezekiel — 184
CHAPITRE 16: Création, Catastrophe et le Kaloo — 199

DEUXIÈME SECTION LA VIE DE JESUS
CHAPITRE 17: Les prophecies — 221
CHAPITRE 18: L'étoile de Bethléem — 226
CHAPITRE 19: Les rois mages et le bébé — 233
CHAPITRE 20: Jesus et Jean: Deux étudiants à Qumran — 245
CHAPITRE 21: Jesus et Jean: Achèvement de leurs études — 251
CHAPITRE 22: Les voyages de Jésus et Marie — 256
CHAPITRE 23: Le ministère de Jésus commence — 263
CHAPITRE 24: Preparation pour la Crucifixion — 274
CHAPITRE 25: La Crucifixion et la Resurrection — 291
CHAPITRE 26: Le but de la crucifixion et de la résurrection — 310

ADDENDUM - AJOUT DE 2001 — 317
Bibliographie — 326
À propos de l'auteur — 329

Préface

Pour qui est-ce que je me prends pour oser écrire un livre qui va bouleverser, ou tout du moins ébranler les fondements des croyances de beaucoup de Juifs et de Chrétiens? Je suis une personne respectueuse des croyances d'autrui. L'homme doit croire en quelque chose, même s'il croit qu'il n'y a rien.

Ceci est l'histoire d'un peuple qui a consacré sa vie à la protection et à la préservation du savoir. Il s'agit de quelque chose que je suis capable de comprendre. Pour moi, la destruction du savoir est une chose vraiment terrible. Ces personnes semblent avoir passé le flambeau proverbial au travers des époques, dans l'espace et le temps. Cette information présentée ici ne m'a pas été donnée pour recueillir de la poussière sur une étagère. Elle était destinée à être révélée une fois de plus pour d'autres personnes avides de connaissances. C'est comme si les Esséniens murmuraient presque à voix basse à mes oreilles. "Écrivez", me disaient-ils, "la connaissance a été cachée depuis trop longtemps. Écrivez, ne laissez pas la connaissance se perdre de nouveau." Ainsi, je sens que je dois transmettre ce que j'ai appris. Si cela en perturbe certains, j'espère qu'il sera compris que telle n'était pas mon intention de départ. Si cela crée une réflection, telle était ma réelle intention.

Je ne peux pas prétendre que ce que j'ai présenté dans ce livre soit la vérité absolue, ou des faits incontestables. Je ne sais pas, et je doute sérieusement que quiconque vivant ne possède de telles réponses. Mais peut-être, pour la première fois, on peut se permettre de se détacher du moule qui nous retient prisonniers depuis notre enfance. Ouvrir les fenêtres de notre esprit et laisser la curiosité et la quête de connaissances entrer comme une brise printanière et balayer les toiles d'araignées de la complaisance. Oser penser l'impensable. Oser interroger l'indiscutable. Oser considérer des concepts différents de la vie et de la mort. Et votre âme, votre "Moi" éternel, en sera d'autant plus riche pour elle-même.

PREMIÈRE SECTION

Les Mystérieux Esséniens

CHAPITRE 1

Comment tout a commencé

Il est possible de voyager à travers le temps et l'espace et de visiter des civilisations depuis longtemps perdues. Il est également possible de parler avec ceux qui sont morts depuis longtemps et de revivre avec eux leur vie, et leur mort. Il est possible de se rendre et de parcourir des centaines, voire jusqu'à des milliers d'années en arrière, pour explorer le passé. Je sais, parce que je l'ai fait, non pas, une seule fois, mais des centaines de fois.

Je l'ai fait avec l'assistance de la régression par l'hypnose. C'est une technique, ou méthode, qui permet aux gens de se souvenir et de souvent parvenir à revivre leurs vies passées. L'idée que nous ne vivons pas qu'une seule fois; mais plusieurs fois, s'appelle la réincarnation. Ceci ne doit pas être confondu avec la "transmigration", qui est la croyance erronée selon laquelle l'homme peut renaître en tant qu'un animal. D'après mes recherches, cela ne se produit pas. Quand l'âme de l'homme s'incarne, elle habitera toujours dans un corps humain. Malheureusement, il peut sombrer si bas qu'il devienne de nature animale, mais il ne reprendra jamais la forme d'un animal. Ceci est un type d'esprit complètement différent.

Je ne sais pas pourquoi certaines personnes trouvent l'idée de la réincarnation si difficile à comprendre, alors qu'elles peuvent y trouver des liens avec leur propre vie. Tout le monde change constamment. Ne pas changer signifierait que vous avez cessé de croitre. À ce stade, vous êtes en stagnation, et commencez à mourir.

Nous changeons tellement que nous avons souvent l'impression de vivre des vies différentes dans celle-ci même. On va à l'école, on se marie, on a des enfants, on se remarie parfois. Nous pouvons changer de profession, allant quelques fois dans une direction totalement différente. Nous pouvons voyager ou vivre dans un pays étranger pour un petit moment. Nous pouvons éprouver un traumatisme voire un chagrin avec la mort ou le malheur d'êtres chers. Nous espérons apprendre à aimer et à atteindre nos objectifs dans la vie. Chacun d'entre eux peuvent être vu comme des étapes dans nos vies et elles sont totalement différentes les unes des autres. Nous faisons des erreurs et espérons en tirer des leçons. On entend des gens dire: "Je ne sais pas comment j'ai pu faire de telles choses aussi stupides quand j'étais plus jeune. C'est comme si c'était arrivé à quelqu'un d'autre."

Je sais que je ne pourrais jamais revenir vers cette jeune adolescente de lycée que j'ai jadis été. Je ne serais même pas capable de m'identifier à elle, si naïve et si timide. Nous n'aurions rien de commun maintenant l'une avec l'autre. Et elle n'aurait jamais pu comprendre la personne complexe que je suis devenue. Pourtant, nous sommes une seule et même personne.

C'est comme ça que je regarde les vies passées. Nous savons que nous les avons vécues, tout comme nous savons que nous avons vécu notre enfance dans cette vie-ci. On pourrait les appeler l'enfance de l'âme. Espérons que nous avons appris à appliquer les connaissances acquises au cours de centaines d'années d'erreurs, en étant des êtres humains. Mais, tout comme il y a des gens pour qui cela prend plus de temps pour grandir, il y a aussi des gens qui doivent vivre beaucoup de vies avant d'apprendre une seule leçon.

Nous pouvons considérer notre propre corps comme une forme de réincarnation. Nous savons que nos corps changent constamment. Les cellules meurent constamment et sont renouvelées dans un cycle sans fin. Nous n'avons certainement pas le même corps que nous avions il y a dix, vingt ou voire trente ans. Il a changé pour le meilleur ou pour le pire.

Nous pouvons voir la réincarnation comme une école de l'âme, une série de leçons à apprendre et de niveaux à passer pour notre éducation et notre croissance. Alors on peut arrêter de maudire les mauvais moments qui souvent nous arrivent et apprendre à les considérer comme des tests et des examens que nous devons réussir ou échouer. Nous ne pouvons pas changer ce qui nous est arrivé dans cette vie ou dans d'autres. Nous pouvons seulement apprendre grâce à tout ceci et aller de l'avant, en laissant le passé nous guider et nous enseigner.

La doctrine de la réincarnation est une philosophie et, en tant que telle, elle ne nuit à aucune forme de religion établie. Au contraire, elle les améliore, et les rend plus complètes. Quiconque qui en étudie vraiment l'idée avec un esprit ouvert trouvera qu'il est capable de croire aux deux. Il n'existe aucun conflit entre les deux. La réincarnation n'appartient pas aux arts malfaisants. Elle ne doit pas être confondue avec une connaissance occulte. Il s'agit d'un principe d'amour et peut donc être combinée avec toute religion dont la base principale se trouve également être l'amour. Beaucoup de gens qui tâtonnent à l'aveuglette pour trouver des réponses peuvent trouver ce qu'ils cherchent ici. C'est comme une lumière vive au bout d'un tunnel.

En réalité, vous ne mourrez jamais; parce que l'âme est éternelle, elle ne peut pas mourir. La vie est une existence continue, passant simplement d'un corps à un autre. Vous changez de corps aussi facilement que vous changeriez de costume. Un costume est jeté quand il devient trop vieux et usé ou trop déchiré, et trop endommagé pour être réparé. C'est plus difficile pour certaines personnes, qui elles, sont réticentes à s'en défaire, peu importe la façon dont ils sont devenus. Vous vous attachez à cette chose, après tout. Mais vous avez un corps, vous n'êtes pas un corps.

Il y aura ceux qui pensent que l'idée de renaissance est trop compliquée, trop radicale, trop difficile à comprendre. Ce sont des gens qui ne sont peut-être même pas encore en train de lire à propos du concept de réincarnation. Ceux-ci devraient s'efforcer de vivre la meilleure vie possible grâce à leurs propres convictions, celles avec lesquelles ils peuvent s'identifier et se sentir à l'aise. Personne ne devrait tenter d'imposer ces croyances à qui que ce soit.

Le concept de la remontée dans le temps fascine beaucoup de gens. Pourquoi? La recherche de la vérité, l'attrait de l'inconnu ou le désir de voir comment les anciens vivaient réellement? Peut-être un soupçon que le passé était meilleur que le présent? Est-ce pour cela que les histoires de machines à remonter dans le temps sont si populaires? Peut-être que l'homme souhaite secrètement se détacher des chaînes qui le lient au présent et se déplacer ainsi librement dans le temps sans limitations, ni restrictions.

Je fais de la régression de vies antérieures. C'est un terme moderne pour une hypnothérapeute spécialisée dans les régressions de la vie passée. Je n'utilise pas l'hypnose de manière conventionnelle, par exemple pour aider les autres à perdre du poids, à arrêter de fumer ou à soulager toute sorte de douleur. Je suis profondément intéressée par la réincarnation depuis plus de vingt ans. Tout a commencé quand j'ai vu mon mari, hypnotiseur, mener de telles expérimentations par la régression. Il avait utilisé des méthodes conventionnelles d'hypnose et trébuché sur la réincarnation tout à fait par "chance" en travaillant avec une femme qui souhaitait perdre du poids.

L'histoire de notre première aventure dans l'inconnu et ses conséquences tragiques ont été racontées dans mon premier livre "Five Lives Remembered" (en Francais, cinq vies en mémoire). Mon mari avait failli être tué dans un terrible accident de voiture et avait passé un an à l'hôpital. Après une longue et difficile convalescence, il ne s'intéressait plus à l'hypnose. Sa vie s'était redirigée dans une toute autre direction.

Mais mon appétit avait été stimulé par ce goût des expériences dans les vies passées auxquelles j'avais été exposé. La porte s'était ouverte sur un nouveau monde de possibilités. J'ai toujours aimé l'histoire et c'était une façon fascinante de l'explorer. Elle est devenue plus vivante que dans des livres d'histoire avec leurs faits et dates desséchés et moisis. Cette méthode était similaire au passage dans un tunnel à travers le temps, et une action pour se rendre à la rencontre de personnes vivantes dans le passé. Il m'était devenu possible de parler à ceux qui connaissaient l'histoire au moment où cela se déroulait. Oui, la porte avait été ouverte, et j'avais entrevu un inconnu. Je ne permettrais pas qu'elle soit à jamais refermée pour moi. Si mon mari n'était plus intéressé, je me devrais d'apprendre à mener mes propres recherches.

Les méthodes conventionnelles d'induction ne m'avaient pas plue. Je les pensais trop chronophages et fatigantes - à la fois sur le sujet et sur l'opérateur. Elles contenaient de nombreux tests pour déterminer la profondeur de la transe. J'ai souvent soupçonné que la plupart des gens ressentaient inconsciemment ce test. Conditionnées par de nombreuses années de scolarité, elles ne veulent pas être placées dans une position où elles estiment devoir réussir ou échouer. Il leur est difficile de se détendre si elles sont sur la défensive.

Ces tests sont utilisés pour mesurer la profondeur de l'état de transe selon cette croyance erronée que cela aurait quelque chose à voir avec une quelconque capacité à atteindre le subconscient. Cela a été prouvé incorrect. Les gens sont dans un état hypnotique plusieurs fois dans leur journée et ne le réalisent même pas. Ils s'attendent à ce sentir différents de ce qu'ils sont réellement, autrement dit, dans ce qui serait une condition purement naturelle.

Au moins deux fois par jour, tout le monde passe par l'état de transe le plus profond possible. Cela se produit quand ils s'endorment le soir et juste avant de se réveiller le matin. Il a été prouvé que chaque fois que nous regardons la télévision et que nous sommes absorbés par l'histoire, nous entrons dans un état de conscience altéré. Cela arrive aussi souvent que si nous empruntions une autoroute monotone ou écoutions un sermon ou une conférence ennuyeuse. Nous entrons tous dans des états modifiés très facilement, et la majorité des gens seraient choquée si on leur disait qu'ils étaient dans un état inconscient d'hypnose à ce moment là.

J'ai senti intuitivement qu'en passant par cet état naturel il devait exister un moyen plus rapide et plus facile d'induire une transe dans un but d'obtenir une régression. J'ai étudié les techniques modernes et constaté qu'il existait de nombreuses méthodes plus rapides et plus simples. Ces méthodes sont actuellement utilisées par certains médecins pour contrôler les maladies et la douleur. Ils utilisent principalement les zones de visualisation du cerveau, permettant au sujet de participer à un jeu en utilisant des images guidées. J'ai improvisé une méthode satisfaisante et j'ai commencé à expérimenter en 1979. J'avais trouvé des sujets facilement car il semblait y avoir un intérêt pour cette idée philosophique, même si l'intérêt n'était que d'un point de vue de curiosité.

Les critiques affirment que l'hypnotiseur dit à son sujet de se rendre dans une vie passée et que les rappels sont les résultats produits par la personne souhaitant faire plaisir à l'hypnotiseur. Dans ma technique, je me donne beaucoup de mal pour ne pas faire de suggestion. Dans des circonstances normales, je ne leur dis jamais d'aller dans un lieu précis. Tout se passe spontanément.

J'avais plannifié de traiter ma méthode comme une expérience scientifique et voir si il serait possible de la répéter. Je voulais l'utiliser sur autant de typologies de personnes que cela soit possible. Si les mêmes résultats étaient obtenus encore et encore, je pensais que cela ajouterait à la validité de la théorie sur la réincarnation. J'ai essayé de rester objective, mais quand quatre-vingt-quinze pour cent de ceux que j'ai hypnotisés ont suivi le même schéma en me présentant une vie passée et en se corroborant des histoires, il était difficile de rester totalement neutre. Les gens ont dit qu'il pouvait y avoir d'autres explications pour ceci que celle de la réincarnation. C'est bien sûr possible. Mais mes recherches me portent à croire que les sujets se rappellent de souvenirs réels de leur passé. Comme je régressais de plus en plus de gens, je trouvais la méthode reproductible sur tous les types, même les incultes et les sceptiques. Souvent, les sujets ne croyaient pas aux vies passées et ne comprenaient même pas ce que je faisais. Pourtant, les résultats étaient les mêmes.

Tout comme d'autres personnes travaillant dans ce domaine de recherche sur la réincarnation, j'espérais ajouter mes données à la masse croissante de matériels recueillie par d'autres. Certains chercheurs ne s'intéressent qu'aux statistiques, au nombre de personnes qui se souviennent de vies à certaines périodes. Mais j'aime les gens, donc je suis intéressée par leurs histoires personnelles. Je préfère travailler individuellement avec chaque personne plutôt qu'avec des régressions de groupe. De cette façon, toute l'histoire dans sa totalité peut être obtenue. De plus, l'opérateur (ou le guide) contrôle mieux tout traumatisme pouvant résulter de tels souvenirs.

Avec cette technique, pratiquement tout le monde peut se souvenir de leurs vies passées, même dans l'état hypnotique le plus léger. Différents niveaux de transe hypnotique existent. Ceux-ci ont été mesurés en laboratoire sur des instruments scientifiques. Dans les régressions, plus l'état est profond, plus il est possible d'obtenir de détails. J'ai trouvé que le degré de transe peut être évalué par les réactions physiques des sujets et la façon dont ils répondent aux questions. Dans les états plus légers, ils ne penseront même pas qu'il se passe quelque chose d'inhabituel. Ils jureront qu'ils sont complètement réveillés et ne peuvent pas comprendre d'où proviennent les informations. Parce que l'esprit conscient est toujours très actif, ils penseront que c'est seulement leur imagination. Dans cette lumière, le sujet regarde souvent les événements de la vie passée comme s'il regardait un film dans cette réalité de son présent. Au fur et à mesure que l'état hypnotique s'approfondit, le sujet surveillera cette vie comme une alternative et y participera. Quand ils sont en train de tout observé à travers les yeux de l'autre personne et éprouvant des réactions émotionnelles, ils tombent dans un état sous-jacent. L'esprit conscient devient moins actif et devient totalement impliqué dans ce qu'il voit et vit.

Les meilleurs sujets sont ceux qui peuvent atteindre l'état de somnambule. Dans cet état, ils deviendront complètement la personnalité et revivront la vie pleinement, même en ne possédant aucun souvenir d'une autre période. Ils deviennent, à tous égards, la personne qui vivait il y a des centaines ou des milliers d'années. Ils sont en mesure de relater leurs versions de l'histoire. Mais ils ne peuvent que dire ce qu'ils savent. S'ils étaient paysans, ils n'auraient pas connaissance de ce qui se passe dans le palais du roi et vice-versa. Ils ignorent souvent les événements qui peuvent être trouvés dans n'importe quel livre d'histoire, mais qui n'avaient aucune incidence personnelle sur leur vie à cette époque.

Ils ne se souviendront de presque rien lorsqu'ils seront réveillés, à moins qu'ils ne soient invités à le faire. Les sujets pensent qu'ils viennent de s'endormir et que toutes les scènes qui peuvent rester dans le conscience semblent être des fragments de rêve qui s'estompent. Dans l'état somnambulique, ils peuvent diffuser beaucoup d'informations parce qu'ils sont, à tous égards, cette personnalité qui vit réellement dans cette période passée. Pour quelqu'un qui n'a jamais vu ce phénomène, les effets peuvent être tout à fait surprenants. C'est une expérience fascinante et parfois dérangeante de voir un sujet changer complètement et qui prend les manières et les inflexions de voix de quelqu'un de totalement différent.

Un somnambule est difficile à trouver. Dick Sutphen, expert renommé en réincarnation, affirme qu'il s'agit d'un sujet sur dix. Il dit que s'il y a trente personnes présentes dans une pièce, trois d'entre eux seulement seront probablement capables d'atteindre l'état somnambulique. Mes chances n'ont pas été aussi élevées. J'en ai trouvé à un ratio d'environ un sur vingt. La plupart des gens sont très curieux de ce qui se passe et gardent leurs barrières et restent sur leurs gardes, même en transe. Cela les empêche de tomber dans un état plus profond. J'ai trouvé qu'un élément de confiance doit être construit avant que ces murs de contrôle ne s'effondrent. Les sujets doivent savoir qu'ils sont parfaitement en sécurité. Je crois que les dispositifs de protection de l'esprit fonctionnent encore parce que des personnes se sont immédiatement réveillées de cet état profond si elles voyaient ou expérimentaient quelque chose qui leur déplaisait ou leur faisait peur. C'est à peu près la même façon que de se réveiller d'un cauchemar. Ma technique hypnotique ne permet pas de contrôler l'esprit d'une autre personne, mais crée cette capacité de développement d'une confiance et une certaine coopération avec cet esprit. Une plus grande confiance établit une diffusion plus complète de l'information.

Non, je n'ai jamais encore trouvé de Cléopâtre ou un Napoléon. Pour moi, c'est un signe de validité que la plupart des gens ne se souviennent que de vies ordinaires voire routinières. À mon avis, si quelqu'un voulait créer une histoire fantastique pour faire plaisir à l'hypnotiseur (comme l'ont suggéré des "experts") il créerait une aventure passionnante. Pour moi, ce serait un fantasme. Ils se verraient comme un héros effectuant des actes merveilleux et extraordinaires. Tel n'est pas le cas. La vie occasionnelle différente et passionnante est unique. Les ternes, les ennuyeuses, les banales sont bien plus nombreuses que celles-ci. Ce serait équivalent à la vie réelle. Il y a beaucoup plus de gens ordinaires et communs qui vivent leurs vies ordinaires que les rares qui réussissent à faire la une des journaux.

Les régressions que j'ai effectuées sont remplies de tels cas. Des soldats qui ne sont jamais allés à la guerre, des Amérindiens qui vivaient des vies pacifiques au lieu de combattre l'homme blanc. Les agriculteurs et les premiers colons qui ne connaissaient rien d'autre que du travail éreintant, du chagrin et du malheur. Certains n'ont jamais rien fait d'autre que de s'occuper de leurs animaux, de faire pousser leurs récoltes et finalement de mourir, épuisés avant l'heure. L'événement le plus excitant de leur vie a été un mariage, la naissance d'un enfant, un voyage en ville ou des funérailles. La plupart des personnes vivant aujourd'hui rentrent dans une catégorie similaire. Non, ce qui est impressionnant à propos de la plupart des régressions, ce ne sont pas les actions et les aventures de la personne, mais les émotions humaines très réelles qu'elles ont vécues. Lorsqu'une personne est réveillée de sa transe avec des larmes encore fraîches sur ses joues après s'être rappelé un événement qui a eu lieu il y a plus de deux cents ans, personne ne pourrait les convaincre qu'il s'agissait d'un fantasme.

Ce serait comme de revivre un événement traumatique de son enfance qui a été réintroduit avec tous les sentiments refoulés qui remontent à la surface après plusieurs années. Personne ne pourrait vous dire qu'un tel événement d'enfance n'a pas eu lieu parce que souvent vous vous en souvenez consciemment ou que cela peut être vérifié auprès d'autres. Ainsi, la régression est similaire à la récupération de tels souvenirs d'enfance. On peut les remettre à leur place, voir comment ils ont influencé la vie présente et essayer d'apprendre quelque chose grace à cette mémoire désenfouie.

Une explication sur de tels phénomènes est la cryptoamnésie ou "mémoire cachée". C'est la théorie selon laquelle vous l'avez lu, vu ou entendu quelque part, à un quelconque moment, et enterré dans votre esprit. Puis, sous hypnose, vous pouvez le faire ressortir et en tirer une histoire. Pour moi, il ne s'agit pas une explication suffisante. Si vous conservez de la mémoire cachée, vous conservez également les souvenirs de tout ce qui s'est passé pour vous dans cette vie. C'est un fait. Mais le sujet somnambule oublie tout ce qui ne concerne pas la période de temps qui a été ainsi revécue. Il en existe de nombreux exemples dans ce livre. Souvent, les sujets ne sauront même pas de quels objets je parle car ils n'existent pas dans leur réalité temporelle présente. Ou bien, je vais utiliser un mot ou une phrase qu'ils ne comprennent pas. Il est souvent difficile d'essayer d'expliquer des choses que nous connaissons bien en termes simples. Essayez-le parfois. Si le sujet utilisait une mémoire cachée, alors pourquoi ces choses modernes seraient-elles oubliées? Ne font-elles pas également parties de la mémoire de la personnalité actuelle?

Une autre théorie est que le sujet "jouerait le jeu" et ne discuterait que d'une période ou d'un pays dont ils ont des connaissances. Je l'ai réfutée plusieurs fois. Il est assez courant pour un sujet de discuter d'une vie dans une culture totalement inconnue pour eux. Souvent, ils ne savent même pas où ils sont, rien ne leur est familier. Leur excellent rappel du pays et des coutumes ou croyances peuvent ensuite être vérifiés par une recherche. Cela s'est produit à plusieurs reprises avec le sujet présenté dans ce livre. Je n'appellerais pas ça "jouer en sécurité" pour discuter d'une vie qui a eu lieu il ya deux mille ans dans un pays à l'autre bout du monde. Pourtant, son extrême précision ne peut qu'être un émerveillement. La recherche a révélé que ses rappels étaient stupéfiants. Et ce n'est que l'une des vies qu'elle a mise en avant pendant notre travail.

Comme je suis un écrivain avec une curiosité insatiable, je me suis impliquée dans ce projet de recherche avec un motif. J'avais l'intention de régresser autant de volontaires que possible et de compiler leurs informations dans des livres décrivant différentes périodes de l'histoire. J'ai eu beaucoup de gens se rendant à la même époque dans le temps et vérifié les histoires des autres en donnant les mêmes informations sur les conditions existantes à cette même époque. Ce projet pourrait encore devenir une réalité.

Mais quand j'ai rencontré Katherine Harris (un pseudonyme), j'ai réalisé que mon travail avec elle l'emporterait sur les tentatives précédentes et se transformeraient en livres à part entière. Les informations issues de son subconscient étaient uniques et informatives et je les considérais comme très importantes.

CHAPITRE 2

Le sujet

Qui était Katherine Harris et comment nos vies se sont-elles croisées? Au moment de notre rencontre, je n'avais aucune idée de ce que nos destins nous réserveraient. Je n'aurais pas pu deviner que nous allions entreprendre un voyage qui durerait un an et nous ramènerait au temps du Christ. Je crois que de telles rencontres ne sont jamais une coïncidence.

Je m'étais rendue à une soirée donnée par un groupe de personnes intéressées par la métaphysique et les phénomènes psychiques. Parmis elles, Il y en avait beaucoup avec qui j'avais déjà travaillé dans les régressions hypnotiques, mais il y avait aussi beaucoup de nouvelles personnes. Katherine, qui avait un intérêt et une curiosité pour l'inhabituel, se trouvait là avec un ami. Au cours de la soirée, des discussions ont eu lieu autour de mon travail et comme d'habitude, beaucoup de personnes se sont portées volontaires et voulaient prendre rendez-vous pour devenir des sujets. Il y a un bien plus grand intérêt dans ce domaine que la plupart des gens ne le réalisent. Souvent, il y a une véritable raison à vouloir une régression, comme chercher des relations karmiques ou se débarrasser d'une phobie, mais pour la plupart, il n'y a que la curiosité. Katherine voulait faire du bénévolat, alors nous avons pris rendez-vous.

Katherine, ou Katie, comme elle était connue de ses amis, n'avait que vingt-deux ans lorsque je l'ai rencontrée en ce jour important. Elle était petite et plutôt bien plantée pour son âge, avec des cheveux blonds coupés et des yeux qui pétillaient et semblaient voir sous la surface des choses. Sa personnalité semblait rayonner par tous les pores de sa peau. Elle semblait si heureuse et si vivante, si intéressée par les gens. Je devais découvrir plus tard à travers notre association que c'était souvent une façade pour couvrir sa timidité et son insécurité. Elle était du signe du Cancer, et les personnes nées sous ce signe astrologique ne sont généralement pas aussi grégaires. Mais elle avait une sincérité réelle émanant d'elle. Elle se souciait vraiment des gens et faisait tout son possible pour eux. Elle possédait un sens inné de la sagesse qui dénotait de son véritable âge. Au moment où des signes d'immaturité se manifestaient, cela semblait hors propos. Je devais me rappeler qu'elle n'avait que vingt-deux ans, le même âge que mon propre fils. Pourtant, ils ne semblaient pas pareils. Elle semblait être une très vieille âme dans un jeune corps trompeur. Je me demandais parfois si quelqu'un avait eu cette même impression à son propos.

Katherine est née à Los Angeles en 1960 de parents dont le travail exigeait beaucoup de déplacements et de mouvements fréquents. Ils étaient membres de l'église de l'"Assemblée de Dieu", donc les antécédants religieuses de Katie n'étaient certainement pas de ceux qui encourageraient les pensées de réincarnation et d'hypnose. Elle disaitt qu'elle s'était toujours sentie mal à l'aise dans les services de son église. Une grande partie du bruit et des mouvements qui s'y produisaient l'effrayaient. En tant que jeune fille dans l'église, elle avait souvent envie de faire le signe de la croix à la manière des catholiques. Cela semblait une chose parfaitement naturelle à faire. Mais après avoir été sévèrement réprimandée par sa mère, elle avait pensé qu'il valait mieux ne pas le faire en public. Ses parents la considéraient comme étrange au sein de leur famille. Ils ne pouvaient pas comprendre sa réticence à se comporter comme eux. C'était surtout par souci pour les sentiments de ses parents qu'elle a d'ailleurs demandé à rester anonyme dans ce livre. Elle pensait qu'ils ne comprendraient jamais, même si l'idée de vies nombreuses était un concept facile à saisir pour elle. Elle ne voulait pas risquer que sa vie privée en devienne chamboulée. J'ai accepté de respecter ses souhaits et de garder son identité secrète.

Les déménagements fréquents de sa famille dans de nombreux États des États-Unis les avaient finalement emmenés au Texas quand Katie avait seize ans. Elle avait déménagé deux fois au cours de sa deuxième classe de lycée, et maintenant de nouveau, au début de sa première classe. Elle en avait assez de s'adapter constamment aux nouvelles écoles, aux méthodes d'enseignement et aux amis temporaires. Lors d'une protestation de ses parents, elle avait quitté l'école au début de la première. C'était la pleine totalité de son éducation, deux ans de lycée. Cela devait devenir un atout pour notre travail. Nous pourrions être certains que les choses dont elle parlait sous hypnose ne venaient pas de sa scolarité. Je ne connais aucune école qui enseigne de telles choses de toute façon. Ils ne mettent même plus l'accent sur la géographie. C'est une fille extrêmement intelligente, mais sa connaissance ne vient pas des livres.

Une fois sortie de l'école et avec une liberté apparente, elle a constaté qu'elle ne trouvait pas facilement de travail avec un tel manque d'éducation ou de formation. Après une année de travaux subalternes décevants, elle avait décidé à dix-sept ans de passer un test GED (test d'équivalence à l'école secondaire) et avait rejoint l'armée de l'air pour obtenir une formation professionnelle. Elle y avait passé deux ans spécialisée dans les ordinateurs. Un autre point important de notre travail était qu'elle n'avait jamais quitté les États-Unis pendant son séjour dans l'armée de l'air, alors qu'en étant en pleine transe, elle avait décrit de nombreux détails sur l'étranger.

Quand elle a quitté le service, sa famille et elle ont déménagé dans la ville du centre-ouest où je l'ai rencontrée. Elle utilise maintenant ses compétences informatiques en travaillant dans un bureau. Elle semble bien ajustée et a une vie sociale normale. L'ampleur de ses lectures de temps libre se cantonne à la romance et les romans fantastiques qui sont si populaires aujourd'hui. L'idée de faire des recherches dans une bibliothèque pour obtenir des informations si essentielles à de telles régressions ne l'intéresserait pas du tout.

Dès la première séance, je savais qu'elle ne serait pas un sujet ordinaire. Elle est allée très vite au point, a montré des sensations sensorielles telles que le goût et l'odorat, a éprouvé de l'émotion et ne s'est souvenue de rien au réveil. Elle avait toujours pensé qu'elle n'aurait aucune difficulté à entrer en transe, mais elle était aussi surprise de la facilité avec laquelle tout cela s'était accompli. Je savais que j'avais trouvé le sujet somnambule parfait. Comme c'est le type le plus facile à utiliser, je voulais avoir plus de sessions avec elle si elle le voulait. Elle était également curieuse, et a accepté de le faire aussi longtemps que ses parents ne le découvriraient pas. J'espérais qu'il n'y aurait pas de problèmes dans ce domaine, mais légalement, elle était adulte et pouvait prendre des décisions la concernant. Elle a ensuite avoué avoir été hantée par des souvenirs toute sa vie qui semblaient hors de propos. Elle pensait que les réponses pouvaient résider dans la réincarnation et elle souhaitait en savoir plus.

Quand il est devenu évident que je pourrais obtenir beaucoup d'informations précieuses de cette fille, nous avons commencé à nous rencontrer régulièrement une fois par semaine. Comme je vis dans une zone rurale isolée, nous avons accepté de nous rencontrer chez mon amie Harriet. Elle se localisait en ville et était facilement accessible à toutes les parties concernées. Harriet est une hypnotiseuse de formation. Elle n'avait jamais travaillé avec un somnambule et était intéressée par mon travail avec Katie. Elle était impatiente de voir ce qui se passerait. Après que l'information ait commencé à sortir, j'étais ravie d'avoir Harriet comme témoin. Plus tard, d'autres étaient également présents lors des sessions. C'était assez difficile pour nous de croire ce qui se passait. Nous pourrions ainsi utiliser tous les témoins que nous pourrions avoir pour exclure la possibilité d'une accusation de canular.

Après les deux premières sessions, je l'ai conditionnée à entrer en transe profonde après la mention d'un mot-clé. Ceci est beaucoup plus rapide et permet d'économiser un travail préliminaire fastidieux. Nous n'avions aucune idée de la destination de cette expérience et notre aventure a commencé. Un voyage qui devait nous emmener vers des personnes et des lieux que nous n'aurions pas pu imaginer dans nos rêves les plus fous. C'est devenu un véritable voyage à travers le temps et l'espace.

Au début, on ne lui a jamais dit de se rendre à un endroit ou à une période donnée. Je laissais les informations sortir spontanément. Un mois a passé ainsi et j'ai décidé de devenir plus systématique et d'essayer d'orienter les régressions dans un certain ordre chronologique. J'ai commencé à reculer de cent ans en essayant de découvrir combien de vies elle avait vécues, mais il est fort possible que j'en ai manquées en cours de route. Plusieurs fois, des faits obscurs ne seraient révélés que par des recherches diligentes. Nous avons même rencontré le fascinant domaine des esprits où nous avons obtenu des informations sur ce qui se passe après que l'âme quitte le corps et entre dans l'état dit de "mort". Une grande partie de ceci sera couvert dans un autre livre, "Between Death and Life" (entre la mort et la vie).

Chaque semaine, j'ai essayé de revenir encore, de visiter au moins une autre vie supplémentaire. Je pensais que si l'une d'entre elles était particulièrement intéressante, nous pourrions revenir plus tard et poser d'autres questions. C'était la méthode utilisée dans "Five Lives Remembered" (cinq vies en mémoire), mais le sujet de ce livre n'a fait que revivre cinq vies. Cela avait été beaucoup plus facile.

Comme je reprenais Katie lentement, nous avions découvert vingt-six vies distinctes au début de l'ère chrétienne. Les nombreuses vies semblaient être divisées presque également entre hommes et femmes, riches et pauvres, intelligents et incultes. Chacune d'entre elles était remplie de détails sur le dogme religieux et les coutumes culturelles de l'époque. Je suis convaincue que même un universitaire formé en histoire et en anthropologie n'aurait pas pu trouver les détails incroyables qu'elle nous a donnés. Non, cette connaissance venait d'ailleurs. Je préfère croire qu'elle a réellement vécu toutes ces vies et que les connaissances sont restées cachées dans les vastes banques de mémoire informatisées appelées le «subconscient» .Il fallait seulement pousser les bons boutons et donner à l'esprit les bons signaux pour que la connaissance soit ces histoires de ces autres vies, qui seront écrites dans un autre livre. Cela leur ferait une injustice d'essayer de les entasser dans un livre unique. Il y a beaucoup trop d'informations.

Quand j'ai découvert qu'il était possible que l'entité sur laquelle nous étions tombée puisse donner des informations sur la vie du Christ, j'ai pensé qu'il était important de rester dans cette période et de voir ce qui allait en émerger. Je n'avais aucune idée de la direction qu'allait prendre l'expérience ou si quelque chose de valeur se produirait. Mais à la moindre occasion de trouver quelque chose, j'ai arrêté de la ramener en arrière et je suis retourné à la vie de Suddi, l'un des enseignants esséniens de Jésus, pour obtenir plus d'informations. Nous sommes restés avec cela pendant treize sessions, sur trois mois.

Si cette vie avait été la première que je rencontrais en travaillant avec Katie, j'aurais immédiatement rejeté le tout en fantaisie et arrêté les sessions. Tout le monde pense automatiquement si quelqu'un mentionne avoir connu Jésus qu'il doit faire un voyage dans son Ego. Mais cette information ne s'est pas manifestée à nous avant que je ne sois en train de travailler avec elle depuis déjà neuf mois. A cette époque, je savais d'où elle venait. Je savais quelles capacités extraordinaires elle avait à se rappeler des vies passées avec beaucoup de détails. Nous avons construit un lien de confiance très fort pendant cette période. Je crois que c'est la seule façon dont l'histoire est parvenue à sortir. Il a fallu beaucoup de patience pour continuer à travailler avec un sujet et continuer à reculer systématiquement en arrière. Mais si je m'étais arrêté trop tôt, cette histoire n'aurait jamais été écrite. Même en la connaissant aussi bien que moi, j'étais toujours réticente à dire à quiconque que j'avais découvert quelqu'un qui était l'un des enseignants esséniens de Jésus. J'étais sûre que j'aurais un sourire d'incrédulité et une remarque sournoise, telle que: "Ah, oui? Maintenant, raconte-moi en une autre", comme si je les croyais assez crédules pour avaler quoi que ce soit. Je peux comprendre ceci. Je suis sûre que j'aurais été sceptique si j'avais entendu cela de quelqu'un d'autre. Mais je devais la croire.

Il n'y avait pas d'autre moyen d'expliquer ce qui était en train de se passer. Il n'y avait aucune possibilité de mentir; elle parlait d'une transe hypnotique si profonde que cela aurait été impossible. Et les informations qui en ont résultées ont nécessité des recherches rigoureuses et des entretiens avec plusieurs experts sur les sujets. Pourtant, à aucun moment elle n'a su où nous allions continuer ensuite et ce que je lui demanderais. Ses réponses sont venues spontanément et naturellement.

Au début de notre travail, elle voulait entendre les enregistrements après la fin de la session. Plus tard, elle a montré moins d'intérêt, se demandant simplement au réveil, "Eh bien, où sommes-nous allés aujourd'hui?" Elle ne se souciait pas d'écouter la séance. Elle a souvent exprimé sa stupéfaction parce qu'elle disait savoir très peu de choses sur la période ou le pays que nous couvrions.

Après que le matériel sur Jésus ait commencé à sortir, cela a commencé à la déranger un peu. Peut-être que c'était son ancienne religion qui ressurgissait. Surtout quand elle a commencé à dire des choses controversiales et contradictoires à la Bible, cela a commencé à la submerger. Elle a dit qu'il ne semblait pas possible que tout cela vienne d'elle. C'était ahurissant. Cette seule vie la dérangeait plus que toutes les autres que nous avions traversées. Quelle que soit la raison, à ce moment-là, elle avait décidé de ne plus avoir de séances. Elle prévoyait de toute façon un déménagement. Son entreprise voulait qu'elle soit transférée dans une autre succursale avec une promotion et plus de salaire. Elle pensait également qu'une année était suffisamment longue pour travailler sur des expériences de régression; il était temps d'arrêter. J'ai convenu qu'elle devrait poursuivre sa vie là où elle devait la mener.

J'aurais bien aimé avoir encore quelques autres sessions supplémentaires. Je faisais des recherches à ce moment-là et je voulais des réponses à des questions qui me rendaient perplexe. Mais je me suis dite: "Est-ce que je répondrais à toutes mes questions?" Et même si cela était, il y aurait toujours des questions que quelqu'un d'autre trouverait. Nous ne serions probablement jamais en mesure de répondre à toutes les questions possibles et de clôturer en toute confiance le livre sur cette vie, et de le considérer comme totalement terminé. À ce niveau là, je pense avoir couvert un très large éventail de questions en en posant sur les conditions de vie, et les coutumes et les connaissances enseignées par les Esséniens.

CHAPITRE 3

Rencontre avec Suddi

Je maintenais une surveillance assez stricte des périodes pendant que nous reculions lentement dans le temps. J'ai eu les différentes vies énumérées dans un cahier. C'était la seule façon de les garder dans le bon ordre. Elle n'a jamais été confuse quant à qui et où elle était, mais à plusieurs reprises j'étais moi-même perdue, alors le cahier était essentiel pour moi. Je devais y faire référence plusieurs fois.

Il est difficile de traduire l'apparence de ce phénomène par des mots sur papier. Les personnes qu'elle était devenue étaient très réelles, avec des émotions, des gestes faciaux et corporels, caractéristiques à chacun d'entre eux. Ces différentes personnes me devenaient si familières que j'ai pu rapidement reconnaître chacune d'entre elles avant même qu'elles ne me donnent leurs noms.

Au cours des dernières semaines, nous l'avons vue en tant que médecin à Alexandrie pour discuter des médicaments et des méthodes de chirurgie utilisés au cours de la période de 400 après JC. Puis elle était un moine en robe jaune dans les montagnes du Tibet parlant de la philosophie bouddhiste en 300 après JC. Puis vint la surprise de trouver une fille vers 200 après JC, qui ne pouvait ni entendre ni parler. Normalement, j'aurais demandé à Katie de remonter à cent ans. Cette fois, mon instruction devait être formulée différemment. Comme elle ne pouvait pas très bien communiquer, nous n'étions pas certains de la période dans laquelle nous nous trouvions.

Les personnalités auraient souvent des accents forts qui rendaient la transcription difficile. Il y a un motif étrange que j'ai remarqué sur la manière dont les différentes entités parlent anglais. C'est comme s'ils étaient mentalement en train de traduire d'une langue à une autre. Lorsque cela se produit, les mots sont transposés hors de leur ordre grammatical naturel. Souvent, ce qui ressemble à une mauvaise connaissance de la grammaire est un autre exemple de ce phénomène étrange. Cela donne l'impression que l'entité (l'être avec qui nous entrons en contact) ne peut pas parler l'anglais et essaie de trouver les mots corrects quelque part dans le cerveau ou les banques mentales d'ordinateurs de Katie. Cela se traduit souvent par des erreurs de grammaire, de structure de phrase, ou d'ordre dans les mots qu'elle n'aurait jamais commises dans son état de veille naturel. Je crois que c'est juste un autre petit point qui suggère une réincarnation. Son esprit conscient ne ferait pas ces choses.

J'ai très bien connu l'entité appelée "Suddi" et j'ai pu comprendre son fort accent. Sa voix a également changé avec l'âge. Il était jeune et dynamique comme un enfant, puis progressivement plus mûr jusqu'à ce qu'il parle d'une voix plus fatiguée dans son grand âge.

Cette question de genre posera un problème pour raconter cette histoire. C'est une fille qui raconte l'histoire d'un homme. Il serait déroutant de constamment passer de "il" à "elle" et y revenir. Je pense que la solution serait d'appeler l'entité "il" et de ne se référer qu'à "elle" en se référant au corps physique de Katie et à ses mouvements. De même, dans la plupart des cas, le dialogue parlé par Suddi est précédé de la lettre "S:", Moi, Dolores, je suis "D:".

Je veux que le lecteur le rencontre comme nous l'avons nous-même fait.

Dolores: Revenons plus loin dans le temps, à une époque antérieure à cette fille qui ne pouvait ni entendre et ni ne pouvait parler. Je compterai jusqu'à trois et nous serons là. 1, 2, 3, nous sommes revenus plus loin dans le temps.

Je n'avais donc aucune idée de la période dans laquelle nous étions, sauf que cela devait être 200 ans avant JC. La personnalité qui en a émergé était un homme. Il se dirigeait vers Nazareth pour rendre visite à ses cousins. Sa voix est venue avec un accent si fort qu'il était difficile de le comprendre. Sa prononciation du mot "Nazareth" était si différente que je ne l'ai pas reconnue jusqu'à ce que je rejoue plus tard l'enregistrement et que je le suive avec une écoute plus attentive. Cela ressemblait à "Nathareth", parlé rapidement. Il a dit qu'il se trouvait en Galilée. Là encore, il prononça le mot autrement que celle dont j'avais l'habitude d'entendre. Il a dit: "Galilay". Ces noms ne sont apparus que lorsqu'ils ont été lus. Donc à l'époque je n'étais pas sûre de savoir où était Katie. Je procédais de l'avant, espérant que le magnétophone avait bien recueilli l'information.

Il n'y a vraiment rien d'inhabituel à trouver un sujet décrivant une vie passée en Israël. Cela s'est produit plusieurs fois. J'ai régressé plusieurs personnes qui y vivaient pendant les occupations des romains, mais aucune de celles-ci n'avait jamais mentionné ou fait référence à Jésus. La mention d'un lieu ne donne aucune indication sur les circonstances de la vie de l'individu. Lorsque je rencontre pour la première fois une nouvelle personnalité, je pose certaines questions de routine jusqu'à ce que le lieu et la culture soient établis. Quand je sais où nous sommes, je peux poser des questions plus précises. J'ai demandé son nom.

Suddi: Je suis ben Zahmare. (Phonétique)

Cela ressemblait à quelque chose comme "Benjamin" et je lui ai demandé si c'était ce nom. Mais il a encore répondu "ben Zahmare" avec l'accent sur la dernière syllabe. Il a dit que l'autre nom (prénom) n'était utilisé que si vous étiez important. Je lui ai demandé ce que je devais l'appeler et il m'a donné la permission de l'appeler "Suddi", qui était un "nom de jeu". (Surnom?) La prononciation sonnait comme Saudi ou le Saddi, avec un accent sur la dernière syllabe. Je vais utiliser Suddi tout au long de ce livre car il est plus facile que Benzahmare.

Souvent, dans ces anciennes cultures, la personne ne sait pas quel âge elle a ou sa terminologie est différente. Mais il a dit: "J'ai trente ans". Il n'était pas marié.

S: *Non. Cela ne fait pas partie de ma vie. Il y a ceux qui ne désirent rien de plus qu'une famille. Et il y a ceux qui ont beaucoup de choses à accomplir dans leur vie, et pour qui, avoir une femme et peut-être des enfants leur apporteraient du chagrin. Par conséquent, cela serait inutilement cruel envers les autres de leur demander de partager cela.*

D: C'est la raison pour laquelle vous n'avez aucun désir de vous marier?

S: *Je n'ai pas dit que je n'en avais pas le désir. Je viens de dire que je ne le ferais probablement pas.*

Il a dit qu'il habitait généralement dans les collines. Il y avait une communauté là-bas qui était peut-être à deux jours de route. Lorsque j'ai demandé le nom de la communauté, ce qui est une question normale, sa personnalité a changé. Katie répondait normalement aux questions sans hésitation. Mais Suddi a soudainement fait preuve de suspicion et a demandé sèchement: "Pourquoi souhaites-tu le savoir?" C'était inhabituel et je ne pouvais pas comprendre sa réaction. J'ai expliqué que j'étais juste curieuse. Après beaucoup d'hésitation, il a finalement dit qu'elle s'appelait Qumran, qu'il a prononcé comme suit: Kum-a-ran. A l'époque, ce nom ne signifiait rien pour moi et j'ai repris mes questions. J'ai posé des questions sur sa profession.

S: *J'étudie les livres de la Torah et j'étudie le droit, le droit hébraïque.*

Cela ne signifiait rien pour moi non plus. En tant que protestante, je ne savais pas ce qu'était la Torah et je pensais qu'il voulait dire une loi telle que la loi juridique utilisée dans les tribunaux. Je devais recevoir beaucoup d'éducation au cours des prochains mois alors que je découvrais que la Torah était le livre religieux juif et que la loi se référait aux lois de Moïse d'après lesquelles les juifs élaborent leur vie. J'ai demandé s'il était un de ceux que certaines personnes appellent un "rabbin". Je pensais que nous avions rencontré un homme juif instruit et je savais qu'un rabbin avait quelque chose à voir avec leur religion et peut-être avec l'éducation. Nous (les personnes impliquées dans cette expérience) avions eu peu de contacts avec des juifs, nous ne savions presque rien de la religion juive et, nous n'étions même jamais allés dans une synagogue. Il a répondu qu'il n'était pas un enseignant, seulement un étudiant. Donc, j'ai au moins découvert que Rabbin signifiait: enseignant.

Quand je travaillais avec Katie, je me sentais souvent très stupide parce que je ne connaissais pas les notions de base sur cette période dans laquelle elle se trouvait. Mais de plus, je ne savais jamais où elle irait, et ainsi il m'était difficile d'être préparée à toutes les éventualités. J'ai du donc tirer parti de ces connaissances limitées qu'il me seraient données d'avoir ou de ressentir en questionnant. Je pense que les gens qui diraient que je dois poser des questions pour obtenir ces vies peuvent ainsi voir que ce n'est pas vrai. Je n'ai aucun moyen de savoir ce qui va se passer par la suite et je sens souvent que je ne suis présente que pour participer à la promenade.

D: Qu'est-ce que vous allez faire quand vous aurez fini votre éducation?
S: *Me rendre à l'étranger parmi les gens et partager avec eux ce que nous avons appris.*
D: Est-ce que ça va vous prendre beaucoup de temps pour devenir professeur?
S: *Pour certains, c'est une vie. Pour d'autres, leur chemin commence plus tôt. Je ne peux pas me souvenir d'une époque où je n'ai pas étudié.*
D: Les Rabbins sont-ils ceux qui vous enseignent?
S: *Tu parles de Rabbins. Je crois que tu veux dire dans le sens du Rabbin du village? J'ai mes maîtres qui m'apprennent. Mais ce ne sont pas là, les Rabbins du village qui m'enseignent.*
D: Qui sont vos maîtres?

J'entendais par ma question à quelle religion ou à quel type d'école ils étaient affiliés. Mais il pensait que je voulais dire leurs noms.

S: *Il y a ben David, qui est le professeur de mathématiques. Il y a Mechalava, qui est le professeur sur les mystères. Il y a mon professeur de Torah, qui est Zahmare, mon père.*

Il (à travers le visage de Katie) sourit en mentionnant son père et j'en ai conclu qu'il devait là, y avoir de l'affection.

S: Et mon professeur de Vertu est (un nom long ici que je ne pouvais pas transcrire). Elle enseigne les choses qui ont été transmises au travers des générations, toutes les lois de la Vérité, les Objets protégés. Il y a Judith Beseziher. (Phonétique, difficile à comprendre.) Ce qu'elle m'a appris, c'est ce que sont les prophéties des étoiles, la connaissance de leurs voies. On dit que quand elle parle tous écoutent. Elle est agée. Elle a peut-être soixante-dix ans, peut-être même plus. Je ne suis pas sûr. Elle a de grandes connaissances dans d'autres domaines, celui-ci en est juste un.

D: La plupart des garçons doivent-ils étudier ces choses à un moment quelconque dans leur vie?

S: Il y a un point dans la vie de chaque jeune juif où il doit étudier la loi et la Torah, mais c'est généralement quand il passe sa Barmitzvah. Mais si vous souhaitez devenir un maître ou un enseignant pour poursuivre le cheminement, vous devez toujours vous laisser une ouverture pour davantage d'apprentissage.

D: Avez-vous recu des enseignements ailleurs?

S. Veux-tu dire, est-ce que la connaissance vient de loin, oui, ceci en est le cas. Mais mes professeurs vivent avec nous. Quand mon père était jeune, il a voyagé dans de nombreux endroits que nous connaissons et a étudié de nombreuses choses qu'il essaye de me transmettre.

D: Est-ce la coutume pour certains d'aller dans des pays différents, pour apprendre par d'autres personnes?

S: Ceci en est bien la tradition chez nous, oui. C'est un devoir de transmettre les connaissances. Car c'est un grave péché, de ne pas partager avec ceux qui en ont reçu la soif.

Suddi n'avait pas encore voyagé dans d'autres pays à la recherche de connaissances, mais il pensait qu'il était fort possible qu'il ait l'opportunité de le faire.

D: Comment cette décision sera-t-elle prise?

S: Un Signe se présente pour nous qu'il est temps, et qu'IL est là maintenant et que nous devons nous déplacer. Mon père dit que cela sera dit dans le ciel et que nous le saurons.

Je n'ai pas compris ce qu'il voulait dire, alors j'ai demandé qui allait venir. Il a répondu de manière très factuelle: "Le Messie. Le temps est connu seulement de quelques-uns". Je ne savais pas quoi faire de cette déclaration.

D: N'a-t-on pas dit que le Messie est déjà venu?

Je ne savais pas dans quelle période nous étions, et je savais que les Juifs n'avaient jamais reconnu que le Messie était venu. Ils l'attendent encore de nos jours. Je pensais que Suddi était probablement un homme juif vivant après la naissance du Christ. Il y avait toujours une possibilité d'obtenir des informations sur l'homme, Jésus. Un homme de connaissance connaîtrait sûrement les histoires de son époque.

S: *Non, il n'est pas encore venu, car les cieux ne l'ont pas fait savoir. On dit que des quatre coins, les étoiles se lèveront ensemble et quand elles se rencontreront, ce sera le moment de sa naissance.*
D: Mais j'ai entendu dire qu'il était déjà venu. Avez-vous entendu de telles histoires?
S: *Non, il n'est pas venu. Depuis qu'il y a eu des Juifs, il y a eu des rumeurs des faux prophètes et des faux Messies. Mais il n'est pas encore ici.*
D: Est-ce que ton peuple a déjà entendu parler de l'homme appelé Jésus? Certaines personnes ont dit qu'il était le Messie qui est venu. Ils disent qu'il a vécu à Nazareth et à Bethléem.
S: *Je n'ai même jamais entendu ce nom, il m'est inconnu. Il n'y a personne à Nazareth qui porte ce nom, sinon je le connaitrais.*

Cette fois, quand il a parlé de Nazareth, cela m'a fait réaliser qu'il pouvait être en, ou près de la Terre Sainte. J'ai demandé si Bethléem était proche et il a admis que c'était le cas.

D: J'ai aussi entendu parler du pays de Judée. Est-ce près d'ici?
S: *(plutôt avec impatience) C'est ici!*

Elle savait toujours où elle était même si j'étais souvent confuse. Maintenant que j'étais définitivement dans le pays, la localité, je me suis mise à essayer d'identifier la période de temps.

D: Qui est le dirigeant en ce moment dans votre pays?
S: *le roi Hérode.*

Je savais que selon la Bible, il y avait plus d'un roi Hérode. Celui qui a régné au moment de la naissance de Jésus et un autre au moment de sa mort. Pour tout ce que j'en savais, il aurait pu en être beaucoup plus.

D: J'ai entendu dire qu'il y avait beaucoup de rois nommés Hérode. Est-ce vrai?
S: *(Il semblait confus.) C'est ... Hérode le premier. Il n'y en a pas eu d'autres. Il est le père d'Antipas et de Philip, mais c'est Herod.*

J'ai ressenti un frisson d'excitation. Peut-être que Jésus n'était pas encore né.

D: Que pensez-vous, vous, du roi Hérode?
S: *Il est vraiment sous la coupe des Romains. Ce n'est pas bon. (soupir) Il a soif de sang.*

Son émotion m'a surprise.

D: Oh? J'ai entendu beaucoup d'histoires, certaines bonnes et d'autres mauvaises.
S: *Oh non! Vous ne pouvez vraiment rien savoir sur Herod pour poser de telles questions. Je n'ai jamais entendu parler de bonnes choses concernant Hérode.*
D: Hérode vit-il à Jérusalem?
S: *Parfois. Il possède beaucoup de résidences partout. Parfois, il voyage dans d'autres régions.*
D: L'avez-vous déjà vu?
S: *Non! Je n'ai aucun désir de voir tout ça.*

Il était très évident qu'il n'aimait pas Hérode; il n'aimait pas discuter de lui. Je me demandais encore dans quelle période nous étions. Ce serait difficile d'avoir une année précise depuis que nos années sont comptées depuis l'époque du Christ. Ces personnes doivent avoir utilisé une méthode différente pour compter les années, s'il n'était pas encore né.

S: *Il y a douze mois pour chacune des douze tribus. L'année est .... (il semblait avoir de la difficulté à trouver une réponse). Les années sont numérotées selon les années de la famille g. Je ne suis pas sûr. Je pense que c'est la vingtième année de son règne.*

Pour une raison quelconque, cet événement qu'Harriet elle-même n'a pas pu expliquer, elle était obsédée par le fait de savoir quelque chose sur le groupe connu comme étant les Esséniens. Elle avait dit à plusieurs reprises: "Je souhaite réellement que vous vous dépêchiez et que vous arriviez à cette période." Elle a dit plus tard qu'elle savait que quelque chose d'important nous attendait là. Quand elle m'a dit cela, je répondais: "Mais je ne sais même pas quand ils vivaient." Elle a dit qu'elle pensait que c'était à l'époque du Christ.

Je répondais alors: "Eh bien, rendons-nous dans cette direction" et je continuais à faire des sauts méthodiques de cinquante à cent ans, à sa grande frustration. Chaque durée de vie avait son lot de surprises et de connaissances historiques, donc je n'étais pas pressée d'accélérer la procédure qui s'était révélée si efficace. Maintenant qu'il était évident que nous étions dans la période correcte, Harriet saisit l'occasion et demanda: "Avez-vous déjà entendu parler d'un groupe connu sous le nom d'Esséniens?"

Suddi nous a surpris en répondant: "Oui. Pourquoi me poses-tu des questions à propos d'eux? Exaltée, Harriet répondit: "Je me demandais juste si vous saviez quelque chose à leur sujet. S'ils ont suivi vos enseignements? ", Suddi déclara :" Ce sont mes professeurs."

C'était une surprise et la promesse d'une percée monumentale pour pouvoir apprendre quelque chose sur un groupe aussi secret et inconnu. "Oh!" Harriet a remarqué: "Nous avions été à leur recherche."

S: *Ils ne souhaitent pas être trouvés. À moins qu'ils ne le désirent, vous ne nous trouverez pas.*

Il avait donc indiqué qu'il était également membre du groupe. Je me demandais si ce secret créerait des problèmes pour trouver des réponses à leur sujet.

D: J'ai entendu dire que les Esséniens sont une organisation secrète. Serait-ce correct?

S: *Ils sont grandement craints par ceux qui sont au pouvoir, parce que nous avons étudié les mystères que les autres ont seulement mentionnés. Et ils craignent que si nous gagnons trop de pouvoir et de savoir, qu'ils vont perdre leur place.*

H: Comment se diffèrencient-ils de la communauté juive ordinaire?

S: *Le respect des lois est plus strict. Plus d'adhésion, pour le Juif moyen signifie: à la fin du sabbat, il quitte la synagogue et il ne s'en souvient plus avant le début du sabbat suivant. Pour nous, la loi et la Torah sont Tout. Nous ne devons pas oublier que c'est pour cela que nous vivons. Beaucoup de temps est consacré à la définition de toute prophétie donnée. Et sachant que c'est le moment où elles auront culminées. Et il est de notre devoir de préparer les autres pour cette période et de préparer la voie.*

Nous avons à nouveau été surprises quand il nous a dit que les femmes et les hommes étaient membres de leur secte. Ils étaient enseignants et étudiants. C'était surprenant parce qu'il n'était pas autorisé pour les femmes de la communauté juive ordinaire à cette époque de faire une distinction de manière égale aux hommes. Suddi a confirmé cela: "Dans la plupart des synagogues, les femmes ne sont même pas autorisées à l'intérieur. Elles ont la terrasse des femmes." Je me suis demandée pourquoi les femmes avaient reçu cet honneur chez les Esséniens.

S: *On dit que l'un éloigné de l'autre ne se trouve pas dans sa souveraineté. Ainsi, toutes les connaissances doivent être partagées, de sorte qu'elles ne puissent jamais être perdues. J'ai connu des femmes qui ont plus de cerveaux qu'un Rabbin moyen.*

Cette déclaration nous a amusées et ravies. Mais il est redevenu suspect quand j'ai demandé une idée de la taille de la communauté. Il demanda prudemment: "Pourquoi veux-tu savoir?" Je devais penser à une réponse qu'il ne considérerait pas menaçante. "Je suis juste intéressée par la taille de la communauté à cause des conditions de vie. Je pense que si elle était très grande, ce serait difficile pour se loger ou se nourrir". Suddi se détendit et déclara que le nombre n'en était pas connu avec certitude.

D: Y a-t-il des différences d'opinion entre les enseignants esséniens et les enseignants juifs de la région?
S: *Oui, ils nous traitent de fous, car nous pensons que les temps sont venus. Ils ont abandonné l'espoir de la venue du Messie. (Il fronçait les sourcils et semblait mal à l'aise.) Je suis curieux de savoir pourquoi vous voulez savoir tout ceci? Je préférerais ne plus répondre à rien. Nombreux sont ceux découvrant des faits à propos de notre communauté, qui feraient en sorte de la détruire.*

Je n'étais pas au courant que les Esséniens avaient des ennemis à cette époque là.

D: Vous m'avez dit que vous alliez chez vos cousins. Si vos gens ont des ennemis, n'avez-vous pas peur que quelqu'un vous trouve pendant que vous êtes à découvert comme ça?
S: *Ils ne savent pas qui je suis. Pour eux, je ne suis qu'un voyageur. Je n'ai pas la peau bleue. (Nous avons ri.) Nous pouvons communiquer entre nous par certains moyens, mais d'autres peuvent ne pas nous les donner.*

Comme j'avais entendu dire que les Esséniens étaient un ordre religieux secret vivant dans la solitude comme des moines dans un monastère, j'ai demandé s'il y avait un nom pour leur genre de religion.

S: *Elle n'a pas de nom, nous sommes connus sous le nom d'Essene. Mais comme le dit mon père, c'est une école de pensée, pas une religion. (Il a eu du mal avec ce mot.) Nous croyons en Dieu, le Père.*
D: Avez-vous un nom pour Dieu dans votre langue?
S: *Yahweh. Ça veut dire... "celui sans nom", car Dieu n'a pas de nom. Il n'a pas de nom que l'homme ne connaisse. Ils sont également connus comme les Elorhim et Elori. Il s'agit fondamentalement de la même chose. Ils parlent de Dieu. Il y a beaucoup de noms par lesquels vous pouvez faire appel à lui et il saura que vous parlez de lui. Ce n'en sont que quelques-uns. Quand je lui parle, je ne l'appelle pas Yahweh. Je l'appelle Abba, ce qui signifie Père.*

Nous avons fait la percée dans la période du Christ et avons rencontré l'un des Esséniens, le groupe le plus mystérieux et le plus secret de l'histoire. Quand j'ai réalisé le potentiel de ce que nous pourrions avoir, j'ai décidé de rester avec cette vie et de l'explorer plus complètement. Qui pourrait en savoir plus? Cela pourrait même révéler quelque chose de supplémentaire sur la vie du Christ. Et nous pourrions peut-être trouver plus d'information sur ce groupe peu connu. Bien sûr, Suddi montrait des signes de suspicion et de réticence à répondre à certaines de nos questions, mais j'avais le sentiment que cela pouvait être réglé. Il existe de nombreuses manières de contourner un sujet pour obtenir les réponses souhaitées. Pourtant, je ne me serais jamais attendue à ce qui arriva pendant les trois mois suivants. L'incroyable quantité de connaissances et d'informations qui se sont déversées a été comme une avalanche. Cela est venu si vite et si intensément que, parfois, nous en avions le souffle coupé. Nous ne comptions absolument pas sur ce qui allait arriver et nous avions obtenu bien plus que ce auquel nous nous attendions.

Dans les chapitres suivants, j'ai essayé de compiler les informations en fonction du contenu. Cela ne s'est pas produit de cette manière. C'était comme mettre en place un puzzle incroyablement compliqué, prendre un morceau d'une session et un morceau d'une autre. Mais je pense que cette façon de le présenter, en facilitera la lecture.

Il y a un double objectif dans ce livre. L'un consiste à présenter les connaissances accumulées sur les coutumes et les conditions de vie de ce groupe vague et obscur connu sous le nom d'Esséniens. L'autre consiste à raconter la vie du Christ mise dans ce contexte, car il était associé à ce groupe, et vu comme un enseignant plein d'amour.

CHAPITRE 4

Qui étaient les Esséniens

Avant de commencer ces sessions, si quelqu'un m'avait demandé des informations sur les Esséniens et Qumran, je leur aurais dit que je ne savais presque rien sur ces sujets. Je ne savais même pas comment prononcer leur nom. Les Esséniens étaient pour moi un groupe mystérieux enveloppé de secrets. Je présumais, comme beaucoup d'autres, que c'était un groupe religieux semblable à des moines, vivant isolés dans un environnement de type monastique. C'était ce que j'avais entendu.

Il existait également une rumeur, ou une légende, selon laquelle Jésus aurait pu étudier avec eux ou tout du moins leur avait rendu visite. Mais cette idée ressemblait à toutes les autres légendes à son sujet. Légendes selon lesquelles il aurait visité d'autres parties du monde pendant les dites "années perdues". Quand j'ai parlé avec des groupes intéressés par la métaphysique, j'ai reçu la même réaction. Les noms sont en quelque sorte vaguement familiers, mais peu peuvent fournir des informations à leur sujet. Je n'aurais même pas pu vous dire où était situé Qumran. Harriet a admise qu'elle n'en savait pas plus que moi au sujet de ce groupe.

Je me souviens de l'excitation du début des années 1950, lorsque la nouvelle de la découverte des manuscrits de la mer Morte était sortie. Ils étaient d'une certaine manière liés aux Esséniens et à Qumran. Je me demandais parfois ce qui était arrivé à ces manuscrits exhumés. Après la première vague d'excitation, ils semblaient avoir tous disparus aussi sûrement que s'ils avaient été renvoyés dans les grottes d'où ils étaient sortis. Cela semblait dommage, car on disait que c'était une toute première version de notre Bible.

Brad Steiger, auteur et expert réputé dans le domaine des études sur la réincarnation suggère que les régresseurs travaillant sur des vérifications devraient retarder toute recherche jusqu'à ce qu'ils aient terminé la totalité de leur travail sur le sujet ou la période. Il dit qu'une théorie a été avancée selon laquelle, grâce à l'hypnose, la conscience du sujet devient considérablement accrue. Il y aurait toujours une possibilité, aussi mince soit-elle, de capter des informations de tous les participants autour, par télépathie ou par ESP. Je pensais que c'était un conseil judicieux et assurerait ainsi beaucoup mieux la validité du matériel. Donc, sauf pour regarder des cartes pour localiser Qumran, j'ai attendu avec patience. Et c'est après trois mois de travail, que j'ai pensé que nous avions rassemblé assez d'informations pour commencer ma recherche historique.

Je devais découvrir que même aujourd'hui, plus de trente ans après les fouilles des ruines de Qumran, les Esséniens restent un groupe mystérieux et secret. J'ai été déçue de constater que les livres étaient principalement des répétitions les uns des autres. Tous sauf un ont été écrits au début des années cinquante. Ils ont chacun décrit les découvertes des rouleaux et les fouilles ultérieures de Qumran. Chacun a discuté des traductions de certains des rouleaux trouvés intacts. Ils sont tous parvenus aux mêmes conclusions sur qui ou quoi était la communauté. Les auteurs se sont tous référés comme des experts en la matière. Je pourrais aussi bien lire un livre. Je me suis demandée pourquoi, après tous les rapports élogieux de la "plus grande découverte de l'histoire de l'humanité", qu'il n'y avait pas plus de livres écrits sur de nouvelles traductions des manuscrits. C'était comme si une porte avait été ouverte puis soudainement refermée.

La seule exception était "The Essene Heritage" de Martin A. Larson, publié en 1967 (Non traduit en français). Il s'agissait enfin d'une approche nouvelle. Il avait osé avancer la possibilité d'une affaire étouffée. Que peut-être ce qui avait commencé à émerger était trop fort pour que l'église conventionnelle l'accepte. Il y avait peut-être des divergences entre ces versions beaucoup plus anciennes et notre Bible moderne. Il y avait également des indications que le christianisme n'avait pas été créé à part entière avec Jésus mais avait ses débuts dans les coutumes et les croyances des Esséniens. Larson suggère que cela ne serait pas toléré par l'église. Le clergé moderne penserait que l'idée du christianisme avant qu'il y ait un Christ serait trop difficile à accepter pour le profane.

John Marco Allegro possède également des croyances similaires. Il était à l'origine membre de l'équipe internationale de huit chercheurs qui ont commencé la rédaction des manuscrits de la mer Morte. Parmi ces hommes, quatre étaient catholiques et il était le seul membre sans engagement religieux. Ironiquement, le professeur Allegro n'a même plus le droit de voir les parchemins! Au moins quatre cents documents ont été rassemblés et préparés pour publication à la fin des années 1960, mais seuls quatre ou cinq ont été rendus publics. Il pose également des questions de recherche sur la raison pour laquelle ces informations ont été dissimulées.

Les parchemins ont été repoussés discrètement sur les étagères et plusieurs d'entre eux ont à nouveau redisparu. Un théologien était connu pour faire remarquer: "Je souhaiterais qu'ils disparaissent et reviennent après environ deux générations". Il voulait dire de cette façon, qu'il n'aurait pas à les expliquer à son troupeau. Je pense que c'est très probablement ce qui s'est passé. Je pense aussi qu'ils ont pu trouver certaines choses similaires à celles que j'ai dénichées lors de notre expérience, et ils ne pouvaient pas y faire face.

Les documents sont censés être maintenant logés dans le sanctuaire du Livre saint en Israël. Ce bâtiment a été spécialement construit pour l'étude et la traduction de ces rouleaux, et pour servir de dépositaire afin d'en faciliter la reconstitution de ses innombrables fragments.

Je sais que les informations contenues dans ce livre ne pouvaient provenir de quiconque participant à l'expérience, car les informations étaient bien trop obscures. Mais maintenant, je suis convaincue que cela ne pouvait pas venir de l'esprit de n'importe qui vivant aujourd'hui non plus. Je crois que nous avons découvert une image plus complète de ce merveilleux groupe de personnes que jamais connue auparavant.

Si il n'y eut jamais une tentative d'effacer de la carte un groupe entier de personnes, c'est ce qui s'est passé avec les Esséniens. Il n'y en a aucune mention dans la Bible. On en a déduit que toutes les références ont été délibérément supprimées, en raison de la similitude entre leur doctrine et le christianisme.

S'il n'y avait pas eu quelques écrivains et historiens diligents qui ont vécu au début de l'ère chrétienne, nous n'aurions aucune connaissance sur les Esséniens. Ces anciens auteurs étaient: Philo, un philosophe juif-alexandrin; Pline, un écrivain Romain; et Josephus, un guerrier juif et historien. Je suis allée à la source et j'ai lu les traductions de leurs œuvres. J'y ferai parfois référence tout au long de ce livre.

On dit que Philo a vécu entre les années 20 et 60 avant JC. Il aurait donc été en vie pendant la période couverte par notre histoire. Mais on dit que ses comptes rendus ont été écrits par ouï-dire. Il ne connaissait pas personnellement les Esséniens ou leur communauté. Cela pourrait expliquer toute divergence entre son récit et Josèphe. Pline a vécu, lui, de 23 après J.-C. à 79 après J.-C. et n'a écrit qu'une petite partie concernant les Esséniens. Josèphe est considéré comme être la source la plus fiable et la plus citée. Il est né à Jérusalem vers 37 ap. J.-C. Mais il est dit de lui qu'il avait tendance à colorer son récit pour l'harmoniser avec les systèmes de philosophie grecque populaires à son époque. Il a vécu et écrit à une époque plus tardive que celle de la vie de Suddi. Pourtant, ces histoires vérifient la quantité incroyable de précision que nous avons découverte dans notre expérience. Les descriptions sur leur mode de vie et les croyances concordent très bien.

Ce sont les seuls écrits connus sur ces mystérieux Esséniens. Ces auteurs ont seulement mentionné que cette communauté étrange était située dans la région de la mer Morte. Les archéologues n'avaient jamais su exactement où, ni n'avaient essayé non plus de retrouver Qumran. Le climat terrible de la région est le cauchemar d'un scientifique et ils n'avaient eu aucun désir de retourner à cet endroit sans une raison spécifique.

Après la destruction de Qumran par les armées romaines en 68 ap. J.-C, les ruines demeurèrent sur les hauts des falaises de sel, aux cotés de la mer morte, pour approximativement deux mille ans. S'effondrant dans un silence désolé, elles passèrent pratiquement inaperçues. Les hommes qui avaient consacré leur vie à l'accumulation et à la préservation des connaissances semblaient avoir complètement disparu sous le soleil implacable et les sables mouvants du désert. C'était comme s'ils n'avaient jamais existé. Bien que les ruines aient été un rappel silencieux des grands esprits qui prospéraient là-bas, elles n'étaient pas reconnues pour ce qu'elles étaient. Pendant des siècles, les gens pensaient qu'elles n'étaient que les restes d'une des nombreuses garnisons romaines qui avaient fait surface après l'invasion. D'évidence, rien d'important n'avait pu prospérer dans un tel endroit aussi abandonné.

Les ruines avaient été complètement ignorées jusqu'à la découverte des premiers manuscrits de la mer Morte en 1947. Les grottes des falaises de sel avaient gardé leurs secrets pendant deux mille ans. C'est alors qu'un berger bédouin fut pris par la main par le destin et fut amené, à la recherche de sa chèvre perdue, à découvrir des rouleaux cachés dans des jarres de terre cuite dans une grotte. L'histoire de cette découverte passionnante a été racontée et encore racontée à nouveau. Il est certain que beaucoup de choses ont probablement été perdues ou détruites par inadvertance avant que l'énormité de la découverte ne soit connue du monde extérieur et que les scientifiques soient descendus dans le désert. Avec l'aide des Arabes autochtones, de plus en plus de rouleaux et des dizaines de milliers de fragments ont été découverts dans les grottes voisines. Ce que l'on croyait au départ être une trouvaille "chanceuse" isolée fut bientôt annoncé comme "la plus grande découverte de l'histoire de l'humanité".

Comme encore plus de nombreuses grottes nous ont livré leurs trésors cachés de connaissance, les archéologues ont commencé à se demander comment une telle accumulation en était venue à se cacher là dans le désert. Ce n'est qu'à ce moment-là qu'ils ont commencé à regarder avec pondération les ruines voisines. Peut-être qu'elles étaient bien plus qu'une simple garnison de l'armée romaine, peut-être qu'il y avait là un lien. Les premières fouilles de l'hiver de 1951 n'ont rien apporté à cette théorie. Mais en 1952, il a été prouvé de manière irréfutable que les rouleaux venaient de ceux qui avaient vécu dans les dites ruines.

Puis, les écrits de Philo, Pline et Josephus ont commencé à faire la lumière sur les occupants. Tout a été finalement mis en place et Qumran a été déclaré comme étant la demeure de ces Esséniens secrets et communistes. Le mot "communiste" a pris une signification très différente dans notre monde aujourd'hui, et certaines questions se sont posées au sujet de mon utilisation de ce mot pour décrire cet ancien groupe. Les Esséniens étaient considérés comme des communistes au sens littéral du terme. Ils vivaient ensemble dans une communauté, partageant tout et n'ayant pas de besoin d'argent.

Tout ce que l'on sait aujourd'hui de ces personnes provient des écrits anciens et de ce que les archéologues ont découvert en trois ans de travaux. Il y a beaucoup de lacunes et de questions. Peut-être que notre expérience aidera à fournir quelques réponses.

CHAPITRE 5

La description de Qumran

Les archéologues croyaient que le groupe vivant à Qumran était un ordre religieux d'hommes semblables aux moines, isolés d'un monde auquel ils ne pouvaient pas s'identifier. Ils croyaient que les Esséniens vivaient selon un code de discipline strict et des règles rigides. Je vais essayer de montrer que beaucoup des idées des scientifiques sur ces personnes merveilleuses sont incorrectes, d'après les informations reçues par Katie alors qu'elle se trouvait en transe profonde.

J'ai compilé toutes les informations recueillies sur la communauté de Qumran et je les présenterai dans un chapitre, même si elles ont été dispersées au cours des nombreuses sessions. Katie a souvent répété les mêmes descriptions mais elle ne s'est jamais contredite. Je crois que l'image qui a émergé au travers des yeux de Suddi est beaucoup plus humaine que celle révélée par les pelles des scientifiques.

Je sentais que pour comprendre cette personne que j'avais découverte, je devais en savoir plus sur l'endroit où il vivait et son mode de vie. Surtout que cela refléterait également les conditions dans lesquelles Jésus avait vécu pendant la partie la plus vulnérable de sa vie. Quand j'ai parlé avec Suddi, alors enfant, il a appelé cet endroit une communauté. Il ne l'a jamais appelé autrement. Il ne semblait pas comprendre les mots "ville" ou "village" et ne connaissait pas d'autre endroit que Qumran. C'est aussi ce par lequel les archéologues l'ont appelé, et ils disent aussi que ce n'était pas une ville.

Dans sa description, Suddi a déclaré: *"Ce n'est pas très grand mais c'est un endroit où il y a beaucoup de monde. Il y a des bibliothèques, des maisons et le temple. Nous sommes dans les collines et nous avons une vue sur la mer. Les bâtiments sont en argile. Ils sont faits de briques et ils ont des toits plats et tout est construit ensemble. "* Il a dit que la plupart des murs se rejoignaient.

J'étais confuse quand il a dit que la communauté était entourée d'un mur qui avait six côtés. Cela semblait étrange, mais ce qui est étrange, c'est que lorsque vous regardez le dessin des fouilles des archéologues, vous pouvez voir que ce n'est certainement pas carré. On peut se demander s'il s'agit ou non d'une forme à six côtés, car il ne s'agit pas d'une figure à six côtés géométriques. Il ressort également du dessin que les chambres sont pour la plupart connectées. La plupart sont construites avec des murs mitoyens

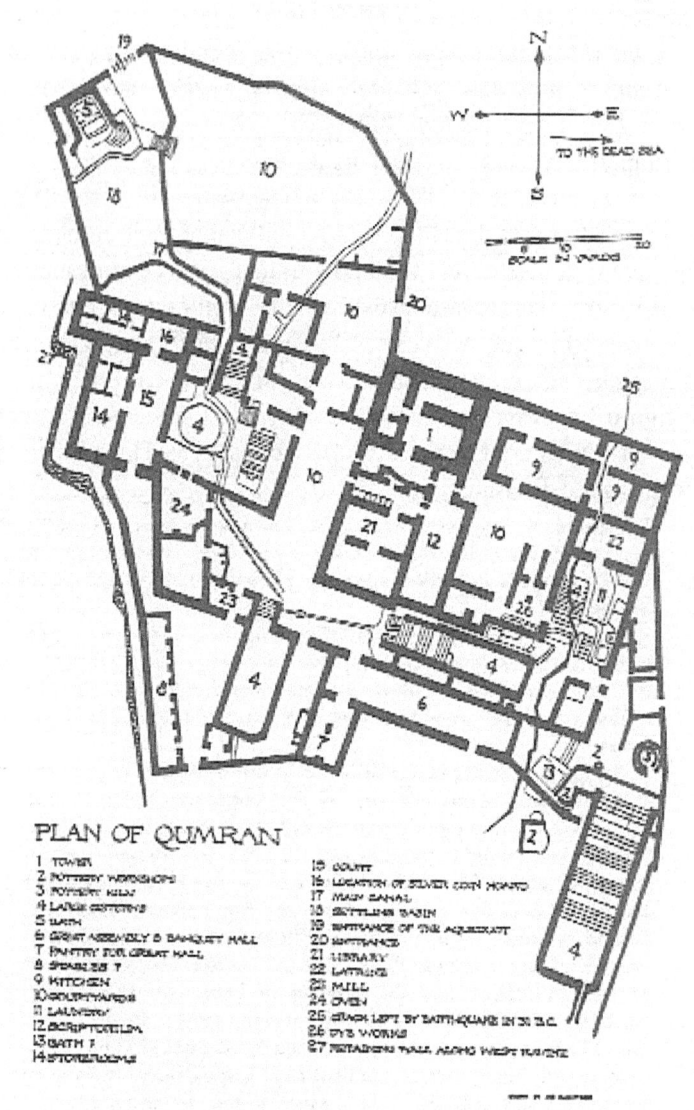

Parfois, quand je parlais avec Suddi enfant, il jouait dans une cour. Quand il était plus âgé, il aimait aussi s'asseoir et méditer dans l'une d'entre elles. Il a dit qu'il y avait plusieurs cours dans la communauté. Je suis habituée à ce qu'une cour soit au centre de quelque chose, mais celles-ci étaient dispersées partout. Il a dit que l'étude et la bibliothèque étaient dans le vrai centre, où tout le monde se rassemblait pour les cours. Les papyrus (ou rouleaux) étaient également stockés à cet endroit-là. Dans une des cours il y avait des fontaines. Dans d'autres, il y avait des jardins, pas des jardins comme j'aurais pu le supposer, mais des beaux jardins plein de fleurs. "Elles sont des couleurs de l'arc-en-ciel. Elles sont comme beaucoup de bijoux qui scintillent."

Je me demandais comment ils pouvaient faire pousser des fleurs dans un endroit aussi chaud. Je ne pensais pas que beaucoup de choses pousseraient dans le désert. Il a objecté, *"Oh, mais elles le font! Les fleurs poussent dans le désert, tant qu'il y a de la pluie. Tant qu'il y a de l'eau, la chaleur n'a pas d'importance. Quand les pluies arrivent au printemps, le désert fleurit. Car les graines qui ont été semées s'épanouisseront soudainement en fleurs. Le désert peut être très beau."*

Dans la cour située près des aires de restauration, il y avait des arbres fruitiers. *"Ce sont les arbres qu'ils font pousser, des figuiers, des dattiers, des grenadiers, des orangers et des citroniers. C'est presque comme s'ils touchaient le ciel. Et il y a des sentiers que vous pouvez parcourir parmi eux, et où vous pouvez vous asseoir parmi les fleurs."*

En se référant à nouveau au dessin, on peut voir qu'il y a effectivement plusieurs cours. Dans tous les diagrammes, cependant, les archéologues ont imaginé ces cours comme étant stériles. Ils pensaient que peu de choses pouvaient pousser dans la région de Qumran à cause de la pénurie d'eau. Ils savaient que les graines étaient cultivées parce qu'ils avaient creusé autour d'une source appelée "A à Feshka", située à deux milles (Environ 3,2 kms) plus au sud. Ils avaient pensé que c'était où se trouvait la zone agricole des Esséniens et en avaient fait la conclusion que des personnes isolées vivaient de cette culture et de la production des abeilles, etc., ne mangeant que des aliments maigres et monotones. Mais les anciens auteurs sont en complet désaccord avec cela. Pline avait mentionné que les Esséniens vivaient parmi des palmiers. Solinus a dit: "Les baies sont leur nourriture", se référant apparemment aux dates. Cela a été considéré comme une erreur jusqu'à ce que les archéologues aient déterré des restes de palmiers et de dattiers. Il semblerait bien que Suddi ait raison à propos des arbres qui poussaient à Qumran.

Suddi a déclaré que la majorité des Esséniens ne vivaient pas dans les murs de la communauté. Il y avait des logements pour les familles plus haut sur la colline au nord, en dehors du complexe principal. Ces maisons avaient apparemment le même agencement de bâtiments que la communauté, l'union de bâtiments avec des murs communs. Les archéologues pensent que les gens vivaient dans des grottes et des tentes, ce qui me semble étrange. Pourquoi construiraient-ils une communauté si efficace et ensuite partiraient-ils vivre dans de telles conditions primitives?

Pour autant que je puisse le savoir, je ne crois pas que de nombreuses fouilles aient été effectuées dans la zone éloignée des murs. Leurs rapports ne mentionnent que des fouilles dans le complexe principal et l'exhumation de certaines des tombes du cimetière voisin. Incidemment, les scientifiques croyaient encore qu'il n'y demeurait uniquement qu'une fraternité de moines vivant à Qumran jusqu'à ce qu'ils trouvent les squelettes de femmes et d'enfants dans le cimetière. Ils ont dû réviser rapidement leur pensée, car il était évident que des familles vivaient également là.

La famille de Suddi vivait plus haut sur les hauteurs que la plupart des autres. Il pouvait regarder hors de la maison et voir au delà de la mer Morte sur une longue distance. Les seules personnes qui vivaient dans la communauté étaient les prêtres de Yahweh qui s'occupaient du temple, des rouleaux et allumaient les feux.

Suddi vivait avec sa mère, son père et sa soeur Sarah. J'ai demandé une description de leur quartiers de vie. Quand il faisait chaud, ils dormaient sur le toit plat. Quand il faisait plus frais, il partageait une chambre avec sa soeur. Il y avait une pièce qui était considérée comme la salle familiale, où les repas étaient cuisinés. Ses parents avaient leur propre chambre à coucher et il y avait une autre pièce où son père étudiait, remplie de nombreux papyrus. Les habitations partageaient des murs mitoyens avec d'autres familles.

Les archéologues ont présumé à partir des ruines que tout le monde mangeait toujours ensemble dans la grande salle à manger du complexe communautaire. Mais Suddi a déclaré que les familles mangeaient principalement dans leurs propres quartiers de vie. S'il y avait de grandes occasions où quelqu'un venait pour parler à tous, alors ils se rendaient à la salle à manger principale. Les Esséniens pensaient qu'il y aurait moins de conflit si chacun possédait son propre espace.

La bibliothèque et la salle à manger étaient toutes deux grandes pièces rectangulaires. Des ouvertures couvertes dans des toitures permettaient à la lumière d'entrer. Il y avait aussi des ouvertures dans les murs qui étaient couvertes pour prévenir l'entrée du sable. Il n'était pas sûr de savoir quel était le plus grand bâtiment des deux car il n'y avait pas pénétré.

La manière la plus courante d'entrer dans la communauté de l'extérieur était de passer par une porte sur le côté de la haute falaise. Elle était assez grande pour laisser entrer une caravane si besoin était. Quand j'ai demandé s'il y avait d'autres moyens d'entrer, il a reconnu avec prudence qu'il en existait, mais il n'offrit aucune information supplémentaire. C'était apparemment l'un des nombreux sujets sur lesquels je devais découvrir qu'il n'était pas autorisé à développer. Les Esséniens étaient extrêmement secrets à bien des égards et j'allais avoir de la difficulté à franchir cette barrière défensive.

Il a parlé de l'existence de plusieurs bâtiments qui avaient plus qu'un seul niveau. La bibliothèque avait un deuxième étage. La salle de réunion (salle à manger) possédait la hauteur pour deux étages mais il n'y avait qu'un haut plafond. Il a dit que la tour près de la porte avait trois étages. Les archéologues ont mentionné que certaines des pièces avaient deux étages. Ils ont dit que la tour avait deux niveaux, mais ils ont également mentionné un sous-sol pour le stockage, qui serait l'équivalent d'un troisième. Le but de la tour était principalement pour l'observation. Grâce à ce point de vue, les Esséniens pouvaient voir toute personne s'approchant de la communauté. Suddi a mentionné qu'elle était également utilisée pour la protection, mais quand je lui ai demandé de préciser, il a refusé de répondre. C'était un autre sujet interdit.

En grandissant, il ne vivait plus avec ses parents mais dans le logement qui avait été emménagé dans une partie réservée aux jeunes adultes non mariés. Ici, les hommes et les femmes vivaient dans ce qu'il appelait des "appartements", même s'il n'était pas sûr de ce mot. Le lieu où ils choisissaient de prendre leurs repas était une préférence individuelle. En vivant dans ces quartiers, il mangeait souvent avec les autres pour leur compagnie et leur conversation. Il y avait beaucoup de tables dans la salle à manger ou "salle des repas", mais la cuisine était faite dans des pièces hors du hall ou à l'extérieur dans des fours en terre cuite.

Les scientifiques ont déclaré que les Esséniens mangeaient tous ensemble dans la salle à manger tout en observant solennellement des cérémonies ou des rituels pendant qu'ils mangeaient. Suddi n'était pas d'accord: il a dit qu'il n'y avait que la bénédiction et qu'aucun enseignement ou autre n'était effectué pendant le repas. On croyait également qu'ils observaient des rituels religieux stricts pendant la journée. Et encore une fois, Suddi n'était pas d'accord, disant que rien n'était obligatoire; tout était laissé au choix de l'individu. Pour leur plus grande part, les observances religieuses, quant à elles, se déroulaient durant le sabbat.

Si les gens souhaitaient manger chez eux, ils se rendaient chez l'un des "gardiens des réserves" et prenaient ce dont ils avaient besoin. Ils n'auraient pas faim, mais il n'y aurait pas de "gloutonnerie" autorisée.

J'étais curieuse de savoir quels types d'aliments étaient consommés. Le mil était leur aliment de base. C'était un type de céréale qu'ils avaient fait pousser à l'extérieur - probablement à 'A à Feshka'. Après la récolte, les graines étaient vannées et stockées dans de grands sacs. Il a décrit un plat à base de mil. Pour le préparer, vous deviez "en prendre une poignée et une casserole d'eau bouillante et la jeter dedans avec un peu de sel". Parfois, des herbes y étaient ajoutées. Cela ressemblait à une soupe, mais il a dit que tu pouvais le rouler et le manger avec tes mains, donc ça pouvait être une sorte de pain.

Différents types de viande y étaient consommés: de l'agneau et de la chèvre, parfois du bœuf ou du jeune veau et différents types d'oiseaux.

Je me suis souvenue des lois alimentaires dans l'Ancien Testament et j'ai posé des questions sur toutes les restrictions. Il a dit: *"Vous ne pouvez pas manger de porc ou toute autre chose dont le sabot a été déclouté. Le porc, il mange n'importe quoi. Il mangerait de la bouse si c'est ce dont on le nourrti, cela n'aurait pas d'importance. Ne sont mangé que ceux qui ont le sabot fendu qui se nourrissent des aliments qui se mâchent. Le chameau mâche ses bols alimentaires mais nous ne mangeons pas du chameau."*

Personnellement, il n'aimait pas manger de la viande bien qu'il n'y ait pas de règle stricte interdisant à ceux de la communauté de le faire. C'était son choix personnel. *"Ce n'est pas bien de tuer quelque chose pour vôtre... juste, pour votre propre plaisir. C'est une créature de Dieu que tu détruis. Manger de la viande, c'est s'attacher ici-bas, attacher son âme à la terre."*

Il ne comprenait pas le mot "boissons", mais ils buvaient du vin, de l'eau et parfois du lait de différents animaux. Pour être facésieuse, j'ai posé une question à propos du café, mais il a dit: *"Je ne le sais pas. Cela ne m'est pas familier. J'ai bu des thés qui sont fabriqués à partir de menthes et de différents types de feuilles."* "Légumes" était un autre mot qu'il ne comprenait pas, même après beaucoup d'explications.

Il a décrit les meubles dans les quartiers d'habitation. *"Il y a le lit, des chassis qui ont des cordes qui s'y entrecroisent, dans lequel est ainsi fait un cadre. Et puis vient du rembourrage, et tout est mis au dessus. Et c'est comme ça que vous dormez, il y a des chaises et des tables. Si vous souhaitez vous asseoir ou vous détendre, prenez un coussin et asseyez-vous par terre, encore une fois, juste un cas de preférences personnelles."* Le cadre du lit était à environ un pied de hauteur (environ 30 cm du sol). Il n'a pas compris ce que je voulais dire quand j'ai posé des questions sur les couvertures ou sur de la literie. Quand j'ai expliqué, il a répondu: *"Il n'y a aucune raison d'avoir ces couvertures. Ce serait trop. Si vous viviez dans les montagnes, vous en auriez peut-être besoin."*

Il ne savait pas non plus ce qu'était un oreiller, mais depuis qu'il avait utilisé le mot "coussin", je savais qu'il reconnaîtrait ce mot. Il ne pouvait pas comprendre pourquoi nous voudrions mettre un coussin sous la tête pendant notre sommeil. *"La tête n'est pas surélevée. Le moyen idéal de dormir est d'avoir les pieds plus hauts que la tête, pour faciliter la circulation. Par la surélévation de la tête, vous créez des problèmes de gonflement des pieds. Vous ne faites pas cela? En surélévant la tête cela provoquerait des maux de tête et de nombreux autres problèmes: en élevant les pieds à hauteur, cela aiderait la circulation dans le corps et en arrêterait toute stagnation."* Ils mettaient un coussin sous les pieds ou inclinaient le lit. Les seuls autres meubles de la maison étaient des étagères sur lesquelles vous pouviez mettre des choses, comme des vêtements et des objets de cette nature.

J'ai posé des questions sur les décorations et il a froncé les sourcils, confus à nouveau. Je pensais à des images ou à des statues. Le mot "statues" le dérangeait beaucoup. *"Nous n'avons pas de statues! Il n'y a pas de statues qui sont faites ici. Nous avons parfois un tableau. Mais il n'y a pas de statues autorisées dans la communauté. C'est pour copier ce que Dieu a fait. Il n'est pas permis dans les commandements de faire uen image taillée."* *"Même si ce n'était pas censé être un dieu? Par exemple, une statue d'un animal?"* *"Beaucoup de faux dieux sont vénérés au travers de représentations d'animaux."*

J'ai essayé d'expliquer que certaines personnes aimaient avoir des statues et des peintures dans leurs maisons simplement parce qu'elles étaient belles à regarder. Elles ne désiraient pas nécessairement qu'elles soient utilisées dans le cadre d'un culte. Mais Suddi ne pouvait pas comprendre ce concept. *"Je regarderais la nature et trouverais de la beauté en elle. Pourquoi regarder une imitation grossière quand la vraie chose est devant vous? Je peux comprendre la beauté et le besoin de créer, mais ne pourriez-vous pas créer beaucoup plus de choses? Les peintures sont très belles."*

Quand j'ai demandé une explication sur les peintures, je ne m'attendais pas à quel serait le style auquel il serait familier. Elles étaient peintes sur du papyrus ou du bois et pendaient autour de la maison, mais ce n'étaient pas des images d'objets ou de choses vivantes comme nous l'aurions fait. Elles ressemblaient plus à un type de peinture abstraite.

S: *Les couleurs, et la façon dont les lumières et les formes et ... Je ne peins pas. Je ne sais pas très bien l'expliquer. Ce sont des choses qui parlent à l'âme. Elles viennent de l'intérieur plutôt que de ce que les yeux pourraient voir. Elles sont ce que l'âme voit. Elles n'auraient de sens que pour celui qui les a peintes.*
D: Et les Romains? Ils ont beaucoup de statues, n'est-ce pas?
S: *Oui, mais ce sont des païens. Ils les adorent. Ils leur trouvent des qualités qui ne sont pas là. Ce ne sont que de la pierre.*
D: Est-ce qu'ils vénèrent réellement la statue elle-même ou vénèrent-ils une idée derrière elle?
S: *Il y a tous les différents cas de figure. Certains adorent la statue comme réelle, d'autres disent que c'est juste ce qu'elle représente. L'une ou l'autre convention semble être issue d'idées très dangereuses.*

Il a été très choqué quand j'ai demandé s'il avait déjà été dans un temple romain. "J'ai parlé avec les Romains de leurs croyances. Mais dans leurs temples ils tuent les animaux et souillent le nom de leur culte. C'est devenu quelque chose d'horrible et d'impur. Il y en a un à Bethesda, c'est le seul que je connaisse. J'ai entendu parler de celui de Jérusalem et de différents autres. On dit que Capharnaüm en a un. Bien sûr, Tibériade a son temple. Cela a été construit par leur empereur." (Tibériade a été prononcé rapidement et les syllabes étaient floues ensemble.)

J'ai demandé à propos de Nazareth, mais il a dit que le village était bien trop petit, ils ne prendraient pas la peine d'en mettre un là-bas. Je pensais qu'il aurait pu vouloir en voir un par curiosité, mais l'idée lui était repoussante. "Notre temple commence de l'intérieur. S'il y a une intégralité à l'intérieur de soi, elle se répand à l'extérieur. Vous n'avez besoin ni de maison ni de chambre pour la contenir." J'ai toujours pensé que le temple et la synagogue étaient un seul et même endroit avec des noms différents. Je me suis souvenue de l'histoire de Jésus dans la Bible quand il a été retrouvé dans le temple enseignant aux docteurs de la loi.

S: *Un temple est seulement pour le culte d'Elorhim, mais la synagogue est aussi un lieu d'enseignement. Dans le temple, se trouve le saint des saints, alors que dans la synagogue, peut-être, ils auront*

seulement le sanctuaire pour la Torah. Le temple est à la gloire de Dieu; la synagogue est pour le culte à la manière de la foi juive.
D: Donc toute personne pratiquant une autre religion pourrait entrer dans le temple, mais pas dans la synagogue?
S: Oui. Dans la synagogue, il y a une place pour les gentils, ou non-juifs, et également un tribunal pour les femmes. Et dans le temple, tous sont autorisés à adorer Dieu.

Bien que la Bible mentionne Jésus interrogeant les docteurs, Suddi ne connaissait pas ce mot. Ce qu'il considérait comme un guérisseur s'appelait un médecin et ce type de personne enseignait seulement sa spécialité. Ils n'enseigneraient pas dans le temple. Apparemment, dans la Bible, on comprenait ce quelqu'un comme un enseignant très instruit, peut-être un maître.

S: Ceux qui enseignent dans le temple sont les professeurs de Droit juif. Il y a également des prêtres, chacun a sa propre spécialité. Comme un aurait la Loi, un autre aurait les Mystères et les autres parleraient des différentes connaissances transmises. Un rabbin serait différent, il enseigne la loi juive et la religion juive.

J'ai demandé une description du temple de Qumran, et j'ai obtenu bien plus, que ce auquel je aurais pu m'attendre.

S: Il y a la zone où les gens se rassemblent. Ils s'y agenouilleraient ou s'assoiraient par terre. Et puis il y a l'autel. Derrière l'autel se trouve le rideau, le sanctuaire intérieur qui porte le voile comme un écran. Et à l'intérieur de celui-ci, sont conservés la Torah et les rouleaux, la cabale. Pendant les études ou les célébrations des jours saints, quelque soit ce qui se passe, ils en feraient la lecture et en liraient des passages et les partageraient. Il y aurait le partage des âmes, puis la discussion des relations entre Dieu et la vie et beaucoup d'autres choses encore. Dans la synagogue, les femmes ne sont pas autorisées sauf dans le tribunal pour femmes. Là-bas tout est permis.
D: Y a-t-il des objets religieux dans le temple, par exemple, sur l'autel?
S: Il y a la coupe et généralement un brûleur d'encens, c'est vraiment tout.
D: A quoi sert cette coupe? Quelle en est sa signification?

S : C'est le flux entre nous tous et tous se la partage de cette manière. Cela nous lie et nous unifie en une seule unité.

Il y avait là une familiarité inattendue à ce sujet. Harriet demanda avec enthousiasme: "Tout le monde boit de la même tasse? Qu'est-ce qu'ils boivent, de l'eau?" "Il y a habituellement du vin." C'était un nouveau développement important. Ce que décrivait Suddi ressemblait à la Sainte Communion ou à la Cène. Mais cela est supposé être lié au Christ, et il n'était pas encore né. Suddi a déclaré qu'aucune nourriture n'était passée à cette époque (je pensais au pain ou à la galette dans la communion), seule la tasse était passée parmi les gens.

S : C'est la tasse du sang de la vie. C'est le partage de la vie entre tous. Le vin représente le sang de tous et le partage en commun.
D : C'en est la signification? Cela signifie que tout le monde est issu d'un seul sang? Seuls les membres de la communauté essénienne sont-ils autorisés à prendre part à la coupe?
S : Il faut en avoir accepté les préceptes pour pouvoir partager l'unité. En partie parce qu'ils ne comprendraient peut-être pas quel en est le but, et ce qui est démontré au travers de cet acte. Ce n'est pas que nous ne croyons pas qu'ils font un avec nous, parce que nous le croyons. C'est juste que le partage se produit dans leur temps. S'ils ne sont pas prêts pour ceci, cela ne sera pas mis en exergue pour eux.

Ainsi, un étranger ne serait pas autorisé à y participer. Ce rituel a été effectué lors de cérémonies où tout le monde était ensemble et capable d'y participer. Cela a été fait le jour du sabbat mais n'a pas été limité à ce jour seul. Suddi a déclaré qu'à sa connaissance cette cérémonie n'était pas exécutée par la communauté juive dans sa totalité.

Je pensais que c'était une découverte importante. Apparemment, lorsque Jésus a célébré la Cène avec ses disciples dans le Cénacle, il n'imposait pas de nouveau rituel. Il en utilisait un avec lequel il avait participé à maintes reprises avec les Esséniens. Le symbolisme du pain serait une coutume juive. Je pense qu'il a combiné cela avec la coutume de passer la coupe et lui a donné un nouveau sens. Pour les Esséniens, cette cérémonie symbolisait le fait qu'ils étaient tous d'un seul sang et qu'ils partageaient la vie parmi eux tous. Quoi de plus naturel que Jésus voulant accomplir cela à la veille de ses épreuves et de sa mort éventuelle? Ce sera un dernier spectacle de fraternité entre lui et ses partisans.

Du bois de santal était brûlé dans le brûleur d'encens, car "il est dit que cela peut aider à ouvrir certains des centres (chakras?) en nous-mêmes. A nouveau, je ne suis pas familier avec les enseignements sur tous les mystères, et les cérémonies." Alors que ce passage de coupe était strictement un rite des Esséniens, d'autres religions utilisaient l'encens, y compris les Romains.

Il me vint à l'esprit que s'ils possédaient un type de rituel familier pour l'église chrétienne, ils pourraient bien en avoir d'autre. J'ai tenté ma chance et ai demandé à propos du baptême. Suddi semblait confus, perplexe, car il ne connaissait pas ce mot.

D: C'est un lavage, un nettoyage cérémoniel à l'eau.
S: *Il y a une cérémonie de purification. Une fois qu'un garçon a eu sa barmitzvah, il se retire et doit être considéré comme ayant l'âge de consentement. Et ils ont à choisir de suivre le chemin de Yahweh ou peut-être de s'en éloigner. S'ils choisissent de suivre cette voie, ils sont purifiés par les eaux. Et il est dit que leur passé est effacé, et à partir de là ils recommencent tout. Il y a différentes façons de le faire. Certains versent sur eux de l'eau, et certains les font s'allonger dans l'eau.*
D: Descendriez-vous à la mer Morte pour faire cela?
S: *Non, personne n'irait jusqu'à la mer de la Mort. Cela se fait habituellement dans l'une des fontaines ici.*
D: Y a-t-il des vêtements spéciaux que vous porteriez à un tel moment?
S: *Soit une robe en lin ou rien du tout. Cela fait partie de la purification, du dépouillement de l'âme.*
D: Le prêtre exécute-t-il la cérémonie?
S: *Oui, ou alors, un ancien. Habituellement, cela ne se fait qu'une seule fois dans la vie d'une personne.*

Cela expliquerait où Jean-Baptiste a eu l'idée du rituel du baptême. Quand il baptisait des gens dans le Jourdain, ce n'était pas nouveau. Il ne faisait que suivre une coutume existante des Esséniens.

Les traducteurs des manuscrits de la mer Morte sont conscients de cette coïncidence. J'ai trouvé qu'il y a de nombreuses références à ces deux cérémonies dans les rouleaux. Beaucoup de ces experts sont arrivés à la conclusion que cela reliait directement Jean-Baptiste aux Esséniens. Cela indique qu'il était sous leur influence à un moment de sa vie.

Les Esséniens s'habillaient tout simplement. Les hommes et les femmes portaient une robe unie faite soit de "poils de mouton filés et tissés (donc, de laine), soit de lin traité" (de lin). Les robes étaient rassemblées à leur taille et touchaient le sol. Elles étaient considérées comme fraîches à porter. Sous les robes, les hommes portaient un pagne. Les deux sexes portaient des sandales. Les robes étaient toujours blanches, bien que parfois ce soit "plus de la couleur de la crème riche des vaches. Ce n'est pas tout à fait blanc." Il faisait rarement assez frais pour porter autre chose, mais si c'était le cas, ils portaient également des capes de différentes couleurs. Les mâles adultes portaient une barbe. "C'est un signe d'appartenance à la communauté des hommes." En dehors de Qumran, il y avait des gens qui choisissaient d'être rasés. "Il y a des communautés qui ne se coupent jamais les cheveux. Les Romains les portent court. Pour nous, c'est permis à n'importe quelle longueur, à condition que ce soit soigné et propre. La plupart les préfèrent aux épaules."

Si quelqu'un quittait la communauté pour aller dans le monde extérieur, il devait s'habiller comme les autres personnes afin de ne pas sembler différent. Aucun étranger ne portait de robe blanche; ils portaient tous des vêtements colorés avec diverses coiffures. Ainsi, les Esséniens étaient uniques et auraient été rapidement reconnus car ils se seraient distingués de leur entourage. Les anciens écrits confirmaient ces faits sur leur tenue.

Il faut se rappeler que les Esséniens étaient en danger lorsqu'ils étaient en dehors de leurs murs. Mais du moment que personne ne savait qui ils étaient, ils étaient en sécurité. Comme Suddi l'a dit: "Nous n'avons pas la peau bleue." Apparemment, ils ne pouvaient pas être facilement reconnus quand ils s'habillaient comme tout le monde. Mais à Qumran, tout le monde portait le même "uniforme" pour ainsi dire. Il semblerait qu'ils étaient tous absolument identiques, mais ils possèdaient une méthode d'identification quant à leur "rang". Ils portaient une bande de tissu attachée autour de leur front. Ces bandes étaient de couleurs différentes selon la position du porteur dans la communauté. C'était comme un badge de bureau afin qu'ils puissent rapidement identifier leur statut.

S: *Comme par exemple, la couleur grise est pour les jeunes étudiants. Pour la couleur verte, ce sont des chercheurs. Ils sont au-dessus du niveau des étudiants. Ils ont terminé avec ce que tout le monde se doit d'apprendre, mais ils cherchent encore toujours plus. Ils n'ont encore été que récemment admis. Leur âme a toujours soif de connaissance. Ils sont toujours des étudiants, mais ils ne sont pas encore des maîtres. Et il y a le bleu, qui est pour le maître. Et il y a le blanc qui est pour l'aîné. Il y a du rouge, il s'agit là d'un membre d'aucun de ces autres groupes. Il est en dehors de tout ceci. Il apprend, mais peut-être avec des fins différentes. Cela concerne les étudiants de l'extérieur, comme s'ils n'étaient que des visiteurs. Le rouge nous montre, même s'ils ont le même état d'esprit, qu'ils ne sont peut-être pas tout à fait comme nous. C'est vraiment juste le vert, le bleu et le blanc qui sont des nôtres, et puis le gris pour les jeunes étudiants.*

D: Alors si quelqu'un porte un bandeau rouge, ils ne vivent pas là tout le temps?

S: *Eh bien, ce n'est pas qu'ils ne vivent pas ici tout le temps. C'est peut-être qu'ils viennent d'ailleurs pour apprendre, chercher, étudier.*

D: Quand ils auront fini leurs études, ils repartiront? Ont-ils choisi ces couleurs pour une raison?

S: *Le bleu montre beaucoup de paix intérieure. C'est presque au niveau du blanc. Le blanc est la réalisation ultime. Vous avez atteint une totale réalisation et avez accompli tout ce qui doit être accompli. Le bleu est juste un échelon en dessous de cela, si cela doit être compris ainsi.*

Ces bandeaux colorés étaient également portés par les femmes, considérées comme égales aux hommes, ayant également reçu les enseignements. Il ne pouvait pas comprendre ma surprise quand j'ai dit: "Dans certaines communautés, il n'est rien enseigné aux filles." "Mais comment cela se pourrait-il ... Si une fille n'a pas eu d'éducation, comment pourrait-elle demeurée à l'unisson avec son mari ou ... je ne comprends pas."

Nous avons été très satisfaites de sa façon de penser, qui devait être à l'encontre des coutumes juives populaires de l'époque. Cela expliquerait certaines des attitudes de Jésus envers les femmes. Elles n'avaient pas été traitées différemment à Qumran pendant son séjour là-bas. Si une femme n'était pas étudiante, elle pouvait porter un foulard ou un voile, selon son choix. Mais en général, elles ne portaient rien sur la tête.

À l'époque où je lui parlais, il portait du vert. "Cela signifie que je suis un étudiant. Je suis un pas en dessous du maître. Je ne suis plus un étudiant dans le devenir, je suis un chercheur. Les plus jeunes porteraient du gris."

Pendant la session où Suddi décrivait les conditions de vie de Qumran, Katie était en transe profonde, mais elle a soudainement et de manière inattendue giflée sa joue droite, nous surprenant. Normalement, en dehors des mouvements de la main et des gestes pour décrire quelque chose, de tels mouvements rapides ne se produisent pas. Plus tard, elle a commencé à gratter l'endroit qu'elle avait giflé. Suddi a simplement déclaré: "Les insectes deviennent agressifs." J'ai trouvé cela très amusant parce que c'était tellement inattendu. Il a dit qu'il s'agissait principalement de moucherons, de "petites choses volantes", mais il y avait beaucoup de types d'insectes à Qumran, dont les criquets et les fourmis étaient un problème. Quand je lui ai posé des questions sur de potentiels insectes dangereux susceptibles d'infliger une morsure toxique, il a déclaré n'en pas en connaître, même si lui-même n'était "pas versé dans les études des formes de vie inférieures."

Il y avait des animaux élevés pour la nourriture: les moutons, les chèvres et les bœufs. Mais j'ai eu l'impression qu'on ne les gardait pas à Qumran. Ils étaient probablement hors des murs ou près de "A à Feshka" où se concentrait l'agriculture. Nous avons eu une discussion intéressante et infructueuse quand j'ai demandé s'ils avaient des animaux de compagnie. Il ne connaissait pas le mot. C'est souvent le cas lorsque je traite avec des personnes d'une autre culture; ils ne comprennent pas ou ne possèdent pas de mot équivalent. Je suis toujours prise de court parce que souvent (comme dans ce cas) le mot nous est commun. Je dois souvent trouver une explication appropriée rapidement et c'est difficile. Essayez-le parfois. J'ai essayé de réfléchir rapidement et de trouver une définition du mot "animal de compagnie."

D: Eh bien, ce serait un animal que personne ne mangerait. Quelqu'un prend un animal et le fait sien. Ils le gardent juste pour leur propre plaisir comme un animal de compagnie.

S: *Cela semble égoïste. Comment savons-nous que l'animal n'a pas des plaisirs différents de ceux-ci?*

D: Eh bien, ce serait comme un ami.

S: *Comment un animal peut-il être un ami? Il n'a pas de conversation intelligente.*

Il semblait totalement confus. J'ai dit: "Certaines personnes aiment avoir des animaux avec elles. Ils vivent dans leurs habitations avec elles." "Cela ne me semble pas très sanitaire." Nous avons ri. Je n'ai pas réalisé à quel point ce serait difficile à expliquer. Quoi que je dise, cela ne semblait pas être plus clair. J'ai demandé s'il savait ce qu'est un chat ou un chien. Il connaissait le mot chat, mais pas le chien. Fronçant les sourcils, il a dit: "J'ai vu des chacals" (prononcé: yackals). Je suppose que c'était la meilleure image mentale qu'il pouvait trouver pour le mot "chien". J'ai expliqué qu'ils étaient similaires mais pas tout à fait pareils. "Je ne pense pas que quiconque puisse posséder un chat. C'est curieux. Pourquoi quelqu'un voudrait-il avoir quelque chose ainsi comme animal de compagnie qui mange des animaux morts? Je ne voudrais pas qu'il vive avec moi. Ils ont tous de la vermine. Ce n'est pas bien; la vermine apporte la maladie. Nous utilisons du soufre pour les éloigner."

Il était évident qu'il m'était difficile de définir ce que nous considérions comme des animaux de compagnie, alors j'ai poussé plus loin. Je voulais savoir s'il y avait des problèmes avec les serpents dans la communauté. Il a dit qu'il y avait beaucoup de vipères de taille variable. Elles allaient de très petites à assez grandes, voire de plusieurs longueurs de bras. Elles sont parfois entrées dans les murs de la communauté et elles ont été tuées parce que la plupart des morsures en étaient mortelles. J'ai été surprise par cet aveu que son peuple a parfois tué. Il avait beaucoup semblé être contre le fait de nuire à l'une des créatures de Dieu et contre toute sorte de violence. Il a dit qu'ils ne tueraient qu'en présence d'un danger.

J'essayais toujours de savoir s'ils tenteraient d'utiliser une protection quelconque s'ils étaient menacés. Il avait indiqué plus tôt qu'il y avait bien quelque chose, mais c'était l'un des sujets de discussion interdits. Cette fois, quand j'ai demandé s'il y avait autre chose qu'ils considéreraient comme un danger, il a de nouveau pris la défensive et a refusé de me répondre. Chaque fois que cela arrivait, il avait toujours été préférable de changer de sujet.

Au cours de mon interrogatoire, j'ai souvent constaté que Qumran était loin d'être primitif. Je l'ai rencontré une fois pendant qu'il se baignait. Il a dit que c'était quelque chose qui était fait quotidiennement, généralement le matin. La "salle de bain" était une grande pièce où la baignoire comprenait presque toute la pièce. Il y avait des marches menant à la piscine et il y avait un espace sur le côté où il y avait des bancs pour "se déshabiller". Ils enlevaient tous leurs vêtements pour entrer dans l'eau. Beaucoup de gens (hommes et femmes) se baignaient en même temps en utilisant de la pierre ponce au lieu de n'importe quel savon. Il ne savait pas par où l'eau coulait car il a dit qu'il n'en dessinait ni ne construisait le système, mais qu'il croyait que les zones traversées par l'eau étaient couvertes. Je soupçonne que si quelqu'un demandait à vos citadins modernes moyens sur son système d'eau, ils auraient également du mal à l'expliquer, à moins qu'ils aient eu une raison de participer à leur aménagement.

Il y avait des endroits dans la communauté où l'eau était à la surface. L'eau potable provenait de deux fontaines. J'ai pensé que peut-être voulait-il dire un puit, mais ses définitions étaient plutôt catégoriques. Il savait ce qu'était un puits et il a dit que ce n'était pas ça. "C'est de là que vient l'eau par en-dessous et d'où elle jaillit. Elle vient des montagnes et sort du sol. Il y a une zone qui sert pour le stockage de cette même eau, qui peut en contenir pas mal. Elle est carrée et peut-être aussi profonde que la taille d'un homme et encore une fois et demi autant de fois que vos bras sont tendus. Pendant les mois les plus chauds, bien souvent elles sont couvertes pour que l'eau ne soit pas gaspillée, et que la poussière ne les encrasse pas."

L'eau y était prélevée avec des seaux; il leur suffisait de les descendre et de les plonger. Cela m'a surprise parce que la zone autour de Qumran est si aride. Je ne pensais pas qu'il pourrait y avoir un flux d'eau constant. "Comment? Pas d'eau? Avec une telle proximité de la mer de la Mort, il y a de l'eau ici. Ça vient de nombreuses sources. Tant que ce n'est pas dans la mer, elle est bonne pour boire, excetera."

Je voulais savoir s'ils avaient des systèmes sanitaires qui prenaient soin de la miction ou des selles. Selon la Bible (Deut. 23: 12-14), les habitants de l'époque de Moise n'étaient pas autorisés à faire cela dans la ville, car tout cela était considéré impur. Ils devaient sortir hors des murs, creuser un trou et le couvrir par la suite. Suddi était un expert en droit juif, alors je me demandais ce qu'il allait me dire à ce sujet. Je ne savais pas trop comment le lui dire. Je n'avais aucune idée de ce que les autres cultures pourraient trouver offensant. "Vous savez, chaque fois que les gens doivent uriner? Pour des raisons sanitaires, devriez-vous sortir des murs pour faire cela?" "Non, il y a un endroit qui est utilisé pour cette fonction corporelle. C'est une pièce qui a plusieurs sections ... (il chercha le mot juste) ... des cabines dans lesquelles tu urinerais ou si tu aurais un besoin d'aller à la selle. Je crois que c'est un système de puits creusé et qu'ils sont rafraîchis. Je ne suis pas très sûr de la méthode qu'ils utiliseraient pour le transporter." C'était à l'intérieur des murs de la communauté et tout le monde allait au même endroit. Il y avait de l'eau dans ces cabines, mais il ne savait pas plus, tout comme pour les bains.

S: Il y a des choses qui sont placées avec l'eau qui est là pour la garder fraîche.
D: N'est-ce pas dans la loi juive qu'ils doivent sortir de la ville?
S: Je ne sais pas. Et si un homme devait se réveiller la nuit? (Il a ri) Est-ce qu'il quitterait alors la ville?

Donc, apparemment, toutes les lois juives n'étaient pas en vigueur parmi toutes les personnes. Il est douteux que d'autres villes en Israël aient eu les merveilles dans l'assainissement et l'approvisionnement en eau présents à Qumran. Mais les Esséniens avaient apparemment accès à beaucoup d'informations, peut-être à ce type de connaissances en ingénierie.

Lorsque les archéologues ont fouillé les ruines de Qumran, ils ont été surpris par le système d'eau merveilleusement complexe qu'ils y ont trouvé (voir le dessin). Il y avait deux bains avec des marches y menant, plusieurs citernes (comme les scientifiques les appelaient) et des bassins de stockage d'eau. Il y avait aussi beaucoup de petits canaux reliant l'ensemble du système qui étaient probablement recouverts à l'époque où les Esséniens y vivaient. Il est intéressant de noter que les scientifiques ont supposé que les bains étaient ouverts, alors que Suddi a dit qu'ils étaient enfermés dans des pièces et que les zones de stockage et les fontaines étaient ouvertes.

Ils ont également supposé que les Esséniens emprisonnaient l'eau qui descendait des collines pendant les très peu fréquentes pluies et qu'ils la stockaient dans ce système. Mais le père de Vaux a déclaré que pendant les trois années durant lesquelles il se trouvait sur le site de fouilles avec son équipe, l'eau n'était descendue que deux fois des collines. Il est difficile de croire qu'ils auraient pu stocker suffisamment d'eau pour durer longtemps, s'ils devaient uniquement dépendre des précipitations imprévisibles. Suddi a dit que l'eau coulait. Je crois qu'ils avaient trouvé une source et acheminée l'eau pour qu'elle s'écoule à travers la communauté. Je crois qu'au cours des deux mille dernières années, quelque chose est arrivée à cette source, soit par des tremblements de terre, soit par des déplacements naturels des sols. Il y a des sources connues dans la région, la plus remarquable à «A à Feshka», à quelques kilomètres au sud. Pourquoi les Esséniens mettraient-ils leurs terres agricoles près d'une source et construiraient-ils leur communauté dans une zone stérile?

Aussi, quand les Romains ont détruit la communauté, c'est une chose connue qu'ils ont détruit le système d'acheminement de l'eau. Peut-être que, par ignorance, ils y ont également bouché la source d'eau.

Les archéologues ont trouvé les restes de ce qu'ils appelaient un système sanitaire, une sorte de puisard. Ils ont également découvert les ruines d'un bâtiment avec des cabines, ce qu'ils supposaient être une étable. L'était-ce vraiment?

En ce qui concerne l'horaire quotidien de Suddi: "D'habitude, je me réveille avec le soleil, je me baigne, puis je romps mon jeûne. Études pendant un certain temps, puis je commence les leçons ou continue ma journée. Repas de midi. Et puis, d'habitude j'étudie plus. Il y a beaucoup de choses que j'ignore. Ensuite, je dîne et passe mes soirées en contemplation." "Est-ce que tu dois te lever avec le soleil?" C'est l'une des choses que les scientifiques avaient présumée. "C'est juste une question d'habitude. Cela dépend de ce que vous faites. Il y a ceux qui vont étudier les étoiles. Ils resteront bien sûr debout toute la nuit et dormiraient ensuite pendant la journée. Si vous étudiez les étoiles, vous n'avez pas à vous lever et passer toute la journée éveillé pour vous endormir lorsque les étoiles sont sorties. Il y a ceux qui travaillent tard dans la nuit, mais la plupart d'entre nous se lèvent avec le soleil." "Y a-t-il une heure fixe où vous allez vous coucher le soir?", "Non, pas si quelque chose continuerait tard dans la soirée. Ça pourrait être juste d'étudier. Cela pourrait être de parler à quelqu'un qui n'y était pas venu depuis longtemps. De nombreuses raisons."

S'ils restaient debout après le coucher du soleil, ils avaient évidemment les moyens de produire de la lumière. Je savais qu'ils utilisaient des lampes contenant de l'huile d'olive dans cette partie du monde. J'avais acquis cette information auprès d'autres sujets. Mais j'aurais dû savoirmaintenant, de ne plus rien prendre pour acquis lorsque l'on utilise cette méthode pour explorer le passé. En travaillant avec Katie, je n'ai jamais su où une question innocente pourrait éventuellement me mener. Interrogée sur leurs méthodes d'éclairage, sa réponse était inattendue et a prouvé à nouveau que Qumran n'était pas un lieu ordinaire. Ses murs contenaient de nombreux mystères cachés. "Nous aurions soit des lampes à huile, soit des lumières qui brûlent."

Lorsque vous travaillez avec la régression, vous devez rester vigilant et être prête à prendre en charge tout ce qui semble le moins inhabituel. Comme il s'agit de quelque chose de commun à leur mode de vie, cela ne serait pas plus élaboré à moins d'être sous interrogation à ce propos. Vous ne savez jamais où cela peut mener. Ceci est l'un de ces exemples. Pourquoi a-t-il mentionné deux types de lampes?

S: *D'habitude, j'utilise celles qui contiennent de l'huile et ensuite j'allume. Mais il y a aussi les lumières qui donnent de la lumière sans flamme.*

D: Quelle en est leur source d'alimentation?

S: *(Il avait du mal à l'expliquer.) Je ne l'ai pas construite, je ne sais pas. Cela est émis d'une jarre sur laquelle c'est placé. Cette jarre a des propriétés. C'est placé sur une jarre qui a un globe (qui cherche le mot) qui en sort, qui est allumé. Le pot est à peu près ... alors ... (il a mesuré avec ses mains - il faisait environ cinq pouces (12,7 cm) de hauteur).*

D: Par un globe, tu veux dire un globe de verre?

S: *(Hésitant) Qu'est-ce que le verre?*

D: (Comment expliquez-vous cela?) Peut-être que vous ne l'avez pas dans votre communauté. Le verre est un matériau, mais c'est quelque chose que vous pouvez voir à travers. Comme une poterie mais c'est clair. (C'était difficile.)

S: *Cela semble intéressant. C'est un peu comme ça, oui. Je ne sais pas comment c'est fait.*

Harriet a suggéré l'idée de quelque chose de similaire à un matériau en cristal et il a répondu avec un emphatique: "Oui!" Ce serait semblable au verre. Au moins, c'était un matériel que vous pouviez voir à travers, alors il avait quelque chose pour faire la comparaison. J'ai demandé si le globe rond était comme une sphère et il est si devenu si excité qu'il avait enfin réussi à me faire comprendre. Mais quand j'ai demandé si la sphère était creuse, il est redevenu confus.

S: *Je ne connais pas ces choses. Je n'en suis pas l'inventeur.*

D: Mais elle repose sur ce pot, et ce pot est en poterie. Est-ce correct?

S: *je ne sais pas. Cela ressemble à de la pierre.*

D: Y a-t-il quelque chose à l'intérieur de la jarre?

S: *Je ne l'ai pas démontée pour le savoir.*

Mes questions à répétition ne cessaient de l'agacer, mais je voulais comprendre comment ce dispositif étrange fonctionnait, si possible, car une telle chose n'aurait pas dû exister. Je me demandais si elle restait allumée tout le temps et ne pouvait pas être désactivée. "Non. Cela s'éteint ou est rallumé en le déplaçant ... Soit vous avez le type que vous placeriez à l'intérieur d'un autre pot et cela ferait qu'il s'allume, soit vous en auriez un auquel vous donneriez une torsion et ainsi cela le ferait aussi s'allumer. Mais il ne serait jamais allumé à moins que ce soit quelque chose que vous ne souhaitiez." J'ai demandé s'il l'aimait mieux que la lampe à l'huile. Il a dit que celle bizarre était beaucoup plus lumineuse et qu'il n'y avait pas de danger d'incendie.

D: Sont-elles fabriquées dans la communauté?
S: *Non, elles sont très vieilles.*
D: Elles doivent avoir une grande source d'énergie pour avoir pu durer si longtemps. Y en a-t-il beaucoup dans la communauté?
S: *Il y en a suffisemment. Je ne les ai pas comptées. Elles sont partout. Il est autorisé d'en avoir là où elles sont nécessaires.*

Dans mes recherches, j'ai trouvé la description des objets que le Père de Vaux, l'archéologue, a extrait des ruines de Qumran. Parmi eux, certains éclats de poterie, il trouva aussi quelques pots en pierre et quelques fragments de verre. Auraient-ce pu être les restes des lampes et non reconnus pour ce qu'elles étaient?

La pensée d'un pot fonctionnant de cette manière avait réveillé ma mémoire. Je me suis souvenue d'avoir lu quelque chose de similaire dans l'un des livres d'Erich Von Daniken. Ses œuvres contiennent de nombreuses bizarreries inexpliquées.

The Community of Qumran

Je l'ai trouvé à la page 174, image 252, dans " Search of Ancient Gods" ("à la recherche des anciens dieux", non traduit en francais). C'était une photo d'un petit pot de la taille indiquée par Suddi, qui montrait une personne qui introduisait un objet en métal noir oblong dans le pot. L'inscription disait que c'était une batterie fonctionnant selon le principe galvanique. C'était très vieux, mais même aujourd'hui, 1,5 volts pourraient en être extraits. Il est maintenant conservé au musée national d'Irak à Bagdad.

Il y avait plus d'informations sur cet appareil dans le livre de Charles Berlitz, "Atlantis, the Eighth Continent" (p 139), ("le mystère de l'Atlantis", en francais.) La légende d'une photo en est la suivante: "Le Dr Wilhelm Konig, un archéologue autrichien employé par le Musée national de l'Irak, a découvert en 1936 un vase vieux de 2 000 ans, de six pouces (15,24 cm) de hauteur, contenant un cylindre de cuivre vertical, et à l'intérieur, une tige de fer sécurisée par un bouchon d'asphalte. Cet objet ressemblait à d'autres dans le musée de Berlin, certains plus grands avec une répétition des réglages du cylindre. Personne n'avait aucune idée de leur fonction si ce n'est qu'ils étaient des "objets religieux ou culturels". Certains enquêteurs, dont le Dr Konig, se sont rendus compte que ces piles pouvaient être des piles sèches qui, bien entendu, ne fonctionneraient plus après plusieurs milliers d'années. Cependant, quand elles ont été exactement repliquées et équipées d'un nouvel électrolyte, elles ont fonctionné! Bien entendu, cette ancienne utilisation de l'électricité prouve seulement que l'électricité était utilisée pour galvaniser les métaux avec de l'or et de l'argent, comme on le fait encore dans les bazars du Moyen-Orient. Mais il est également probable qu'elles aient été utilisées pour l'éclairage des temples et des palais, bien que son utilisation ait disparu avant la période moyenne de l'Antiquité, celle des Grecs et des Romains, qui utilisaient l'huile pour l'éclairage. (Référence: musées de Berlin et d'Irak).

L'humanité est devenue très suffisante, pensant qu'elle est la première à inventer nos commodités modernes. Il semble que l'homme ancien n'était pas aussi primitif que nous le croyons. Ils avaient en fait beaucoup de ces choses, et depuis le "trou de mémoire" de "l'âge des ténèbres"(environ de 500–1100 apr. J.-C.), nous les avons simplement redécouvertes. Une idée intrigante.

Je me demandais quelles autres surprises pourraient encore se trouver dans les murs secrets et protégés de Qumran.

CHAPITRE 6

Le gouvernement de la Communauté de Qumran

Selon les archéologues, la communauté était régie par des règles et règlements établis par un groupe de prêtres. D'après leurs traductions des manuscrits de la mer Morte, ils pensent que les Esséniens appliquaient des règles très strictes et apparemment cruelles. C'était contraire à ce que j'ai découvert. Je ne pensais pas du tout que cela ressemblait à cet Essenes doux et juste que j'avais appris à connaître, et les informations de Suddi prouvaient que j'avais raison de suivre cette intuition. Bien entendu, la difficulté réside souvent dans la méthode et le mode de traduction.

Selon Suddi, il existait un conseil des anciens qui fixait les règles pour gouverner la communauté, Il s'occupait des jugements et de statuer sur les pénalités, etc. Les aînés étaient choisis par ceux de leur domaine ou ceux dans leur champ d'études. Les qualifications dépendaient de la durée de temps qu'ils avaient étudié dans la domaine ainsi que de la connaissance qu'ils y avaient acquise. Le nombre d'anciens siégeant au conseil variait de temps en temps, mais il cumulait généralement à environ neuf ou dix, selon le domaine d'étude auquel un aîné était associé.

Je me demandais si tous les membres de la communauté avaient un vote comme nous le faisons dans nos pays démocratiques. Il a dit que cela avait fait l'objet de discussions entre les familles, mais que seuls les maîtres et les étudiants du domaine d'études en question avaient quelque chose à dire sur le sujet concerné. Il est apparu que le choix des anciens reposait sur la partie intellectuelle de la communauté, ceux qui étudiaient dans des différents domaines. Le travailleur ordinaire n'aurait pas eu son mot à dire, mais une femme pouvait s'exprimer si elle suivait des études. Quand quelqu'un était choisi pour le conseil, c'était un travail à vie et un accord majoritaire devait y avoir lieu sur toute décision prise. Je me demandais si un cas aurait existé où ils avaient voulu renvoyer quelqu'un du conseil. Il a dit que cela avait effectivement été fait, mais pas de mémoire récente.

Suddi avait mentionné des sanctions et j'ai été surprise que des personnes aussi compatissantes soient obligées de recourir à des punitions. Je me demandais ce en quoi elles auraient bien pu consister.

S: Il y en a quelques mineures. Si une infraction est importante, la personne est exclue de la communauté, mais cela a été rarement utilisé. Cela n'est utilisé que dans des cas de violence, lorsqu'un autre reçoit des lésions corporelles. Tout type de telle violence. Nous ne croyons pas en la violence. Il s'agit de la seule grande punition qu'il y ait, se faire exclure de la communauté. Et ce serait uniquement causé par une faute très grande. La dernière fois, l'un des étudiants en avait tué un autre.

La violence était donc possible même dans un environnement aussi idéal. J'ai demandé s'il savait ce qui s'était passé lors de cet incident.

S: Non, on ne nous a pas raconté l'histoire. Ce n'était pas à nous de juger. C'est sa croix à porter, pas la mienne.
D: Je ne pensais pas que votre peuple se mettrait un jour en colère.
S: Il était juste un étudiant, il n'était pas l'un des nôtres.

Il voulait dire que le coupable n'était pas né à Qumran. Il aurait été parmi ceux qui portaient le bandeau rouge.

D: Quel genre de punition serait typique pour une infraction plus petite?

S: *Il y aurait une punition établie par l'un de nos maîtres, oui. Mais cela ne concerne qu'eux deux - la personne qui a mal agi et le maître qu'il sert. Comme indiqué, le maitre traiterait le cas individuellement et ferait ce qu'il jugerait utile. Parfois, des jeûnes sont nécessaires. Une pénitence en étudiant certaines choses ou en retirant des privilèges.*

Les traducteurs archéologiques pensent que les Esséniens étaient un ordre religieux et que les prêtres en étaient les leaders, au dessus de tout le monde, la voix ultime de l'autorité. Suddi a déclaré que les prêtres n'auraient autorité que sur les étudiants auxquels ils enseignaient. Ils ne seraient pas plus élevés que le conseil.

D: Quelqu'un a-t-il jamais quitté la communauté? En raison d'un manque de satisfaction?

S: *Il y en a quelques-uns qui partent pour des raisons d'études. Mais pourquoi quelqu'un voudrait-il partir?*

D: Je serais d'accord avec vous, mais je me demandais si vous aviez jamais eu quelqu'un qui était insatisfait.

S: *Ce serait probablement possible. Je n'ai jamais entendu dire que cela ne soit pas arrivé. Mais pourquoi le feraient-ils?*

D: S'ils étaient malheureux et pensaient qu'ils seraient plus heureux ailleurs. Est-ce permis de le faire, s'ils souhaitent partir?

S: *Je suppose. (Indigné) Nous ne sommes pas des esclaves! Nous ne portons pas de chaînes!*

D: Ensuite, ils restent parce qu'ils le veulent. Y-a-t'il eu des cas où quelqu'un aurait pu être refusé, qui désirait devenir étudiant ici?

S: *Oui. Leurs raisons auraient été examinées par les maîtres, et ilsauraient pris connaissance du but pour lequel cette personne souhaite le faire. Et s'ils avaient une quelconque intention malveillante, ils seraient renvoyés.*

D: Est-il déjà arrivé que quelqu'un leur donne un problème, crée une perturbation parce qu'ils ne sont pas autorisés à entrer?

S: *Pas de mémoire récente. Cela ne veut pas dire que cela n'est jamais arrivé.*

D: Savez-vous ce qui serait fait si cela se produisait?

S: *Je ne sais pas. Je ne suis pas un maître, ce ne serait pas de mon ressort.*

D: (J'essayais toujours de connaître leurs moyens de défense). Avez-vous des moyens de protéger votre communauté? Je veux dire comme des armes ou quelque chose comme ça?
S: Oui. *(Il était redevenu prudent et avait hésité).* Différentes méthodes.

Il a dit qu'ils n'utilisaient pas des armes au sens conventionnel du terme, mais qu'il ne donnerait pas plus d'informations supplémentaires. Puis Harriet a tenté sa chance et a demandé: "Utilisez-vous des sons?" Il hésita longtemps, puis répondit doucement et prudemment: "Oui". Je pouvais sentir que nous étions sur un terrain dangereux. Il avait peut-être eu le sentiment d'avoir trahi une confiance en révélant ce détail plus insignifiant. Il semblait inquiet et je savais que nous ne devions plus approfondir cette question même si j'aurais aimé en savoir plus. J'ai essayé de le rassurer en lui disant à quel point je trouvais merveilleux de ne pas avoir besoin d'armes et que dans la plupart des communautés, c'était le seul moyen de se protéger. Il pensait que j'étais trop curieuse. Je lui ai dit que nous voulions tellement apprendre, mais qu'il était difficile de trouver des enseignants. Bien sûr, il a dit qu'il y avait beaucoup de professeurs là-bas. Notre problème était notre incapacité à leur poser les questions adéquates.

D: Votre communauté a-t-elle des règles différentes de celles de la communauté juive normale?
S: *Comment pourrais-je répondre, quand je ne suis même pas familier avec l'extérieur et leurs lois?*

D'après l'Ancien Testament, je savais que les Juifs croyaient aux sacrifices d'animaux. Mais quand j'ai posé des questions sur cette pratique, il s'est vivement opposé à celle-ci.

S: *Je ne sacrifie pas par le sang! Pourquoi serait-il agréable à Yahweh de tuer quelque chose qu'Il aurait créé? Cela ne semble pas très logique.*
D: Je pensais que vous croyiez en beaucoup des mêmes enseignements juifs, à la Torah et aux lois.
S: *Cela fait partie de nos croyances, mais cela n'est pas suivi dans sa totalité.*

D: Mais les Juifs suivent cette pratique du sacrifice, n'est-ce pas?
S: *Oui D'après ce que j'ai compris, ces pratiques ont été empruntées à d'autres "religions", comme vous les appelleriez. Celles-ci n'étaient pas quelque chose qui se trouvaient dans les enseignements originaux. Mais nous ne sacrifions pas ici. Nous placerions et brûlerions de l'encens sur des autels, et tout type de pratiques similaires, sous une forme de sacrifice. Mais ce serait l'unique chose faite.*

Il était si catégoriquement contre cela que j'ai décidé de changer de sujet et de lui poser des questions sur les festivals ou les vacances que son peuple observait. Il n'a pas compris le mot "vacances". "Cela ne m'est pas familier", a-t-il déclaré.

D: Un jour férié est un jour spécial qui est considéré différent.
S: *Vous parlez des jours sacrés. Bien sûr, il y a la Pâque. Aussi les Jours des Expiations et Rosh Shofar. C'est le festival de la nouvelle année, des saisons nouvelles.*

Comme je ne suis pas juive, je n'avais naturellement jamais entendu parler d'aucune d'entre elles, à l'exception de la Pâque, mentionnée dans la Bible. J'ai posé des questions sur les jours des expiations.

S: *C'est un moment chaque année où nous mettons de côté certaines choses que nous avons faites et demandons pardon pour celles-ci. Et nous donnons rétribution à ceux à qui nous avons fait du mal, de quelque manière que ce soit.*
D: Cela semble être une bonne idée. un peu comme de laver son ardoise, puis vous recommencez. Y a-t-il d'autres vacances?
S: *Juste le festival des récoltes et différentes choses comme ça, oui, également. Il y a beaucoup de vacances et beaucoup de choses qui sont célébrées. Nous ne sommes pas un peuple morose. Nous avons de la joie de vivre!*

Ce serait en contradiction avec ce que pensent les traducteurs. Ils ont supposé que les Esséniens étaient un peuple solennel. D'après la Bible, je connaissais la coutume de laver les pieds des autres et je lui ai demandé s'il en avait déjà entendu parler.

S: Oui La plupart du temps, c'est au moment où une personne se déplace et vient chez vous, et qu'il s'apprête à manger, l'hôte lui lavera les pieds. Mais c'est un symbole d'humilité. C'est également fait le jour des expiations pour montrer à Yahweh que l'on s'humilie à ses yeux.

Le Nouvel An juif s'appelle maintenant "Rosh Hashanah". Le nom que Suddi avait donné était différent, "Rosh Shofar". S'agissait-il d'une erreur? J'ai trouvé que "Rosh" signifiait "commencer". J'ai été très surprise lorsque mes recherches ont révélé qu'une des particularités de l'observance de Rosh Hashana est le souffle du shofar, ou corne de bélier, dans la synagogue, en tant qu'appel au jugement ou à la repentance, est-il possible qu'il s'appellait Rosh Shofar à cette époque-là à cause de cette coutume?

J'ai découvert que le jour des expiations est maintenant connu sous le nom de Yom Kippour, le jour le plus saint de l'année pour la religion juive. C'est l'aboutissement des dix jours de pénitence qui commencent lors de Roch Hachana ou le jour du Nouvel An. Il est décrit comme un jour de jugement, une occasion de rechercher un pardon pour les péchés commis contre Dieu. Dans le cas de péchés commis contre son prochain, le moment est venu de lui demander également pardon. La fin de cette journée est aussi marquée par la sonnerie du shofar ou la corne de bélier. Apparemment, Suddi appelait les dix jours des expiations toute la période de dix jours.

Je voulais en savoir plus sur les coutumes du pays d'Israël. J'ai également posé des questions sur la propreté.

S: Je sais que ceux qui sont propres sont nettement moins susceptibles d'attraper des maladies. Ceci est connu depuis longtemps chez les érudits. C'est pourquoi lorsque tout type de peste frappe, elle frappera toujours d'abord les plus bas quartiers d'une ville. Et puis, s'il s'agit d'une peste plus grave, elle continuera en remontant vers les plus hauts niveaux. Mais cela a beaucoup à voir avec la propreté. Différentes cuves sont utilisées pour différents types de linge. L'homme n'utilisera pas la même que celui où sa femme se lave, car elle serait considérée comme impure. La même chose avec les vêtements, il y a différentes choses qui sont utilisées pour leurs lavages.

Il m'avait déjà parlé du système de bain à Qumran, mais il se demandait comment une personne moyenne en Israël restait propre.

S: *L'eau, s'il y en a beaucoup, vous allez vous baigner. Comme ceux qui sont près de la mer, ils n'auront pas à se soucier de l'eau. Mais ceux qui sont dans le désert utilisent souvent du sable. Si vous êtes au milieu du désert, vous n'utiliserez pas votre dernière goutte d'eau pour vous laver.*

D: L'huile est-elle déjà utilisée sur la peau?

S: *Non, l'huile n'est pas utilisée car dans ce désert où il fait sec, chaud et poussiéreux, si vous avez utilisé de l'huile sur votre peau, toute la poussière reste collée.*

Quand j'ai demandé plus d'informations sur les lois de la propreté, je n'ai pas réalisé que c'était une question aussi compliquée.

S: *(soupir) Bon, je vais expliquer un peu plus. Ce que je voudrais dire, parlez-vous, là, de la propreté des animaux, de la propreté du corps, ou de celle de l'âme? Il devrait y avoir l'utilisation d'un bain et garder ainsi le corps purifié de tous les maux qui pourraient vouloir entrer dedans. Le jeûne aide pour ce qui est de garder le corps intérieur en équilibre.*

D: Le jeûne n'est-il pas dangereux pour la santé?

S: *Si ce n'est pas fait à l'extrême ou pour de mauvaises raisons, cela peut être fort utile.*

D: Qu'en est-il de la purification de l'âme?

S: *Il y a beaucoup de lois impliquant cela. Beaucoup d'entre elles sont des lois sur le karma. (soupir) Je ne suis pas professeur de religion. Vous confondez la loi avec le culte que les autres pratiquent, le culte du Suprême. Ce n'est pas là où se trouvait l'intention de la loi. Il y a beaucoup de nébulosité dans cette zone où il ne devrait pas y en avoir.*

Il ne désirait pas discuter de karma à ce moment là, mais dans d'autres occasions. Ce sujet pourra se retrouver dans un autre chapitre. J'en suis revenue à lui poser des questions sur leurs coutumes à Qumran.

D: Les membres de votre communauté sont-ils autorisés à se marier et à avoir des familles?
S: Oui Mais pour la plupart, le mari et la femme sont choisis l'un pour l'autre par les anciens. On dit qu'un schéma est lancé à la naissance d'une personne et que celui-ci est apparié à un autre. Je n'en sais rien.

Cela ressemblait à l'élaboration d'un horoscope. Je pensais que les Esséniens auraient été plus démocratiques que de favoriser le choix de leurs compagnons par ses membres. Depuis, j'ai découvert que cette coutume est très ancienne en Asie et qu'elle est encore suivie dans certains endroits. Ils comptent très fortement sur les horoscopes, même encore de nos jours.

D: Les gens ont-ils quelque chose à dire à ce sujet, ou doivent-ils épouser celui que les anciens choisissent?
S: Ils peuvent refuser de se marier mais ils n'auront jamais de partenaire. Ils ont également le choix de rester célibataire.

Les femmes avaient beaucoup plus de liberté à Qumran qu'ailleurs en Israël. Elles pouvaient décider de rester célibataires si elles le souhaitaient et pouvaient devenir des enseignantes au sein de la communauté. Cela m'a surprise à cause des lois mosaïques de l'Ancien Testament et des coutumes juives qui restreignaient sévèrement les activités des femmes.

S: Bien sûr, qu'elles peuvent être enseignantes et pourquoi pas?
D: Eh bien, les femmes ne sont pas autorisées à faire quoi que ce soit dans certaines communautés, hormis de se marier et avoir des enfants.
S: Si tel en est le cas, maintes fois, un grand esprit peut être perdu. C'est très triste, car les premières années d'un enfant ne sont-elles pas formées par sa mère? Et donc, si ce n'est pas une femme d'intelligence, comment peut-il être un enfant avec de l'intelligence?
D: Cela aurait du sens pour moi, mais beaucoup de gens ne pensent pas de cette façon.

S: *Alors c'est une honte pour eux. Dieu a créé deux formes, masculine et féminine, pour se compléter et non pour se positionner au dessus ou en dessous de l'une l'autre.*
D: Existe-t-il des règles interdisantes le mariage à des prêtres ou à des chefs religieux?

Je pensais aux prêtres et à ceux qui pourraient rester célibataires. Il fronça les sourcils comme s'il n'avait pas compris.

S: *Pourquoi? Cela me semble très bête. Toute personne peut se marier si elle le souhaite. On dit que deux personnes sont nées dans une certaine période, prédestinées à passer le reste de leur vie ensemble. Si l'autre n'est pas né, peut-être choisiraient-ils de ne pas en trouver un autre. Mais cela me semblerait-il en être là peut-être l'unique raison.*
D: Qu'en est-il du travail dans la communauté? Y a-t-il des divisions? Y a-t-il un travail que seules les femmes ou les hommes font?
S: *Les femmes font les enfants.*
D: (on a ri) C'est vrai! Mais qu'en est-il de la cuisine?
S: *D'habitude pour la cuisine, il y a les domestiques.*

Cela m'a surprise. J'ai supposé que tout le monde serait considéré comme égaux dans une société aussi socialiste, sans personne ayant un statut de serviteur.

D: Un serviteur ne serait-il pas quelqu'un en dessous de vous?
S: *Ils s'humilient, oui. C'est quelqu'un qui l'a choisi, pour une quelconque raison, afin de servir les autres pendant un certain temps. Parfois, c'est un étudiant qui fait cette pénitence. Il y a différentes raisons pour cela, oui. Une personne voit quelque chose en lui-même qu'elle n'aime peut-être pas. Et pour s'en guérir, il en servirait une autre parce qu'il était trop fier et avait un trop grand orgueil. Il se ferait humble pour s'humilier, pour aider à vaincre ce péché d'orgueil.*
D: Serait-ce jamais quelqu'un de l'extérieur qui est amené juste pour être un esclave?
S: *Nous n'avons pas d'esclaves! Nous n'avons que des hommes libres. Parfois, il y a des gens que nous avons libérés. Mon père dit qu'il*

avait été regarder le marché, et avait acheté un homme qui avait été ainsi libéré. Et cet homme a décidé de rester avec nous.

Dans ces cas-là, les esclaves libérés étaient autorisés à faire le travail qu'ils souhaitaient, et ils étaient également autorisés à apprendre s'ils en avaient le désir. Les étudiants servaient souvent à tour de rôle, cuisinaient et effectuaient diverses autres tâches humiliantes comme pénitence.

J'ai demandé si la communauté utilisait de l'argent et il n'a pas compris ce que je voulais dire. J'ai eu un mal de fou pour essayer d'expliquer à propos des gens qui sont des propriétaires. Dans une société communiste, un tel concept serait étranger. Il ne comprenait pas non plus l'idée d'acheter quoi que ce soit.

S: Nous possédons certaines choses qui sont les nôtres; J'ai ma flûte. Mais si tout appartient à tout le monde, tout est partagé.
D: *Y a-t-il un argument ou un différend qui se pose lorsque les gens ont besoin de partager quelque chose?*
S: Pas que je le sache; Je ne dis pas que cela ne se soit jamais produit. Mais tout le monde a la même chose. Sauf que ... vous pouvez posséder certaines choses en travaillant à différentes tâches. Tout le monde est jugé selon leur mérite. S'il fait de son mieux dans tout ce qu'il fait, il est alors jugé sur la même base que quelqu'un qui, euh ... s'il est juste doué pour l'entretien des jardins, mais qu'il le fait de son mieux. Au mieux de ses capacités, il est autant considéré qu'un homme hautement érudit, mais qui lui fait aussi de son mieux dans son propre domaine. Ils sont les mêmes, ils sont égaux, parce qu'ils font tous les deux de leur mieux dans ce qu'ils font. En cela, vous êtes jugé sur le mérite. Si vous ne travaillez pas aussi bien que vous le pourriez, vous n'aurez peut-être pas autant.

Cela ressemblait à un bon système, mais que pourriez-vous donner à quelqu'un s'il le gagne, si la communauté n'utilise pas d'argent?

S: Et bien, ça dépend... Comme pour quelqu'un qui est jardinier, peut-être une nouvelle zone pour avoir plus d'espace. Si vous étiez un érudit, vous obtiendriez peut-être plus de papyrus. Cela dépend de vous. Personne ne va sans. S'il y a un besoin quelconque, c'est là. Les choses qui valent la peine sont les choses qui sont gagnées. Les choses nécessaires sont données.

Cela avait du sens. L'argent n'aurait aucune valeur car il n'y aurait rien à acheter.

Il avait mentionné le péché d'orgueil, bien que je considère un péché comme étant de faire quelque chose de mal à quelqu'un d'autre.

S: *Traiter les autres de la façon dont ils ne voudraient pas être traités, leur parler de haut serait un péché. Car il n'est pas de votre droit de juger. Vous n'êtes pas placé ici pour émettre un jugement sur autrui, mais pour vous juger vous-même.*
D: Certaines personnes pensent que la violation de l'un des commandements serait un péché.
S: *Ce serait des torts très graves.*
D: Avez-vous un moyen d'expier l'un de ces torts, ces péchés?
S: *Il faudrait le demander aux autres, la personne contre qui cela aurait été fait, il faut leur demander pardon pour avoir commis ce tort à leur encontre. Et après que cela ait été accordé, il faudrait se demander à soi-même de se pardonner. Et ce serait la partie la plus difficile à accepter. En outre, si c'était peut-être pour voler quelque chose, il lui faudrait la remplacer.*
D: Comment feriez-vous cela si vous n'avez pas d'argent?
S: *Non, nous n'en avons pas, mais nous avons des choses qui nous appartiennent personnellement, que nous abandonnerions en échange de quelque chose d'équivalence.*

Cela aurait beaucoup plus de sens si vous deviez donner à la partie lésée quelque chose qui vous tient à cœur. Apparemment, ces actes répréhensibles étaient rares et espacés, mais c'était un système magnifique.

S: *Pourquoi quelqu'un voudrait-il contracter de telles dettes pour faire quelque chose à quelqu'un d'autre qui ne lui aurait pas fait de mal?*
D: Bien, je pense que si vous sortez des murs, vous verriez qu'il y a beaucoup de gens qui font ce genre de choses.

S: *(interloqué) Alors je ne pense pas que je veuille en sortir!*

Il semblait plutôt honteux qu'un jour vienne le temps où il serait déçu par la façon dont les autres choisiraient de vivre en dehors de sa communauté. Je me demande si Jésus a ressenti la même chose quand son temps est venu.

D: Beaucoup de gens aimeraient avoir une communauté comme la vôtre.
S: *Mais c'est possible pour tout le monde! C'est juste basé sur l'amour. Si vous aimez les autres, alors il n'y a aucun problème.*
D: Mais tout le monde ne comprend pas ça.
S: *Mais cela crée plus de problèmes supplémentaires s'ils ne s'en rendent pas compte maintenant. Ils continueraient et, peut-être même pour toujours, en oubliant d'où ils viennent. Ce ne serait pas bon.*
D: Cela fait partie du problème, ils ont oublié. Il est bon que votre peuple ait appris à se souvenir de ces enseignements. (Ce qui n'est vraiment rien de plus que ce que Jésus essayait de démontrer aux gens.) Aurions-nous le droit de venir vivre là-bas avec vous?
S: *Je ne sais pas. Nous prenons des gens d'autres endroits, je ne vois aucune raison contre. Vous devez aller vous présenter devant les anciens et ce serait leur décision.*

Suddi avait beaucoup de différences d'âges à chaque fois quand je l'ai trouvé et que je lui ai posé des questions. L'information qui précède a été obtenue quand il était plus jeune. Les questions suivantes ont été également posées lorsqu'il était un homme plus âgé. Je connaissais certaines des lois de l'Ancien Testament, mais je voulais entendre sa version. J'ai demandé ce qui est arrivé aux veuves à Qumran.

S: *Elles sont prises en charge. Si elles venaient de l'extérieur de la communauté, si elles souhaitent retourner là-bas dans leurs familles, on leur donne suffisamment de biens, ou d'autres choses, pour qu'elles soient acceptées à nouveau au sein de la vie de leur famille, si elles le souhaitent. (Apparemment, elles n'auraient pas pu rentrer chez elles les mains vides.) Si elles sont parmi nous ou souhaitent simplement rester, elles sont également autorisées à le faire. Et nous nous assurons qu'elles sont prises en charge.*

D: Vous avez dit que quand on se marie, cela doit être fait grâce à la composition d'un horoscope à la naissance. Serait-il possible pour une veuve d'être autorisée à se remarier?

S: C'est possible, oui. Si elle était assez jeune et que c'était ordonné, oui. Mais là encore, seulement si les deux cartes du ciel vont de pair.

D: Je pensais que tu m'avais dit que dans ton peuple on ne pouvait se marier qu'une seule fois. Serait-ce la seule façon de permettre à quelqu'un de se marier une seconde fois?

S: Si l'époux était décédé, oui.

D: La loi hébraïque ne dit-elle pas que si un homme ... si l'un de ses frères meurt, l'autre frère ...

S: (interrompant) Ensuite, il la prendrait pour épouse, oui. Et les enfants, s'il y en avait de cette union, appartiendraient au fils aîné. C'est la loi hébraïque, oui. Ce n'est pas de la Torah. Dans de nombreux cas, cela n'est pas du tout utile, car ... juste parce qu'un homme et une femme souhaiteraient se marier et seraient peut-être très heureux, elle ne ferait pas forcément une avec son frère, ou le proche homme survivant, selon le cas, si elle devenait veuve.

D: C'est vrai. Ils ont probablement pensé que ce serait là une façon dont elles pourraient être prises en charge.

S: Mais il y a des moyens de prendre soin d'elles qui soient bien supérieurs.

D: Est-il jamais permis dans votre communauté pour une épouse ou un mari d'une certaine manière de se débarrasser d'un partenaire? Est-ce que tu comprends ce que je veux dire?

Je ne pensais pas qu'il comprendrait le mot "divorce". Sa réponse m'a surprise.

S: Il y a des périodes où ils vivraient des vies séparées. Et j'ai entendu parler de cas où, pour certaines raisons qui ont été divulguées aux anciens seulement, qu'ils ont été traités comme s'ils n'avaient jamais été mariés. Ces raisons ne sont connues que des anciens. Ce n'est pas un événement habituel.

Cela ressemblait bien à l'équivalence d'un divorce ou d'une annulation. Selon la Bible, cela pourrait être fait, mais dans certaines circonstances, ceci pourrait être considéré comme étant un adultère. À Qumran, ils seraient autorisés à se remarier.

S: *Le mariage est considéré comme n'ayant pas eu lieu. C'est la raison pour laquelle les raisons ne sont connues que des anciens. Ce n'est pas quelque chose qui est très couramment utilisé. Par conséquent, vous ne pouvez pas, en raison de problèmes potentiels, décider de ne plus rester dans votre mariage. C'est très, très inhabituel.*

Cela semblait très prévenant. Si seuls les anciens connaissaient les raisons du divorce (ou de l'annulation), il n'y aurait ni commérage, ni châtiment public qui pourrait parfois l'accompagner. De plus, si les aînés étaient les seuls à savoir quels motifs seraient acceptables, le couple ne pourrait pas inventer de raisons pour se sortir d'une situation indésirable. C'était beaucoup plus privé, strictement entre le couple impliqué et les anciens. J'étais confuse, cependant, parce que cela semblait aller à l'encontre des lois bibliques du comportement accepté.

S: *En droit hébraïque, c'est interdit, oui. L'homme est autorisé à se défaire de sa femme, mais s'il se remarie, conformément à la loi hébraïque, il devient adultère.*
D: Je pensais que si les gens de votre peuple étaient mariés, ils le seraient pour la vie.
S: *Non. Il y a des cas de figure pour lesquels la personne ou l'âme a décidé de changer d'avis. Cette autre leçon devait être apprise à sa place.*
D: Alors ils sont très indulgents de cette façon, ça peut ...
S: *(interrompant catégoriquement) Ils ne sont pas indulgents, mais cela peut être fait. Mais, ce n'est pas facile à obtenir.*
D: Mais s'ils ne peuvent toujours se remarier que parce que les horoscopes sont en accord, cela signifierait qu'il doit y avoir plus qu'un partenaire possible. Est-ce exact?
S: *Pas toujours. Mais s'il y avait une bonne raison pour que le mariage ne soit plus maintenu, il y a une très bonne raison de croire qu'il y aurait un autre partenaire possible.*
D: Je pensais qu'ils ne se sont jamais trompés en dressant les cartes d'horoscopes?
S: *Aucun mortel n'est infaillible. Nous ne sommes pas des dieux.*

Cela montrait que les Esséniens étaient bien plus humains que leurs voisins s'ils pouvaient pardonner les erreurs et ne pas faire en sorte que les gens restent ensemble pour la vie ou les accuser d'adultère.

S: On dit que dans les premiers jours du monde, l'homme et la femme n'étaient pas mariés, dans le sens où nous le comprendrions aujourd'hui. Et qu'une femme avait beaucoup de partenaires et aussi un mari. Afin de faciliter autant de possibilités différentes de partenaires pour les petits-enfants des enfants, beaucoup de mélanges ont été essayés. Et une femme aurait eu beaucoup d'enfants par beaucoup d'hommes différents.

J'ai soudainement pensé aux nombreuses légendes de mi-homme, mi-animal. Il avait dit "mélanges différents". Je me demandais s'il voulait dire qu'ils se reproduisaient aussi avec les animaux de ce monde qui commençait il y a très longtemps. Cette idée l'a irrité, "Ce serait faux!" Donc, apparemment, j'avais frappé une mauvaise note. J'avais au moins trouvé une chose qui serait mal vue.

D: Mais ils ne s'opposaient pas à l'idée d'avoir plusieurs partenaires pour produire beaucoup d'enfants?
S: Non, c'est seulement après que des idées de honte et de culpabilité ont été amenées dans le monde, et ainsi, que cela est devenu comme étant mal vu.
D: N'est-il pas dit dans les commandements que 'tu ne commettras pas d'adultère' ?
S: Mais cela a été, encore une fois, livré beaucoup plus tard, bien après Adam et Eve. Ces commandements ont été donnés à Moïse.
D: Que considères-tu alors comme adultère?
S: L'adultère serait de coucher avec quelqu'un d'autre et non ouvertement avec une approbation. Si c'était quelque chose qui avait été discuté entre les deux, et que cela avait été décidé, alors ce serait acceptable. L'idée même de l'adultère était très étrange. Car Abraham n'avait-il pas deux femmes? Par conséquent, si Sarah n'acceptait pas qu'il ait une autre femme, ne serait-ce pas également un adultère?
D: Mais dans quels cas cela serait-ce mal?

S: *Cacher ce fait, chercher à ridiculiser l'autre partie. L'adultère est, dans le cas de figure où tout le monde le sait sauf celui qui est blessé le plus. S'il en est discuté et ouvertement convenu, cela ne peut pas être un adultère. Ceci est juste un type de partage différent. Cela a été présenté de manière erronée pendant de très nombreuses années.*

Cela semblait être une rupture radicale avec le concept d'adultère présenté par la Bible. Apparemment, si toutes les parties étaient d'accord et qu'il y avait une ouverture à ce sujet, ce n'était pas considéré comme un adultère. C'était seulement ainsi donné un tel status si quelqu'un était blessé ou s'il y avait une quelconque intention de blesser.

D: C'est quelque chose sur lequel je pense que beaucoup de gens ne sont pas d'accord.
S: *C'est une chose sur laquelle beaucoup de gens ne seront jamais d'accord.*
D: (j'ai ri.) Je suis d'accord!

Je ne veux pas que quiconque pense que je préconise l'adultère, et je ne pense pas nécessairement que le point de vue de Suddi soit le plus juste non plus. Mais c'est une façon différente de voir quelque chose d'aussi complexe. Je peux voir comment ils pourraient accepter cela même si cela serait totalement contraire aux lois et aux enseignements de la loi hébraïque. Si les Esséniens ont été les enseignants de Jésus, je pense que son exposition à ces idées expliquerait sa défense de la femme sur le point d'être lapidée. Il aurait compris que les relations sexuelles entre adultes consentants n'étaient pas considérées comme un adultère par les membres de la communauté de Qumran. Un grand nombre de leurs croyances et de leurs enseignements peuvent être retrouvés dans la vie de Jésus.

Je m'intéressais à leurs coutumes sur la mort. J'ai posé des questions sur la plus infâme de toutes, la crucifixion.

S: *Les Romains utilisent cela. C'est là qu'un criminel est cloué sur une croix. D'abord leurs bras et leurs pieds sont attachés. Et puis des pointes qui sont si longues (il a fait une mesure d'environ six ou huit pouces avec ses doigts, entre 15 et 20 cms) sont enfoncées par ici. (Il a pointé la zone située sous le poignet, entre les os de l'ulna et du radius de l'avant-bras) et à travers les pieds.*

D: Pourquoi feraient-ils une chose aussi terrible?

S: *Si vous voyez quelqu'un qui a commis un crime et qui est suspendu pendant des jours en train de mourir et que vous connaissez son tourment, vous penserez vous-même plus d'une fois à la réalisation du même crime. Ce n'est pas notre droit de les juger ... mais de prendre une vie!*

Elle frissonna partout, comme si cette pensée lui était horrible. J'ai décidé de changer de sujet et de poser des questions sur les coutumes funéraires. J'ai demandé comment un corps avait été éliminé dans la communauté.

S: *Souvent, il est oint avec des huiles et de l'encens, puis il est enterré dans des vêtements. Mais il y a ceux d'entre nous qui préférent détruire le corps complètement et de le brûler. Je préfére moi-même l'idée de se transformer en cendres.*

D: Pensez-vous qu'il y a du mal à brûler le corps? En le faisant ainsi comme tu le préfèrerais?

S: *Non, pourquoi y aurait-il du mal? À ma connaissance, cette coutume est très ancienne.*

J'étais curieuse de connaître les coutumes funéraires car il est dit dans la Bible que Jésus a été enterré dans le sépulcre. Je lui ai demandé s'il fallait mettre les cadavres dans les combles et s'il connaissait le mot "sépulcre".

S: *Ceci est fait par les autres, oui. Un sépulcre signifie une tombe. C'est une zone plus vaste qui a peut-être été creusée et préparée. C'est quelque chose qui a été rapporté de chez les Egyptiens. Ils croyaient que nous devions avoir beaucoup de choses à emmener avec nous pendant ce voyage.*

D: Mais le corps va se détériorer. S'il était placé dans un sépulcre, une tombe, une grotte, il ne serait pas recouvert par la terre ou quoi que ce soit.

S: *Un type de porte est défini, une pierre ou quelque chose. Par conséquent, il est enfermé.*

D: Mais vous ne les mettez pas dans des grottes?

Je voulais dire son peuple, mais il a interprété ma question à sa manière.

S: Il est très rare que l'un d'entre nous ensevelisse le corps des autres. Le corps ne sert plus à rien s'il n'abrite plus une âme. Par conséquent, pourquoi ne pas partir complètement de rien et le ramener à la poussière d'où il vient?
D: Quel est le but de l'utilisation des huiles?
S: L'ampleur de cette utilisation en vient des odeurs. En Judée et en Galilée et dans cette région, beaucoup de gens vont oindre le corps avec des huiles. Si c'est une maladie qui a provoqué la mort de la personne, on dit que cela éloignera cette maladie des autres. Ensuite, s'ils doivent être enterrés ou peu importe, si un bûcher est construit, c'est fait le jour de leur mort, avant le coucher du soleil.
D: Quels sont les noms de certaines de ces huiles ou herbes utilisées?
S: Il y a la myrrhe et l'encens et beaucoup d'autres que je ne peux pas commencer à nommer. Mais ce sont celles les plus couramment utilisées.

C'était une surprise. Je n'avais entendu parler que de la myrrhe et de l'encens associés aux dons des trois rois mages. Je pensais qu'il s'agissait d'encens et je ne savais pas qu'ils avaient un lien avec les inhumations.

D: J'ai toujours entendu dire que l'encens n'était utilisé que pour brûler à cause de la bonne odeur.
S: C'est également frotté sur le corps. Dans d'autres situations, elle est ensuite brûlée avant le corps. L'odeur, le parfum est très agréable et protège donc le nez des personnes qui préparent le corps.

Mes recherches ont révélé que l'encens et la myrrhe étaient principalement utilisés pour les raisons qu'il avait avancées pour vaincre les odeurs du corps en décomposition. L'encens a également été utilisé comme baume ou pommade pour guérir les furoncles et les plaies, de sorte qu'il y a pu avoir des effets de conservation sur la peau après la mort. C'était aussi un excellent répulsif utilisé pour chasser les insectes.

D: Quand vous enterrez le corps dans le sol, le mettez-vous dans quelque chose?
S: *Parfois, mais très rarement car le bois est précieux et généralement, ils sont simplement enveloppés dans des linceuls et déposés dans les tombes ou dans la fosse préparée.*

Le cimetière de Qumran a été retrouvé hors des murs et à proximité de la communauté. Il y avait plus d'un millier de tombes. Lorsque le père de Vaux tentait d'établir l'identité des habitants de Qumran, il envisagea de nombreuses possibilités. On a d'abord pensé que les tombes étaient des tombes arabes ordinaires. Mais les guides locaux ont déclaré que c'était impossible, car les corps avaient été enterrés au nord et les pieds vers le nord, à l'opposé de leurs habitudes. Ils savaient qu'elles étaient des tombes d'incroyants ou de non-Arabes.

C'était un cimetière très inhabituel, unique en son genre. Quelques cercueils ont été trouvés, mais aucun artifact ou objet enseveli avec les morts ne correspondent aux coutumes de la zone. Le Père de Vaux s'étonna qu'il n'y ait ni bijoux ni objets d'ornement dans les tombes. Cela voulait dire pour lui que les gens étaient soit pauvres, soit soumis à une discipline rigide qui ne leur permettait pas de se parer. Ils ont également été surpris lorsque les tombes ont livré les squelettes de femmes et d'enfants. Ils avaient longtemps supposé que seuls des hommes y vivaient dans une communauté de type monacale. Donc, encore une fois, les fouilles semblent appuyer nos découvertes avec beaucoup de détails et de précisions.

D: Que font les Romains avec leurs morts? Ont-ils des coutumes différentes?
S: *Ils ont autant de coutumes que de dieux. Ils ont plus de dieux que l'homme ne peut en compter. Je pense que peut-être une nation a beaucoup de dieux parce qu'ils ne sont pas sûrs d'eux-mêmes, et donc ils créent leurs dieux à leur image. Par conséquent, si la nation est souillée, par conséquent, il en est de même pour les dieux. Les Romains, dès qu'un nouveau dieu est apparu sur la scène, il devient presque aussi dévalorisé que le reste des autres*

> d'entre eux. Dans chaque nation, il y a des hommes de bien, mais Rome a tendance à détruire ceux qui disent la vérité. Par conséquent, ce n'est pas une bonne chose.
>
> D: Avez-vous un Romain qui dirige votre région?
> S: Il y a un homme qui s'appelle lui-même empereur sur nous, oui. Il se considère empereur du monde.
> D: Y a-t-il quelqu'un qui contrôle votre région?
> S: A l'heure actuelle, c'est Hérode Antipas qui est notre roi. Il y a un Romain qui est ... qu'est-ce que je veux dire? Um, gouverneur de la région. Oui, Ponce Pilate. Quand il dit de sauter, Hérode saute.
> D: Alors il est plus important?
> S: Il est l'homme avec les soldats, donc il est le plus important, oui.
> D: Avez-vous entendu des histoires sur lui? Est-il un homme bon?
> S: On dit qu'il est juste.
> D: Et le roi Hérode?
> S: (soupir) Cet homme est un imbécile! Il ne peut pas décider s'il souhaite être grec ou juif. Et ainsi, il n'est pas très bon non plus.
> D: At-il déjà dérangé votre communauté?
> S: Il sait bien mieux que de se permettre de faire ça. D'essayer serait sa mort.

Cela a encore une fois indiqué qu'ils devaient avoir une façon secrète de défendre la communauté, bien qu'ils ne croient pas aux armes. En posant ces questions, je pensais aux histoires bibliques d'Hérode.

> D: At-il une reine ou une femme qui règne avec lui?
> S: Herodius. (Il a presque craché le mot.) C'est sa putain!

J'ai été surprise par sa réponse sévère. J'ai demandé s'il avait entendu des histoires à propos d'elle.

> S: (soupir) Elle s'est mariée trois fois. Son premier mari qu'elle a tué pour épouser Philippe. Et puis elle a quitté Philippe pour épouser Antipas.

Il ne voulait pas en parler. Il trouvait cela désagréable. Je me demandais comment elle aurait pu avoir autant de maris. Selon leur loi, n'a-t-elle pas eu à en mettre un sur le côté avant de pouvoir en prendre un autre?

S: *Il y a beaucoup de points faibles dans la loi, par lesquelles elle a réussi à tout contourner. On raconte que, quand elle a déménagé avec Philippe, son premier mari n'était pas encore mort, elle a donc pu mettre cela de côté. Et maintenant que son premier mari est décédé, elle a pu soudoyer, tuer, peu importe, pour pouvoir acquérir Antipas en tant que mari.*

Cela semblait compliqué. C'était apparemment un mariage illégal, en d'autres termes.

S: *Le second n'en était pas un. Qui a connaissance à propos de celui-ci? Elle doit être la raison de la chute d'Antipas. C'est sa destinée. Je ne sais pas quel chemin elle choisira. Je sais juste qu'elle va provoquer sa chute.*

D: Quand une personne entre dans une vie, je me demande pourquoi elle choisirait de faire le mal ou de faire des choses pour rendre les choses difficiles pour autruis.

S: *Ce n'est pas vraiment un choix. C'est... certaines personnes, en subissant des pressions extérieures, peut-être venant des personnes avec lesquelles elles vivent, ou avec la communauté dans laquelle elles se trouvent, ou avec des personnes les entourant qui ne sont pas bonnes. Elles feraient pression sur eux pour qu'ils fassent des choses qui, vues de l'intérieur, paraissentt fausses. Personne ne choisit vraiment d'être mauvais.*

D: Le choix appartient vraiment à l'individu, en fonction du type d'influence qui se présente?

S: *Et ils ont également le choix d'y résister.*

CHAPITRE 7

La bibliothèque mystèrieuse

Au cours d'une session avec Suddi en tant que jeune élève, j'ai reçu la première indication que Qumran n'était pas une école ordinaire. Il y avait des matières enseignées en ces lieux avec beaucoup plus de profondeur que n'importe qui n'aurait pu l'imaginer. J'ai aussi appris que la bibliothèque recelait de nombreux mystères étranges et merveilleux. Cela se trouvait dans la zone d'enseignement de la bibliothèque et j'en ai demandé une description.

S: *Les bâtiments sont joints ensemble. Ils ne sont pas tout à fait séparés. Ils sont en quelque sorte comme une unité. La bibliothèque est dans le bâtiment central. Elle est très grande. Il y a beaucoup de fenêtres et elle est très claire. La lumière est filtrée de haut en bas, elle provient de différentes ouvertures. Il y a des étagères sur lesquelles les parchemins sont placés. Ils sont enveloppés dans des peaux et bien d'autres choses. Certains ne sont même pas des parchemins. Certains ne sont que des choses qui ont été imprimées, beaucoup de peaux, et elles sont rangées ensemble. Nous étudions beaucoup de choses ici. La plupart de ce qui se trouve ici sont des livres qui ont toutes sortes de connaissances, comme ils couvrent les sujets, ainsi nous les apprenons. Un homme pourrait passer toutes ses années ici et ne jamais couvrir les sujets abordés par tous les parchemins, livres et autres.*

D: Vous avez dit auparavant que la bibliothèque possède deux étages. Qu'y a-t-il à l'autre étage ?

S: *Des parchemins. Le centre du bâtiment est ouvert pour que vous puissiez regarder en bas et voir le sol à partir du premier.*

On aurait dit qu'un balcon supérieur entourait la pièce. Cela a permis à la lumière de descendre au premier étage. Je me suis demandée s'il y avait un danger de chute.

S: *Il y a des rails pour te protéger contre ça, si quelqu'un était suffisamment distrait pour tenter de marcher dans cette direction. La bibliothèque, la zone centrale est claire, mais à l'arrière où sont stockés les parchemins et autres objets, elle est plus sombre pour ne pas les endommager. Il y a des fenêtres au plafond. Elles sont recouvertes de peaux traitées pour laisser passer la lumière. Pour que la poussière et les objets restent à l'écart mais que la lumière parvienne à passer au travers.*

Dans la zone où se déroulaient leurs études, des tables spécialement conçues ont été construites pour faciliter l'étude d'un rouleau. D'après ses mouvements et ses descriptions, il semblait qu'il y avait des crochets montés sur les côtés de la table, et le parchemin serait placé parallèlement à la table et ainsi déroulé. J'ai toujours supposé qu'un rouleau était déroulé d'un côté à l'autre, pas de haut en bas. Il a indiqué avec son doigt qu'il lisait de droite à gauche. J'ai supposé que cela signifiait qu'il commencerait à lire à partir du bas du rouleau. Il n'était pas d'accord et a dit que cela dépendait de l'écriture. Certaines d'entre elles se commençaient d'en bas et d'autres par le sommet. Il a dit que les manuscrits étaient écrits dans toutes les langues connues: "Le grec appartient à chacun, sa Vulgate, son araméen, son arabe. Il y a la langue des Babyloniens, de la Syrie, le (on aurait dit: 'ta') des Egyptiens, les glyphes."

D: D'où viennent tous ceux-ci? Est-ce que tout cela a été écrit ici?
S: *La plupart d'entre eux ont au moins été recopiés ici. Mais beaucoup d'entre eux ont été amenés d'autres lieux et rassemblés. C'est une chasse continue aux nouvelles connaissances, sans fin. De nouvelles choses sont apportées chaque jour. La pièce où ils sont copiés, il y en a une autre adjacente à la bibliothèque. Elle est encore plus claire que la bibliothèque. Il y a de grands tableaux qui sont, encore une fois, debout, de sorte que le parchemin se*

trouve juste devant vous. Ils ressemblent beaucoup aux tables de lecture. Il y a quelque chose derrière eux pour maintenir la pression même lorsque vous écrivez. Une planche est placée ici, à cet angle, de sorte que lorsque vous appuyez vers le bas avec le stylet, la pression reste égale et ne vacille pas. Ces tables sont en bois. Une partie des tabourets pour certains d'entre elles sont en pierre, mais elles sont pour la plupart en bois. (Celles-ci semblaient être très similaires aux tables à dessin)
D: Qu'apprenez-vous dans vos classes?
S: (Grand soupir) Tout! Oh, ce n'est pas trop mal. Elles nous apprennent sur les étoiles et les mathématiques. La loi et la Torah et les différentes choses de ce genre.

Je me suis interrogée sur les méthodes utilisées par les anciens en mathématiques. Comme d'habitude, j'en ai eu plus que ce auquel je m'attendais.

S: Mes professeurs m'ont dit qu'un âne en saurait plus sur les mathématiques que moi (cette remarque avait fait rire les autres auditeurs.) Pour moi, la loi est vivante. Il y a du sentiment, de l'émotion et de la profondeur dans tout cela. Les mathématiques sont froides, des faits et des chiffres, et quels sens auraient-elles pour moi? Et donc cela n'a aucune importance pour moi. Il y a une trop grande importance donnée aux mathématiques. Et il y a des connaissances cachées, dit-on, en mathématiques, qui seront ensuite découvertes et ré-utilisées. Nous devons donc apprendre le théorème et les façons de faire ces choses, de manière à pouvoir apprendre différentes choses dans le cadre de la mathématique et, espérons-le, les utiliser tout au long de notre vie. Il existe de nombreux types de mathématiques. Elles traitent des absolus et des théorèmes. Dire que si ceci en est le cas ici, cela doit également être vrai là-bas. Les formes et les géométries sont une forme dse mathématiques, traitant des formes, des profondeurs et de toutes ces choses-là.
D: Voyons, vous ne connaissez peut-être pas les termes de certaines choses que nous utilisons. Par exemple, nous avons addition, soustraction et multiplication.
S: Expliquez. Celles-ci me sont inconnues.

D: La façon dont vous utilisez les nombres. Par une addition, deux nombres sont pris et sont mis ensemble.

S: Pour en rendre le total ? Oui cela se fait. Et aussi pour les multiplier tant de fois, cela se fait aussi. Ègalement à en retirer. Et différentes façons de calculer les hauteurs, les solides et les choses. Il existe

D: Avez-vous des outils ou des instruments pour vous aider à faire vos calculs, si vous connaissez ce mot ?

S: *Comme pour le... le terme que vous avez déjà utilisé qui était... euh, l'addition ? Le plus facile à faire sont des nœuds, les ceintures à nœuds. C'est une ceinture qui a été nouée et dont les cordes ont des longueurs variables. Il y a un nœud qui signifie beaucoup de chiffres. Et il y a des gens qui sont très bons avec, qui peuvent rester assis là et calculer avec celles-ci toute la journée. Ce sont des outils que vous utiliseriez. Vous pouvez avoir ceux qui sont très gros, qui sont toujours accrochés. Ou vous pouvez en avoir un qui est suspendu à une ceinture, qui est utilisé lorsqu'on reste assis et que l'on doit de se figurer certaines choses. Comme si vous étiez des marchands sur le marché ou quelque chose dans ce genre. Ils pourraient utiliser l'une d'entre elles pour le faire. Cela serait utilisé pour ajouter et compter différentes choses. Les personnes instruites ou confrontées à des chiffres devraient savoir comment s'en servir. (Il a ri.) Ils disent que c'est le plus facile à utiliser.*

Quand j'ai commencé à chercher dans des livres pour vérifier toutes ces choses dont Suddi a parlé, je n'ai trouvé aucune mention de quelque chose qui soit similairement utilisé dans cette partie du monde. Mais cela ressemble beaucoup au quipu utilisé par les anciens Incas au Pérou. Le quipu a été appelé un ordinateur à cordes et utilisé pour le calcul dans leur société. Il se composait de ficelles de différentes longueurs, allant d'un pouce (1,54 cm) à environ deux pieds (60,96 cm), et qui étaient suspendues à un support. Le type de noeud et sa position sur le cordon représentent les nombres dans un système décimal, de un à neuf, tandis qu'un espace vide sur la chaîne représente le zéro. Certes, les Incas vivaient à un demi-monde de Qumran, mais est-il possible que d'autres utilisent également cette méthode numérique et que leurs connaissances soient perdues ? La communauté de Qumran contenait apparemment une quantité incroyable de connaissances recueillies de partout. Je commençais à penser que tout était possible.

S: *Parfois, il y a ceux qui utilisent des bâtons qui sont de couleurs différentes représentant des quantités différentes. Et il existe beaucoup de façons diverses d'utiliser des objets pour faire ceci. Ils sont environs de cette taille. (Il a mesuré entre ses doigts une longueur d'environ quatre pouces), (env. 10 cms) Comme une couleur signifie une chose et une autre couleur, une autre ... et vous les additionnez et cela est rassemblé. Ce n'est pas quelque chose dans lequel j'excelle. Je ne connais pas bien leur signification, mais il y a des bleus et des rouges et des jaunes et des oranges et un noir et un blanc. Toutes sortes de couleurs différentes. J'ai aussi entendu parler d'un autre moyen qui utilise un cadre. Ce sont des perles sur des fils. J'ai vu l'un d'entre eux, mais je ne sais pas comment m'en servir. Ils comptent ces perles.*

Cela ressemblait au boulier chinois. C'est très ancien et il est possible qu'ils en aient eu connaissance. S'ils pouvaient en avoir connaissance, je ne vois pas en quoi ce serait trop tiré par les cheveux pour eux de connaitre le quipu également, sauf que la Chine était en fait plus proche de chez eux, et qu'ils auraient peut-être eu un contact plus facile grâce à des caravanes de commerçants.

S: *Il y a aussi des mathématiques utilisées pour l'étude des étoiles. Vous utiliseriez les mathématiques pour tracer la direction dans laquelle vous vous dirigeriez, d'ici à là. (Il fit un geste.) Et avec des cartes, vous pourriez ainsi le faire. Nous avons des cartes qui nous aident à nous rappeler où sont situées les étoiles. Il existe des lunettes astronomiques que vous auriez à votre disposition. Nous en avons quelques-unes qui sont très fortes, (J'ai demandé là une explication) à partir desquelles vous regardez à travers la plus petite extrémité du tube. Et c'est avec cela que vous regardez les cieux, et c'est comme si elles s'étaient rapprochées juste devant votre visage. C'est très, très ancien. Il est dit que notre peuple, comme cela se trouve, est celui qui les a créés, mais cet art a été perdu. Cela n'a pas été fait ici. C'était il y a plusieurs générations de cela.*

Un télescope! Mais ils n'étaient censés avoir été inventés avant plusieurs centaines d'années plus tard. Je ne sais pas pourquoi cela devrait être si surprenant. L'art de la fabrication du verre remonte à l'époque des anciens Égyptiens. Sûrement, quelqu'un, de tout ce temps, a dû être assez curieux pour regarder à travers un morceau de verre et en y remarqué la distorsion des tailles. Erich von Daniken donne deux exemples dans ses livres de la découverte de la lentille de cristal. L'une d'entre elles a été retrouvée dans une tombe à Helwan, en Égypte, et se trouve maintenant au British Museum. L'autre est d'Assyrie et date du 7ème siècle avant J.-C. Elles étaient mécaniquement liées, et les connaissances nécessaires pour le faire nécessitaient une formule mathématique hautement sophistiquée. À quoi servaient ces lentilles? Peut-être des lunettes astronomiques?

Il y avait trois téléscopes différents situés à Qumran, de taille variable. Ils n'étaient pas situés dans la bibliothèque, mais dans un observatoire plus haut sur la colline au-dessus de la communauté. Deux d'entre eux y étaient montés en permanence et le troisième, un peu plus petit, était portable. Il y avait certains maîtres qui vivaient dans l'observatoire et qui étudiaient et surveillaient constamment les étoiles. Les étudiants qui faisaient parti de cette école d'étude étaient autorisés à regarder à travers ces lunettes.

J'essayais encore d'absorber ce nouveau développement quand il m'en lança un autre. Toute cette session était pleine d'inattendus.

S: Ils ont des modèles dse cieux qui bougent constamment, comme le fait notre système. Ils ont le modèle du système d'étoiles dans lequel nous vivons.

Je me suis dit: "Attends une minute, faisons marche arrière ici." Étais-je sûre de l'avoir bien entendu? Un modèle?

Le concept d'un tel modèle était si bizarre pour moi que j'étais déterminée à le comprendre. J'ai donc posé de nombreuses questions pour tenter de brosser un tableau clair de la situation. Le contenu de cette bibliothèque m'avait prise au dépourvu, même si j'ai vite compris que je ne devrais pas trouver surprenant tout ce qui pourrait se trouver à Qumran.

C'était frustrant pour lui d'essayer de décrire et d'expliquer quelque chose qui lui était si familier. Il s'est trouvé agacé par mon interrogatoire persistant. Il s'est probablement demandé pourquoi je ne pouvais pas le voir aussi.

Le modèle, ou le planétaire mécanique, se trouvait dans la bibliothèque, comme beaucoup d'autres mystères. Il se trouvait au centre de la pièce. Il était grand, "peut-être d'une envergure de deux hommes avec les bras écartés. C'est sa largeur, et peut-être deux fois plus haut qu'un homme." L'ensemble de l'appareil avait été fabriqué en bronze. Au centre se trouvait une grande sphère ronde qui représentait le soleil. Un axe traversait tout cela et était planté dans le sol. En bas ou plutôt, au niveau du sol, de nombreuses autres tringles faisaient saillie. Chaque tige possédait une sphère de bronze à son extrèmité. Chacune d'entre elles représentait une des différentes planètes de notre système solaire. Chacune avait été positionnée à sa place actuelle en orbite autour du soleil. Il n'y avait pas de lunes représentées, seulement une sphère de taille égale pour chaque planète.

Tout ce modèle était constamment en mouvement: le soleil tournant, les tiges déplaçant leurs planètes autour du soleil exactement à la position et à la distance de leur orbite et les plus petites sphères tournant autour des extrémités des tiges. Les sphères se déplaçaient dans un ovale, un cercle elliptique autour du soleil. Suddi a expliqué tout cela avec beaucoup de mouvements et de gestuelle. Il a décrit l'orbite comme suit: "C'est une elliptique. C'est en quelque sorte un peu plus éloigné ici et plus proche dans son extrémité. C'est comme un cercle qui a été étiré ... dans sa profondeur." C'était incroyable pour moi de pouvoir recréer tout le système solaire de cette manière. Je ne pouvais pas comprendre quelle source d'énergie avait été utilisée pour le maintenir en rotation.

S: *Quand la terre tourne, elle maintient également sa rotation. La terre, quant à elle, tourne, et tourne encore autour, et ce serait comme si tu avais pris quelque chose et que tu le fais tourner dans un grand cercle. Tout d'abord, ça commence au sol et une fois que vous allez plus vite, ça monte vers le ciel, vous voyez. Et c'est comme ça. Ceci est maintenu en mouvement par la même force qui garde cette chose que vous seriez en train de guider ... vers le haut. C'est le mouvement même qui le pousse à avancer.*

Je parvenais à imaginer cela comme si vous aviez quelque chose pendu au bout d'une ficelle et que vous commenciez à le faire tourner en rotation. L'objet s'élèverait du sol et remonterait à mesure que vous tourniez plus vite. Cela résonait pour moi comme si le planétaire mécanique pouvait être une machine à mouvement perpétuel actionnée par une force centrifuge. Peut-être que quelqu'un d'autre aurait une meilleure explication pour cela que moi.

Le modèle était entouré d'une balustrade pour empêcher quiconque de s'en approcher trop près. C'était apparemment un mécanisme très délicat, et son mouvement pouvait être perturbé très facilement.

S: *Les étudiants sont avertis de ne jamais s'en approcher. On dit que, même si on soufflait dessus, cela provoquerait un arrêt, puis il faudrait beaucoup de temps pour le redémarrer. Par conséquent, nous ne sommes pas autorisés dans une trop grande proximité.*

Que ce soit vraiment équilibré si délicatement ou non, la menace semblait fonctionner et tout le monde s'en tenait à une distance respectable. Comme le sol était en pierre, le mouvement des personnes présentes dans la pièce ne le dérangeait pas. Il ne pouvait pas me donnez d'autre information supplémentaire sur la façon dont il avait été construit ou fixé au sol, puisqu' il était si ancien et qu'il y avait été là depuis si longtemps.

J'ai reçu une autre surprise lorsque j'ai demandé combien de planètes étaient représentées par les sphères. Il a répondu de manière factuelle qu'il y en avait dix. Cela m'a vraiment bouleversée car même de nos jours, nous ne sommes au courant que de neuf. La neuvième planète, Pluton, n'ayant été découverte qu'en 1930. Les astronomes ont discuté de la possibilité d'en créer une dixième, parce que quelque chose semble influencer les orbites des autres. J'ai essayé de rester nonchalante comme si rien d'important n'avait été révélé et je lui ai demandé s'il pouvait nommer ces planètes pour moi.

S: *Je leur donnerai leurs noms romains que vous connaissez probablement très bien. Elles sont connues sous beaucoup d'autres noms, mais ce sont peut-être ceux les plus familiers. (Il parla lentement comme s'il réfléchissait.) Mercure et Vénus ou Mathusias (phonétique) et Terra et Mars, Jupiter et Saturne se trouvent à l'intérieur ... Voyons, après Saturne, viennent Uranus, Neptune et Pluton. Et derrière Pluton, il y en a une qui s'appelle - voyons, je crois qu'ils lui ont donné le nom de Junon. Qui a eu l'idée de les nommer de cette sorte, je n'en ai aucune idée. Je pense que c'est tout. Je sais qu'il y en a dix. Junon, elle est la plus éloignée, ils disent que son orbite est très erratique. Ce n'est pas une ellipse, mais un mouvement de va-et-vient et une sorte de boucle autour de Pluton. Il lui faut beaucoup de temps pour terminer son orbite.*

Il fit des gestes avec ses mains pour montrer quelque chose qui allait et venait parmi les autres.

D: Les planètes ont-elles un aspect différent?

S: *Sur le modèle, elles sont toutes identiques, mais elles sont plus grandes ou plus petites dans la réalité. Elles possèdent chacune leur individualité les unes par rapport aux autres. Rien n'est pareil dans l'univers. (Son enthousiasme enfantin bouillonnait dans son désir de partager ses connaissances) Même les deux fourmis que vous regarderiez et pensiez comme étant identiques. Il y aura quelque chose à propos de celle-ci que l'autre n'aurait pas. Il n'y a rien dans l'univers qui ne soit identique.*

D: Pouvez-vous me dire, à mesure que nous nous éloignons du soleil, approximativement la taille relative de chaque planète?

S: *(Il fait peut-être référence à une carte ou à un graphique ici) Si le soleil est ici, vous en avez une petite et vous en avez encore comme deux assez petites, puis une qui est elle plus grande. Et chacune d'entre elles devient plus grande pendant un moment. Et puis, c'est comme si on atteignait un point central, puis elles recommencent à rediminuer de taille. La plus grande est Jupiter et la plus petite est Junon. Et chacune a ses lunes, qui sont nombreuses pour certaines d'entre elles. Mais elles ne sont pas ajoutées au modèle. On nous a juste dit qu'elles étaient là. Plus une planète est grande, plus il y a de lunes. Saturne a des anneaux qui ont été faits de ...*

Ils disent que c'était peut-être une autre planète qui était là et il l'a collectée et ils s'appellent ... des anneaux. En le regardant, vous pouvez les voir. Il y en a plusieurs centaines et des centaines autour d'elle. Ceux.ci ne sont pas non plus sur le modèle. On nous raconte ces choses et nous les avons vues avec les lunettes astronomiques. Notre planète est Terra. Elle a une lune unique qui ne possède pas son atmosphère.

J'ai demandé s'il avait déjà entendu parler d'une autre planète qui aurait explosé il y a de nombreuses années. Je pensais à la théorie de la création de la ceinture d'astéroïdes. Il devait y avoir quelque chose entre Jupiter et Mars.

S: *Elle a probablement frappé Jupiter. Je ne suis pas au courant de cela. Il est dit que notre univers est encore jeune et en constante évolution, donc c'est très possible.*
D: Comment connaissez-vous toutes ces planètes? Vous ne pouvez sûrement pas toutes les voir, même avec vos lunettes?
S: *Je ne les ai pas vues. On dit qu'une grande partie de la connaissance de notre système, tel que nous le connaissons, nous a été transmise depuis de nombreuses générations.*
D: Savez-vous qui a fabriqué ce modèle?
S: *On dit que les Kaloos l'ont fait.*
D: Qui sont les Kaloos?
S: *Comment puis-je dire cela ..? Ce sont les personnes qui ont quitté leur pays pour partager les connaissances acquises avec d'autres. Et il est dit que nous appartenons à ce peuple. On dit que nous sommes des membres de leur race mourante. On nous apprend à répandre la connaissance parmi les non informés dans l'espoir de faire revenir le siècle de l'illumination. Je ne sais pas grand-chose sur eux. Certains maîtres sont très au courant des choses qu'ils enseignaient et de qui ils étaient. C'est une connaissance qui n'est autorisée que pour certains seulement. Et il n'est pas permis d'en parler au milieu d'étrangers.*

Je me demandais s'ils avaient peut-être eu un lien avec le continent perdu de l'Atlantis et je lui ai demandé s'il connaissait le nom de l'endroit d'où ils venaient.

S: *Je ne sais pas. On dit que cela a été perdu. Ils disent qu'ils venaient de la direction du couchant, de l'ouest. Qu'ils se sont installés d'abord en Égypte et ont ensuite emprunté ce trajet. Je ne sais pas où ils sont allés après. C'était il y a beaucoup, beaucoup de générations passées.*

D: Vous avez dit que vous deviez ramener l'âge de l'illumination. Y a-t-il eu un moment où les choses étaient plus éclairées que maintenant?

S: *Je ne connais pas beaucoup de choses sur ce sujet. Il est dit que c'était lorsque de grandes choses ont pu être accomplies, que tous les hommes étaient alors en totale unité, une seule humanité. Et nous n'avons juste que quelques-unes de ces choses maintenant, telles que ce modèle. Nos objets qui ont été protégés et maintenus en état pour montrer que de telles choses avaient été possibles. Qu'elles n'étaient pas que des légendes. On dit que les Kaloos errent. Cela fait partie de leur destin. Certains d'entre eux auraient voyagé dans l'espoir de retrouver d'autres personnes de leur peuple et continuent de voyager. Et on dit que certains d'entre eux ont même oublié quel était leur lieu de départ. D'autres sont comme nous ici, les descendants de certains d'entre eux, et certains autres qui étaient d'ici et qui essayent de préserver une partie de cette connaissance qui fut.*

Cela expliquerait ainsi leurs soins envers le modèle. Si quelque chose lui arrivait, ils ne sauraient pas en refaire un autre.

D: Est-ce pour cela que vous restez isolés? Pourquoi vous êtes loin d'autres villes, d'autres personnes?

S: *Il est dit que si nous descendrions au niveau où en sont les autres, une grande partie de la connaissance serait ainsi perdue parce que les gens s'y seraient sentis attirés. A cause des tentations et ils ne voudraient pas maintenir les anciennes connaissances en vie.*

D: Y a-t-il autre chose qu'ils ont apporté à votre peuple?

S: *La connaissance que dans un proche avenir, il y aurait un Messie. On dit que dans beaucoup des endroits où ils se sont rendus, ils parleraient de l'histoire de sa venue. Et ils en auraient la connaissance, et ils informeraient du moment où cela se passerait. Il existe des connaissances supplémentaires, mais ce sont des choses qui sont conservées pour ceux qui étudient de tels sujets. Il a été décidé que j'étudierai le droit et que ce serait ce que en quoi j'excellerai. Et ainsi, je n'ai rien besoin de savoir sur ces autres choses, car cela ne ferait qu'encombrer mon esprit avec d'autres sujets. Je les ai entendu parler du Messie, mais ce n'est pas quelque chose qu'ils souhaitent qu'un enfant sache. Je n'ai pas encore passé ma Barmitzvah. Cela fera de moi alors un homme. Ensuite, je ferai partie de la communauté des adultes. Je n'ai pas encore besoin de savoir ces choses concernant ma destinée. Par conséquent, pourquoi créer des interférences avec votre destin de cette manière?*

D: Si vous étudiez la loi, pourquoi est-il nécessaire que vous connaissiez les étoiles?

S: *C'est nécessaire pour certaines raisons dans la vie quotidienne, peut-être connaître un peu de notre destin mais pas trop. Il y a aussi d'autres raisons d'étudier les étoiles dans les cieux et celles de notre système. Parce qu'elles sont fixées à bien des égards. On dit que quand les planètes sont placées d'une certaine manière; à votre naissance, elles sont comme un modèle établi, et cela aura une grande signification pour ce que vous ferez de votre vie. Je ne sais pas comment lire ceci. Encore une fois, ce sont les maîtres qui enseignent cela. On dit que les étoiles diront la vérité aux gens, mais nous étudions simplement où elles se trouvent et de telles choses à leur sujet. Nous étudions l'astron.*

Il n'a pas utilisé le mot complet "astronomie". Dans le dictionnaire, astron est utilisé comme préfixe en grec pour le mot étoile. Il a précisé que l'étoile la plus brillante de leur région s'appelait Garata (phonétiquement) et se situait dans la partie nord du ciel. Il a dit que certaines personnes pensaient que les groupes d'étoiles ressemblaient à des personnes ou à des animaux. Pour lui, il lui semblait que "quelqu'un a juste pris un seau de sable et l'a juste renversé."

Je me demandais quoi d'autre pourrait éventuellement être dans cette fantastique bibliothèque. Il a dit qu'il y avait des squelettes de divers animaux qui avaient été conservés pour leur étude. J'aurais déjà dû être préparé à des surprises, mais la réponse suivante m'a encore une fois prise au dépourvu.

S: *Il y a beaucoup de choses ici. Il y a un grand cristal qui est .. comment puis-je dire ..? formé avec quatre côtés qui se rejoignent en un point, et le cinquième côté en est la base (une pyramide). C'est un augmentateur d'énergie, si j'utilise les bons termes. Lorsque l'énergie y est placée, le rendement est bien supérieur à celle qui y était initialement placé. Il est utilisé pour différentes choses. Je ne sais pas trop quoi. C'est aussi protégé. Il y a un mur qui a été construit autour de lui. Le mur vient à peu près ici (à peu près à la taille). Vous pouvez le voir mais vous ne pouvez pas vous en approcher. Le cristal repose sur un piédestal derrière le muret. Il est protégé dans une zone où des rideaux peuvent être tirés autour de lui. (Avec des mouvements de la main, il montra qu'il s'agissait d'un grand cristal d'environ deux pieds carrés (60 cm2.) Mais la couleur en était incertaine.) Cela change. Il n'est jamais pareil. Vous le regardez une fois et vous verrez qu'il est bleu. Vous le regarderez encore et peut-être est-il devenu violet ou vert ou ...enfin, il n'est jamais pareil.*

Il ne savait pas d'où venait ce cristal, il était là "depuis aussi longtemps que je le sache." Le mur servait de protection. Le cristal était si puissant qu'il pouvait brûler s'il était touché. Une seule personne avait la capacité de s'en tenir à proximité.

S: *Mechalava, (phonétique: May-chal-ava) le maître des mystères. Il est capable de canaliser et également ses élèves à qui est enseignée cette méthode. Ils concentrent leurs énergies sur lui et il la transfère à ce cristal, et ceci est utilisé de nombreuses manières différentes que nous ne comprenons pas et que nous ne sommes pas autorisés à reproduire.*

D: Vous voulez dire que l'énergie est stockée des étudiants au maître puis dans le cristal, plutôt que l'inverse?

S: *Et puis ça sort du cristal pour n'importe quel usage. Ils ont la possibilité de la canaliser, de la diriger ou de la centrer là où ils le souhaitent. On dit que la volonté de Mechalava est la plus forte. Il est très vieux et il attend qu'un tel enfant naisse pour pouvoir en assumer la responsabilité. Cela commencerait à partir du moment où il n'est qu'un petit bébé. Certaines connaissances ont été transmises, mais pas toutes. Mechalava enseignerait des choses inconnues de la plupart d'entre nous. On dit qu'autrefois tous avaient cette connaissance, et à cause de cela, de grandes catastrophes ont été causées. Ainsi, elle n'était depuis remise qu'à certains qui auraient été jugés suffisamment responsables pour pouvoir posséder une telle connaissance. Pour que cela soit transferré à un moment où tout pourrait à nouveau faire parti de la connaissance de chacun, et en tirer un profit. Ainsi, il (Mechalava) est responsable dans la lignée pour que cette connaissance soit préservée.*

Les archéologues ont trouvé deux bases de colonnes étrangement placées dans l'un des bâtiments. Elles étaient rapprochées dans le sol, comme si elles avaient été un reposoir pour quelque chose. Aucune explication n'avait été trouvée à leur sujet. Pourrais-je supposer qu'il pourrait s'agir du piédestal sur lequel reposait ce cristal?

J'ai tenté de découvrir certains des mystères que l'on aurait pu apprendre à Suddi.

S: Je ne suis pas autorisé à en parler car cela fait partie de ma responsabilité. Si aucune vérification sur l'étudiant n'a été effectuée, nous ne sommes pas autorisés à en parler.

J'ai tenté de contourner ses objections en demandant dans quels domaines se trouvaient les mystères, par exemple la loi ou l'histoire. Je pensais que nous serions en mesure d'obtenir facilement des informations tout en lui parlant à un jeune âge, mais même dans ce cas, le sceau du secret était présent.

S: Non, ils touchent à... d'autres sujets. Une partie de cela à voir avec l'utilisation de l'esprit. Il est la source d'un grand pouvoir.

Il a fermement refusé de révéler davantage au sujet des mystères, alors j'ai décidé de changer de sujet de conversation. Peut-être que plus tard, je pourrais en découvrir plus grâce à mes méthodes détournées.

D: Vous avez dit que le cristal était un reservoir d'énergie? Pouvez-vous me dire s'il existe des métaux que vous stockez qui conservent également de l'énergie?

S: Plusieurs. L'or ... voire dans une certaine mesure aussi, le cuivre. Cela dépend de la vibration dont vous auriez besoin. Ils travailleraient sur des choses différentes. Ainsi, à un niveau supérieur ce serait l'argent ou l'or, et dans un niveau inférieur ce serait le cuivre et l'airain. Les pierres ont la plus grande capacité de stockage.

D: Il semble que vous ayez beaucoup de connaissances que d'autres peuples ne possèdent pas.

S: Nous devons essayer de les maintenir en vie et de les faire croitre pour qu'elles ne soient pas oubliées.

CHAPITRE 8

Les douze commandements

Au cours de cette session, je parlais à Suddi quand il avait douze ans. J'ai supposé qu'il n'avait pas étudié depuis longtemps, mais il n'était pas d'accord, disant que cela avait semblé être une éternité.

S: Je n'ai jamais connu rien d'autre, mais là où nous vivons, nous commençons vers six ou sept ans. Il y a ceux parmi nous qui sont d'origine hébraïque. Il y a ceux d'entre nous qui sont syriens. Et il y a également ceux qui sont égyptiens. Nous sommes nombreux ici. Nous sommes tous différents, mais nous sommes tous unis dans une même pensée et dans une même conviction. Nous croyons en Dieu, Abba et nous nous réunissons ici pour apporter de la lumière dans un monde où il n'y a que des ténèbres.

Notez la similitude entre cette déclaration et les paroles selon lesquelles Jésus était la lumière du monde.

D: J'ai entendu des gens dire que les Esséniens sont un groupe religieux.
S: Nous sommes un groupe religieux dans la mesure où nous croyons en Dieu. Mais dire que notre cheminement est une religion serait quelque chose de bien différent. Parce que cela semble tellement inhibant. Ce n'est pas pareil. Il y a tellement bien plus à tout ceci, parce que nous protégeons et maintenons la connaissance vivante et nous contribuons à apporter le savoir et la lumière au monde.

Pendant que je parlais avec lui, il recopiait des parties de la Torah. Je pensais que la seule raison pour laquelle il faudrait copier un parchemin en serait que ce parchemin soit en mauvais état et qu'il se détériorerait. Mais il a dit que la "peau" originale était toujours très bonne. Son père pensait que cela l'aiderait à se le mémoriser s'il l'écrivait.

S: Il dit que cela pourrait aider. Ma tête est si obtue qu'il va tout essayer. Je n'ai pas une bonne mémoire. Comment est-ce que l'on peut dire ceci?

Je m'intéressais à leur méthode d'écriture. Il a dit que lorsqu'ils pratiquaient, ils utilisaient des tablettes d'argile parce qu'ils n'allaient pas les garder. Seul ce qui devait être permanent était mis sur papyrus.

S: Avec les tablettes d'argile, il est facile pour un étudiant de voir comment il forme un mot. Il le voit dans la tablette et il ressent ce qu'il en est. Et c'est moins cher, il est facile de faire plus de tablettes d'argile ou de cire, qui elles, peuvent être fondues et refaites. Mais pour un papyrus, une fois qu'il est utilisé, c'est fini.

Il utilisait un stylet, qui était un bâton pointu, pour écrire sur les tablettes. Sur papyrus, vous pouvez utiliser le stylet trempé dans l'encre ou un pinceau. Il a surtout écrit en araméen qui était sa langue maternelle. À cette époque, je ne savais rien des langues dans son coin du monde et j'avais semé la confusion en l'interrogeant sur son alphabet. Il n'avait aucune idée de ce dont je parlais et il est toujours difficile d'expliquer simplement ce que nous connaissons si bien. Je ne me suis jamais rendue compte que les habitants d'autres pays pourraient ne pas utiliser les lettres comme nous le faisons. Ces séances se sont avérées très instructives pour Katie et moi-même. Il essaya d'expliquer que ce n'étaient pas des lettres mais des sons qui composaient leur langage. Je n'ai pas compris ce qu'il voulait dire. Plus tard, lorsque j'ai commencé à faire des recherches, j'ai constaté que les langues dans cette partie du monde de Suddi sont très différentes des nôtres. Elles utilisent des symboles qui ressemblent à une forme de sténographie. Chacun représente un certain son et les sons constituent les mots. Il avait absolument raison et il n'était pas étonnant que je ne puisse pas lui faire comprendre ce que je voulais. Je lui ai demandé s'il pouvait me lire ce qu'il copiait. Au cours de sa récitation, il a prononcé plusieurs mots qui étaient clairement dans une langue étrangère, puis il a parlé lentement en anglais, comme s'il traduisait ce qu'il voyait.

S: Cela fait partie des commandements de Moïse. Il parle de… il dit… le Seigneur ton Dieu… tu n'auras pas d'autres dieux que moi. Nous ne devons pas faire d'images de pierre … d'autres dieux à adorer. Et nous devrions … honorer notre père et notre mère. Et … tu ne tueras pas, ne voleras pas et … ne commettras pas d'adultère Il y en a beaucoup. Moïse nous a donné beaucoup de lois. Ce ne sont ici que quelques-unes des premières. Il a continué à élaborer sur elles.

Il était évident qu'il lisait les Dix Commandements, mais il m'a surpris en disant qu'il y avait douze commandements. À l'époque, je ne pouvais pas poursuivre pendant cette session.

Plus tard, alors que je parlais à Suddi en tant qu'homme plus âgé, une excellente occasion s'est présentée de lui poser des questions supplémentaires sur les commandements. Je l'avais fait revenir sur un jour important quand il avait environ quarante ans. Il pratiquait sa méditation quotidienne. "Cela me fait me sentir très bien de faire ceci. Je me sens enraciné, comme si j'avais une base pour travailler." Ce jour-là, il méditait pour se calmer parce que c'était un jour très important.

S: Aujourd'hui, je serai testé et la décision sera prise. Que ce soit ou non, j'ai le mérite de porter le bandeau bleu.

Quand un Essénien avait obtenu le droit de porter le bandeau bleu sur le front, il avait atteint le rang de maître. Ce test était la dernière exigence et le point culminant de toutes ses années d'études.

S: Une personne passe par des leçons et les anciens le testent pour savoir quelle quantité de connaissances aura été accumulée. Combien de compréhension a été enmagazinée. Un homme peut avoir une grande connaissance et ne pas l'avoir encore assimilée. La connaissance est donc inutile. Pour être un maître, il faut avoir

la connaissance et la comprendre. Peu importe ce qu'ils étudient, que ce soit la Loi ou que ce soit l'étude des étoiles ou autre. Vous devez avoir de la compréhension pour être un maître. Par conséquent, vous êtes testé par les anciens. Ils vont tous m'interroger pour trouver mon niveau de compréhension.
D: Sera-ce un long test?
S: *(très sérieusement) Pas si j'échoue tout de suite. Cela pourrait durer un bon moment. Mais je n'échouerai pas. Les réponses, elles viendront à moi.*

Je pensais que ce serait un excellent moment pour poser des questions à propos de ces commandements supplémentaires, car cela pourrait être une question qu'ils lui demanderaient pendant le test. Il soupira et commença à les réciter pour moi en comptant sur ses doigts.

S: *Le premier est: Je suis le Seigneur ton Dieu et tu n'auras pas d'autres dieux devant moi. Tu ne feras pas d'images taillées. (Gros soupir.) Honore ton père et ta mère. Rappelle-toi du jour du sabbat et sanctifiez-le. Tu ne voleras pas. Tu ne commettras point d'adultère. Tu ne convoiteras pas ... ah, la propriété d'un autre. Ah ... je m'en souviens lentement. On en est à sept? Tu ne suivras pas les chemins du sentier de Baal.*

Il est tombé en panne par frustration et avait oublié combien il en avait déjà énoncés. Mais déjà je l'avais entendu parler d'un que je ne connaissais pas, celui sur Baal. Je lui ai dit que ce serait une bonne préparation pour faire face aux aînés. Il a pris une profonde inspiration. "Je pense que je suis bien plus nerveux que je ne le croyais." Puis, d'une manière complétement inattendue, il m'a surprise avec cette question," Qui es-tu? " J'ai été prise au dépourvu et j'ai dû très vite réfléchir. Je m'étais très souvent demandée comment le sujet me percevait ou même si c'était le cas. Est-ce qu'ils me voient comme une personne réelle ou est-ce que je suis juste une petite voix qui bourdonne dans leur tête? Parfois, leurs réponses semblent suggérer qu'ils me voient mais je leur suis étrangère. Au cours d'une session, un sujet m'a vu habillée en homme de sa culture, mais il m'a averti que je posais trop de questions et que c'était dangereux. Pour la plupart, je suis considérée comme une simple voix. Je pense que dans ce cas ci, Suddi m'a capté différemment parce qu'il méditait. Cela l'a peut-être rendu plus ouvert à ma présence. Dans le passé, chaque fois que cela se produisait et que cette question se posait, je leur ai simplement dit que j'étais une amie et que cette réponse avait été suffisante. Je ne comprends pas pourquoi, peut-être juste une assurance que je ne leur présente aucune mauvaise intention est suffisant. Je lui ai demandé si ça le dérangeait de parler avec moi.

S: *Cela me rend curieux. Vous êtes ici, mais vous n'êtes pas ici. Je pense que vous n'êtes pas de ... maintenant. C'est ... vous êtes ici en esprit, mais pas en corps.*

J'avais le sentiment le plus étrange que peut-être, par un processus que nous ne comprenions pas, j'avais été projetée en arrière dans le temps et que je paraissais à ce pauvre homme confus. C'était un sentiment étrange, sachant que vous existiez à deux endroits à la fois. Mais essentiellement, n'était-ce pas ce que Katie faisait aussi? Je devais simplement faire attention à ne pas le déranger ou le contrarier, alors j'ai essayé de calmer toutes ses appréhensions pour que nous puissions continuer.

D: Est-ce que ça vous dérange?
S: *Un peu. Es-tu mon maître intérieur?*
D: Oh, je ne pense pas que je sois aussi élevée. Non, je serais plus, dirait-on, comme un gardien. Je suis très intéressée par votre vie et par ce que vous faites. Cela serait-il acceptable pour vous? Je ne vous veux absolument aucun mal.
S: *(suspicieusement) Voulez-vous dire aucun mal du tout? Je ressens de la chaleur chez vous, mais certaines personnes très informées peuvent projeter beaucoup de choses.*
D: Je ne suis intéressée que par ton bien-être. C'est pourquoi je pose beaucoup de questions, parce que je m'intéresse à l'époque et au lieu dans lesquels vous vivez. J'ai soif de connaissance.
S: *Oui, je ressens une très grande curiosité en vous. Je peux voir une image, mais c'est ... c'est comme si vous n'étiez pas là. (Était-ce comme une image de rêve?) Je n'éprouve aucun problème à parler à ceux qui n'habitent pas un corps, mais tous ne sont pas bienveillants.*

Je devais essayer d'éloigner son focus de moi, alors je l'ai réorienté à nouveau vers les douze commandements. Il soupira et y revint tout en comptant sur ses doigts. Cette fois, il en a inclus un autre: "Tu ne feras uniquement aux autres que ce qu'ils te feraient." Il s'agit de la règle d'or et elle n'est normalement pas incluse dans les Dix commandements. J'ai posé des questions à son sujet.

S: *Cela a à voir avec le but de conserver en mémoire que vous traitez les autres comme vous souhaiteriez être traité. Car c'est ce que vous emporterez avec vous. (Était ce en rapport avec le karma?)*
D: C'est logique, mais nous ne l'avons jamais placé parmi les autres.
S: *Comment jamais? J'ai entendu dire que celui sur le culte, non pas seulement sur l'image taillée, mais à propos de Baal, lorsqu'on avait été tenté de frapper sur l'effigie à l'époque de Moïse, à cause du veau d'or. Mais je n'ai pas entendu dire que quelqu'un essaierait de le retirer. "ne faites pas aux autres." Je n'ai jamais entendu parler de cela. Ce serait très incorrect.*

J'ai accepté qu'il s'agissait d'une bonne loi, et que sa place se devait d'être aux côtés des autres.

Au cours d'une autre séance, je lui ai rappelé le test et lui ai demandé s'il avait réussi. Il était indigné.

S: *Est-ce que je ne porte pas le bandeau bleu? Bien sûr que j'ai ma maîtrise. Comment pourriez-vous ne pas passer ce test et ne pas devenir un maître?*

Ainsi, il était à ce moment-là devenu un maître de la loi, de la Torah, mais il se considérait à quarante-six ans comme un très vieil homme. Je n'étais pas d'accord, mais il a insisté, "Mais c'est vrai! C'est un âge où tant d'hommes sont morts bien plus tôt. (Soupir) Je suis un vieil homme."

Si un homme dans la quarantaine était considéré comme vieux à cette époque, cela m'a fait soupçonner que Jésus n'était pas considéré un jeune homme lorsqu'il a été crucifié. Dans la trentaine, il aurait au moins été vu comme d'un âge mûr.

CHAPITRE 9

La méditation et les chakras

Des exercices d'utilisation de la méditation nous avaient été donnés à deux reprises: une fois quand Suddi était enfant et une autre fois alors qu'il était plus âgé. Je ne pense pas que ce soit une idée trop fantaisiste de supposer que Jésus ait également appris ces procédures puisqu'elles étaient couramment utilisées à Qumran.

En tant qu'enfant, Suddi a déclaré qu'il y avait un temps réservé à la méditation chaque jour.

S: Nous restons assis et nous devons rester très immobiles et réfléchir à la façon dont nous respirons et nous concentrer sur cela pendant un petit moment. Et quand nous sommes parvenus à mettre sous contrôle tout cela, nous en savons déjà suffisamment pour ne plus avoir à y penser. Ensuite, nous devons nous concentrer sur quelque chose d'autre. Nous prenons un objet et plaçons notre point de focalisation quelque part au centre de celui-ci, et ne faisons plus qu'un avec, étudiant-le et cherchant à en apprendre davantage dessus. Ensuite, nous relachons tout ceci. Alors que vous ne faites plus qu'un avec, et que vous en avez la comprension, vous devez alors vous "déconcentrer" de ce point de focalisation pour que vous ne soyez plus en son centre mais autour de lui. Pour qu'il invoque tout ce qui est autour, ce tout qui vous entoure. Je ne parviens pas à très bien l'expliquer. On apprend à un étudiant à faire cela quand il a presque trois ou quatre ans.

Ainsi, l'entraînement de l'esprit était commencé très tôt à Qumran. Une fois au cours d'une session où Suddi était un homme plus âgé, il a mentionné que le roi Hérode (apparemment le premier roi Hérode) allait bientôt mourir. Il semblait avoir reçu cette information par des moyens psychiques, et je me demandais si d'autres membres de la communauté possédaient de telles capacités. Suddi a été surpris par ma question.

S: *Qui ne les a pas? Tout le monde possède ceci à ce que je sache. On dit que les gens ordinaires ne sont peut-être pas autant... voyons, comment dire... doués? Mais on nous a appris dès le plus jeune âge à nous ouvrir à tout cela. Mais c'est une capacité qui doit être entretenue et développée. Tout le monde en a la possibilité, mais lorsque vous atteignez peut-être l'âge de 13 ans et que vous ne l'avez jamais utilisée, et que vous l'avez refermée, vous commencez à perdre la capacité de réduire cet espace. Parce que souvent on est dans la société où les autres ont perdus la capacité de vision de la tête. Qui ne peuvent pas vous entendre, qui ne peuvent pas comprendre de quoi vous parlez. Et donc, à cause de ce fort niveau d'intensité, ils se trouvent bloqués à l'extérieur. Alors quand vous passez toute votre vie à bloquer cela, il est très difficile de vous y rouvrir.*

D: Est-ce que treize ans est un âge significatif?

S: *C'est juste un moment où le corps subit des changements. On dit qu'il y a un lien étroit entre les deux. Je ne suis pas sur de moi en ce qui concerne ce sujet. Je ne l'étudie pas. Mais c'est ce que j'ai entendu dire, c'est-à-dire lorsque l'homme ou la femme commencent à se manifester, c'est aussi le moment où tout s'ouvre. Peut-être plus que jamais auparavant, si vous vous l'autorisez. (On aurait dit que c'était lié à la puberté)*

D: Alors vous devriez avoir cette autre habilité en développement avant cet âge là?

S: *Oui, vous devriez au moins en être conscient. Pour que son intensité ne vous effraye pas et ne vous oblige pas à la fermer. De nombreux exercices de concentration peuvent être utilisés. Le plus simple est de prendre quelque chose, tout ce sur quoi vous vous concentrez et de vous en servir. Vous le placeriez devant vous, le regarderiez et deviendriez un avec lui. Et de manière à concentrer votre attention sur ce point. Et quand tout devient en focus, alors vous devez simplement tout relâcher. (Il a fait des gestes comme si on laissait aller quelque chose, en le jetant.) Et au moment de ce relâchement, vous commencerez à prendre conscience de toutes sortes d'autres sensations qui vous entourent et vous les prendrez en considération. Et chaque fois que la conscience de ces autres sensations devient plus bruyante, c'est comme si elles avaient communiqué avec vous.*

D: *Y at-il un danger lié à cet exercice?*

S: *Je n'en ai jamais eu connaissance d'aucun. Je ne m'y soumettrais pas dans de tels cas où il y aurait des interruptions ou voire peut-être des réveils abruptes. Il n'y a pas un temps fixe donné. Peut-être que chaque fois, il y aurait la possibilité de le faire croître jusqu'à parvenir à la longueur de temps qui vous convienne.*

Je lui avais parlé plusieurs fois pendant qu'il méditait. Souvent, il frottait distraitement le centre de son front avec le côté de son pouce droit, comme s'il se massait. Je me demandais pourquoi cette zone particulière, puisque c'est là que se trouve le chakra du front ou troisième œil. Cette fois, quand il l'a fait, j'ai décidé de poser la question à ce sujet. "C'est une habitude. C'est une méthode de concentration. C'est le moyen de concentrer l'énergie, de concentrer vos pensées. C'est un centre énergétique."

Ses descriptions sembleront très familières à ceux qui ont étudié la métaphysique. Le terme "centre énergetique" serait une bonne définition pour un "chakra". Les chakras sont essentiellement des points d'énergie situés à divers endroits du corps. Ils peuvent être stimulés mentalement et psychiquement pour aider à contrôler la santé du corps et pour promouvoir les capacités et la sensibilisation psychiques. Selon les enseignements modernes, ils sont situés dans sept parties du corps:

1. La Couronne: sur le dessus de la tête où l'énergie du corps est supposée entrer;
2. le Front ou troisième œil: situé au milieu du front;
3. la gorge: située à l'avant du cou;
4. le Cœur: situé au milieu de la poitrine;
5. le Plexus solaire: situé au centre de l'abdomen;
6. la Rate ou Sacral: situé juste en dessous du nombril;

7. la Racine ou base: située près des organes sexuels, entre les jambes.

L'énergie est supposée entrer par le chakra de la couronne et dynamiser chacun des chakras l'un après l'autre lorsqu'elle traverse le corps. Finalement, l'excédent est libéré par les pieds.

Puisqu'il les avait appelés des points d'énergie au lieu de chakras, j'ai utilisé sa terminologie. Il a dit que par un frottement de ce lieu au moment de la méditation cela aidait à le stimuler. On m'avait toujours enseigné qu'il fallait rester immobile en méditant.

S: Il existe différentes formes de méditation. Toute méditation est fondamentalement de la concentration. Que ce soit si vous vous concentrez sur un point qui est ici (il pointe vers son front) ou si vous vous concentrez sur un point qui est en dehors de vous, de vous-même. Toute méditation consiste à concentrer toutes vos pensées et toutes vos énergies sur ce point.

J'ai demandé s'il y avait d'autres points d'énergie dans le corps. Il a pointé tour à tour vers les différents emplacements de chakras conventionnels, sauf qu'il en avait un de plus que les sept habituels. Il a indiqué qu'il y en avait deux dans la partie supérieure de la poitrine, un de chaque côté. Il en a également indiqué un à chaque genou. J'ai posé des questions sur le supplémentaire dans la poitrine.

S: L'un est au niveau du cœur et il y a également un autre point d'énergie. Il n'est pas actif chez tout le monde. Il s'agit d'un qui a été, pour la plupart, perdu. Parfois, il est situé sur le côté, cela dépend de la personne. C'est ainsi que le mien est positionné. Il y en a aussi un à l'arrière de la tête, à sa base. (Il a pointé l'arrière de la tête où elle est reliée à la colonne vertébrale) Dans une large mesure, il est dangereux de le stimuler. Cela peut causer beaucoup de problèmes. Mais il existe néanmoins là quand même. Il est important de garder celui-ci non stimulé. La plupart des gens ne seraient pas capable d'en gérer la stimulation. C'est une force bien trop puissante. Je ne connais qu'une seule personne dont celui-ci est ouvert et stimulé, et il s'agit d'un grand bâtisseur mental. Il est le maître des mystères. (Est-ce que ce serait le même homme qui pourrait canaliser l'énergie dans le grand cristal et la diriger?) C'est beaucoup trop accablant pour la plupart des gens.

J'ai posé des questions sur le chakra de la couronne en haut de la tête.

S: *Ce n'est pas nécessairement un point d'énergie, mais plutôt l'endroit où l'énergie entre dans le corps. C'est comme, pour les pieds qui ne sont pas vraiment des points d'énergie, mais ils sont là aussi.*

Je me demandais si l'un des points d'énergie était plus important que les autres.

S: *Ils ont tous la même importance. Cela dépend de ce que vous voulez stimuler, de ce que vous décidez de faire de votre vie. Si vous souhaitez avoir des connaissances, celui qui est ici (le front) serait un bon pour la stimulation. Celui dans la gorge regarderait les différents problèmes de santé, liés également aux niveaux d'énergie et aux équilibres. Celui au-dessus du cœur est pour l'énergie pure qui rayonne à travers le corps. Et l'autre (dans la poitrine) concerne votre énergie de l'autre soi-même et la connaissance de soi-même. Comment puis-je expliquer cela? Cela a à voir avec les énergies grâce auxquelles vous contrôlez la capacité de savoir des choses inconnues des autres, simplement en les sachant. Il est concerné par la communication mentale. Dans la plupart des gens, il a été fermé pour toujours.*

On aurait dit que cela avait beaucoup à voir avec la capacité psychique ou l'intuition, puisque c'était celui dont la capacité d'utilisation avait été perdue par la majorité des gens. Était-ce celui qui était ouvert à l'époque des Kaloos? (Voir chapitre 15)

S: *(Il a indiqué la zone du plexus solaire.) Celui-ci concerne l'intégralité du soi. Il est à nouveau important pour l'équilibre. Il concerne la connexion entre votre moi supérieur et votre corps. Cela a beaucoup à voir avec cette connexion et le maintien total de l'unité et de l'unicité. (Il a pointé vers les deux, dans la région abdominale, les chakras de la rate et de la racine.) Ils sont liés à la virilité ou à la féminité, en fonction de la personne. Ainsi,* l'individu serait plus fort en lui ou elle-même. Si en tant que femme vous aviez un centre masculin plus fort, vous auriez des problèmes émotionnels. De même, si vous avez un centre féminin plus fort chez un homme, vous auriez beaucoup de mal à vous identifier, à savoir qui vous êtes et toutes choses de ce type en vous-même.

Serait-ce une allusion à l'homosexualité si ces chakras ne fonctionnaient pas comme ils le font chez la plupart des gens ? J'ai posé des questions sur la méthode de stimulation pour les autres chakras.

S: *Il existe différentes méthodes de stimulation qui fonctionnent sur les différentes zones. Dans certains cas, vous utiliseriez simplement une attention intense intérieure entourée par de la lumière et sentiriez une énergie venant de l'extérieur étant attirée dans votre direction. C'est probablement le moyen le plus simple de le faire. Il existe des méthodes plus compliquées, mais elles prennent des années d'étude. Vous attirez l'énergie par le haut de la tête directement en direction de la zone concernée. Lorsque vous commencez à sentir son picotement cela vous informe que l'énergie est là, et alors, vous la redirigez. Et puis vous la canalisez pendant un moment. Et ensuite, vérouillez-la en position des deux côtés, en laissant l'excès s'échapper par les pieds.*

D: Y at-il un risque de préjudice quelconque à le maintenir ainsi et à ne pas le relâcher ?

S: *La Sur-stimulation, oui. Il pourrait y avoir un dommage grave si la personne n'est pas capable émotionnellement ou physiquement de gérer cette énergie. Vous pouvez en générer trop par manque de prudence. Vous devez alors la réorientée vers d'autres zones.*

D: Pouvez-vous transmettre cette énergie à une autre personne ?

S: *Oh oui ! Celle-ci est souvent utilisée pour la guérison. Il vous suffirait de penser à cette personne, et, ce serait à eux de l'accepter ou non. Ce n'est pas votre tache de leur imposer quoi que ce soit. Leur offrir est tout ce que l'on peut faire. Si elle n'est pas acceptée, elle sera transmise à quelqu'un d'autre ou libérée par les pieds. Ca doit aller quelque part.*

D: Vous avez dit qu'il était dangereux de continuer à en générer. Comment cela pourrait-il affecter le corps ?

S: *Si vous ne le relâchez pas, vous pourriez vous faire ... faire arrêter votre cœur ou faire cesser de fonctionner de nombreuses autres choses. Il ne s'agit pas d'un jeu, ce n'est pas un jouet.*

D: Alors, est-ce dangereux d'apprendre aux enfants à le faire?

S: *Non, car un enfant est plus ouvert aux sentiments. S'il commence à avoir l'impression que c'est trop pour lui, l'enfant est disposé à la retransmettre. Les enfants sont plus réceptif à tout cela. Le contrôle est plus facile à apprendre chez un enfant.*

D: Je pense que maintenant je peux mieux comprendre ces points d'énergie. Mon professeur ne l'avait pas expliqué aussi bien que vous. Dans notre communauté, les gens prennent parfois dans leur corps certaines choses, telles que des boissons fortes ou certaines substances végétales, qui les font agir différemment. Avez-vous de telles choses qui se passent également où vous habitez?

S: *Vous parlez peut-être d'une situation où une personne boit trop de vin. Ceux de notre communauté ne se livrent pas à de tels excès. Il n'est pas dit qu'ils ne boivent pas, car il est très acceptable de boire du vin. Mais tout excès est mauvais. Cela dérobe une personne de sa volonté de faire. Vous remplacez votre propre volonté par celle d'une autre chose ou de quelqu'un d'autre, car ainsi vous êtes alors plus facilement contrôlable. Cela modifie le flux sanguin et le flot respiratoire également. Pour que plus ou moins d'oxygène soit autorisé, en fonction de ce qui est pris, et qui entraînerait des résultats différents. Cela provoque beaucoup de ce que vous appelez un "changement de personnalité". Ils feraient des choses dans ces états qu'ils ne feraient jamais dans leur état normal, étant sous leur contrôle.*

D: Cela améliore-t-il votre capacité à entendre Dieu si vous vous réunissez en groupe et entrez dans un bâtiment, comme un temple ou une synagogue?

S: *Certaines personnes ont besoin d'une force extérieure supplémentaire pour dire: "Oui, j'ai entendu Dieu". Si vous avez la foi et que vous croyez, il est aussi facile de s'en inspirer seul, parfois plus facilement, qu'en groupe. Bien que certains aient besoin de ce partage, ils doivent pouvoir se faire suffisamment confiance pour s'ouvrir, pour pouvoir entendre.*

D: Pensez-vous que les gens ont besoin d'un temple ou d'une synagogue?

S: *Pas tous. Il y en a qui en ont besoin, parce que leur foi n'est pas assez forte.*

D: Les bâtiments ont-ils tendance à accumuler des vibrations émises par les gens?

S: *Ceux-ci gagneraient des vibrations positives de la même manière qu'un bâtiment peut en maintenir de négatives. Si c'est un endroit où beaucoup, beaucoup de mauvaises choses se sont passées, il possédera de la négativité. S'il s'agit d'un endroit où il y avait beaucoup de bonheur et de joie, il en serait de même pour lui. Les bâtiments peuvent posséder une force dans laquelle la personne peut puiser. Parfois, cela a à voir avec l'endroit où le bâtiment a été placé. Si c'est un point où il y a une grande énergie terrestre, cela peut aider la personne à s'ouvrir. Bien que cela puisse également être dangereux pour ceux qui sont trop sensibles, trop ouverts. Dans de tels cas, vous devez créer un écran contre cela.*

D: Comment pourrait-on trouver un tel endroit?

S: *Vous devez prendre quelqu'un qui y est receptif pour les trouver, et ils pourraient vous y conduire.*

D: Si vous vouliez construire une maison, comment sauriez-vous le bon endroit où la positioner?

S: *Vous décideriez du secteur dans lequel vous la voulez, vous marcheriez et vous trouveriez un tel lieu. S'il y en a un dans la région, vous y serez conduit. Si vous êtes ouvert, vous le saurez. À l'intérieur, vous le sentirez. Vous sentirez l'énergie qui coulerait à travers vous. Cela pourrait aussi être traduit par un sentiment de paix et de contentement.*

D: Avez-vous déjà entendu parler des pyramides?

S: *Elles sont en Egypte. Ce sont des structures qui ont été construites pour avoir un côté qui ressemble à ça. (Elle a fait des mouvements avec ses mains en mettant ses doigts rapprochés comme le sommet d'un triangle.) Et chacun s'élève de cette manière et elles possèdent ces quatre côtés et ils montent jusqu'à un point. Une certaine hauteur par une certaine largeur sera nécessaire. Non pas tant qu'elles doivent être à égalité, comme l'une aurait la même taille que l'autre, mais la distance dans l'espace - si vous comprenez ce que j'essaie de dire - doit être la même des quatre côtés. Et la base doit ... l'équation doit toujours être la même.*

D: Quel en est leur but?

S: *Une certaine capacité à concentrer l'énergie fait partie de leur accumulation de connaissances. L'équation, est-t-il également dit, parle des distances de la terre, des planètes et des soleils. Il y a beaucoup de connaissances que je ne comprends pas. (Il était très emphatique qu'elles n'étaient pas des sépultures pour des rois) Quelqu'un a menti! C'est peut-être un très bon mensonge pour garder cette connaissance loin de ceux qui ne devraient pas savoir. Ce sont des entrepôts de connaissances. Le document en est la pyramide elle-même. Il y a d'autres entrepôts qui ont des manuscrits qui sont ailleurs. Mais cette connaissance-là est intégrée dans la pyramide elle-même. Dans la façon dont elles sont construites et la mathématique de celle-ci.*

Comme il connaissait bien Moïse et ses enseignements, je me suis demandée si les pyramides existaient à l'époque de Moïse.

S: *On dit que c'est sur ce lieu-là que se trouvent leurs débuts. Ceci je ne sais pas. Pour ma part, je crois qu'elles sont ici depuis bien plus longtemps que n'importe quel petit royaume d'Égypte. La connaissance y est beaucoup plus grande que celle dont j'aurais jamais pu entendre parler venant au sujet d'un quelconque pharaon.*
D: Savez-vous comment elles ont été construites?
S: *Beaucoup d'idées différentes m'ont été rapportées. J'ai entendu dire qu'ils auraient utilisé le travail d'esclave, ce qui me semble impossible. Vous ne pouvez pas nourrir tous les gens qui auraient été nécessaires pour construire dans cette région. J'ai entendu dire qu'elles ont été construites sur le site même. Que des moules ont été placés là et la boue a été mise dedans et elle a ensuite durcie et les moules ont été remportés. Ceci est possible mais prend du temps. J'ai aussi entendu dire qu'ils utilisaient de la musique pour les leviter. Je sais qu'il est possible d'utiliser de la musique pour faire s'élever des choses. Mais c'est à une échelle bien plus grande que celle dont j'ai connaissance qui a été tentée. Donc je ne sais pas. Je pense peut-être un peu des trois.*

Apparemment, c'était un mystère même à leur époque. Je n'avais jamais entendu parler de l'idée d'utiliser la musique de cette manière. Pourrait-il y avoir un lien avec leur utilisation du son en tant que protection pour Qumran? Il avait fourni un autre type de compréhension des pyramides, mais aucune réponse réelle. J'ai supposé que des personnes particulières seraient nécessaires pour décripter la connaissance dans les pyramides.

S: *Il faut plusieurs années pour pouvoir les comprendre. Il y a ceux qui ont cette connaissance et qui essaient de la transmettre.*
D: Savez-vous qui a mis cette connaissance là-bas en premier lieu?
S: *Il est dit, encore une fois, que ceux qui ont construit les pyramides sont ceux d'Ur.*

Harriet avait dressé une liste de divers termes et noms dont elle se souvenait à partir de livres qu'elle avait lus. C'étaient vraiment juste des bribes enchevêtrées. Elle a demandé s'il avait entendu parler du Sphinx et il a dit que c'était le gardien de la connaissance. Harriet demanda: "As-tu déjà entendu parler de l'Arche d'Ammon?"

Suddi a fait des remarques brusques d'interrogation qui n'étaient pas en anglais. Il a ensuite corrigé sa prononciation et a répondu: " Oui, c'est le symbole de la vie. " Quand elle a demandé une explication, il s'est énervé. "Vous posez cette question comme si vous ne saviez rien. Pourtant vous avez des questions pour moi qui démontrent de la connaissance. Pourquoi?"

"Je suis curieuse de savoir comment cela est symbolisé par votre peuple. Avez-vous un symbole pour cela?" Cela sonnait comme s'il répondait par: "l'arche". Je lui ai demandé de le répéter et ça sonnait toujours comme ça même si je ne sais pas ce que ça veut dire.

Harriet: Avez-vous dans vos écrits quelque chose à propos d'Horus?
S: *Oui Il est celui qui, pour les Egyptiens, a été le premier des dieux à marcher sur la face de la terre quand elle était nouvelle. Il est dit qu'il ... euh, comment puis-je exprimer cela ... il s'est accouplé avec des femmes du pays, et que c'était le début de l'Egypte.*
D: Était-ce avant l'époque de l'errance des Kaloos?
S: *C'est quelque chose qui sort des profondeurs du temps sans fin. Il n'y a aucun moyen de savoir quand était-ce. "C'était avant que le temps ne soit mesuré."*

CHAPITRE 10

Le premier voyage de Suddi dans le monde extérieur

Suddi était né et avait grandi entre les murs de Qumran, cette communauté isolée au sommet des falaises salées qui entourent la mer Morte. Je savais qu'il n'avait pas passé toute sa vie à y être ainsi cloîtré, car lors de notre première rencontre, il s'était rendu chez ses cousins à Nazareth. Je me demandais ce qu'il avait ressenti lorsqu'il avait quitté la communauté. Quelles avaient été ses premières impressions du monde extérieur et ce qu'il avait pensé de la façon dont les autres vivaient. Alors je l'ai ramené à ce moment-là pour le découvrir. Il avait dix-sept ans et se préparait à partir avec une caravane à Nazareth. Il n'était jamais allé nulle part auparavant: Qumran était tout ce qu'il savait. J'avais espéré qu'il irait dans une ville plus grande telle que Jérusalem, qui était en réalité plus proche de Qumran. Mais comme je ne connaissais pas non plus Nazareth, j'ai pensé qu'il serait intéressant de poser des questions sur l'endroit où la Bible dit que Jésus a passé la plupart de ses années de croissance. La caravane était une caravane qui s'arrêtait fréquemment au bord de la mer pour ramasser du sel.

S: *Tout est si différent de tout ce auquel je suis habitué. La caravane est très longue, il y a peut-être une vingtaine de chameaux et ils font tous beaucoup de bruit et se plaignent. Et tout se passe en même temps. Je suis un peu nerveux et excité.*
D: As-tu emené quelque chose avec toi?
S: *Quelques petites choses. Je dois prendre un sac de vêtements et un peu de nourriture et des choses d'en ce genre.*

Il avait déjà dit que chaque fois que quelqu'un sortait de la communauté, il devait s'habiller différemment afin qu'ils ne soient pas reconnus. Les autres habitants du pays ne portaient pas de robes blanches.

S: *Je porte le ... (mot étranger qui ressemblait à "Shardom") et le burnous des Arabes. (Un burnous est un long manteau avec une capuche.) Cela va me garder de la chaleur, du soleil, pour que ce ne soit pas si désagréable. Un burnous ressemble beaucoup à une tunique, mais il est inhabituel d'avoir quelque chose sur ma tête qui soit libre. Mais ce n'est pas que ce n'est "pas-bon", c'est intéressant. C'est comme une grande aventure, c'est quelque chose de nouveau et d'excitant.*

The Camel Caravan to Jerusalem

Il voyagerait seul. Il allait rencontrer "des personnes de ma famille", ses cousins qu'il n'avait jamais rencontrés auparavant. Ils vivaient à Nazareth depuis de nombreuses années. Il avait prévu d'y rester quelques semaines, "pour apprendre à vivre à l'extérieur". Ils devaient le rencontrer sur la place où la caravane s'arrêterait pour vendre le sel. Je l'ai fait avancer dans le temps jusqu'à la fin du voyage et qu'il était à Nazareth même. Je voulais connaître ses premières impressions. Il avait l'air un peu déçu, "C'est très petit." "Avez-vous apprécié le voyage?" "Hormis la rudesse de la randonnée, oui. C'était une expérience intéressante. Les chameaux sont connus pour leur mauvaise humeur, mais c'était amusant."

Le voyage avait pris deux jours et ils ne s'étaient arrêtés que dans quelques puits, dans aucune autre ville. Je me suis souvenue de quelques noms de lieux de la Bible. Je pensais les jeter et voir s'il savait où ils se trouvaient. "Savez-vous où se trouve Caphernaüm?" "Ah, laisse-moi penser ici ... Sur la côte nord de la mer de Galilée. Je ne sais pas trop où." Quand j'ai regardé la carte dans ma Bible plus tard, je n'étais pas vraiment surprise de constater que Katie avait été complètement exacte. Sa connaissance devenait banale maintenant. Parfois je me demandais pourquoi je m'embêtais à vérifiez plus, sauf si ce n'était pour satisfaire mon amour de la recherche.

D: La mer de Galilée est-elle proche de Nazareth?
S: *C'est la distance d'un trajet.*
D: Savez-vous où se trouve la ville de Jéricho?
S: *Au nord de la communauté.*
D: Avez-vous déjà entendu parler du Jourdain?
S: *Oui, c'est la rivière qui se déverse dans la mer de la mort.*
D: Quand vous avez fait votre voyage, êtes-vous allés dans cette direction?
S: *Non. Nous avons traversé les collines et les montagnes.*
D: Qu'en est-il de Masada? Auriez-vous déjà entendu parler de cette ville?
S: *C'est au sud. Ce n'est pas une ville, c'est une forteresse. À une époque où Israël était plus puissante, c'était une forteresse de protection. Elle est tombée en désuétude, d'après ce que j'ai compris.*

D: Est-ce que le pays autour de Nazareth a le même aspect que le pays autour de Qumran?

S. Non, c'est plus vert ici. Loin de la ville, vous pouvez voir sur les collines que des arbres poussent et que l'agriculture est d'usage. Il y a peut-être quelques collines et montagnes supplémentaires autour de Qumran. Ce n'est pas très vert le long de la mer de la mort. Seuls des buissons de broussaille y poussent et pas beaucoup plus. Ici, des vergers poussent sur les collines. Mais Nazareth n'est qu'une petite ville. (Il a encore semblé déçu.)

D: Est-ce aussi grand que la communauté?

S: Peut-être pas. C'est difficile à juger. Laisse-moi réfléchir ici. La superficie couverte y est peut-être la même, mais le nombre de personnes et de bâtiments y sont très limités.

Cela semble être une autre indication du fait que Qumran était plus vaste que la zone fouillée par les archéologues, car il avait peut-être inclus la zone d'habitation et l'observatoire dans son estimation.

D: Je pensais que Nazareth était un grand lieu.

S: Qui aurait pu vous dire ça? Nazareth n'est qu'un ... tout petit endroit. Ce n'est rien.

D: À quoi ressemble Nazareth quand tu arrives, vu de loin?

S: Poussiéreux. Très poussiéreux.

D: Ce que je veux dire, y a-t-il un type de mur autour de la ville ou quelque chose comme ça?

S: Non, c'est un village ouvert. Ce n'est pas ... tu ne pourrais pas appeler ça une ville. Cela n'a juste aucune valeur.

Son disappointment était très évident. Il pensait se lancer dans une grande aventure et Nazareth semblait être une déception. Je suppose qu'il s'attendait à quelque chose de plus grand. Suddi avait dit que les bâtiments de Qumran étaient en brique. Les bâtiments de Nazareth ne l'étaient pas.

S: Ils sont carrés avec peut-être un, deux étages pour la plupart, avec une ouverture sur le toit pour dormir à la belle étoile si vous le souhaitez. Ils sont très différents de ceux de Qumran dans le fait qu'il y a une sorte d'apparence obtenue dans cette forme là et également dans cette façon de faire. Toutes deux sont chacune différente, il n'y a aucune similitude du tout. Ici, c'est comme si un enfant avait ces matériaux utiles pout faire des maisons et il les a juste empilés, de telle ou telle manière. C'est l'apparence que vous obtiendriez. C'est ce qui est différent. Ils sont carrés mais ils ne s'harmonisent pas. C'est comme si ils ne s'emboîtaient pas.

À Qumran, les bâtiments étaient tous reliés et devaient avoir une apparence beaucoup plus ordonnée. Je me demandais s'il y avait des cours individuelles avec des murs tout autour les séparant les unes des autres.

S: Bien sûr, cela dépend de la situation financière de l'individu. S'il y avait plus d'argent, ils auraient une cour. S'ils sont très pauvres, bien évidemment ils ne le feraient pas. Ils ne pouvaient pas se permettre l'espace supplémentaire que prendrait la cour. Ils auraient besoin de celui-ci dans la maison ou dans une pièce plus grande, peu importe.
D: Y a-t-il de grands bâtiments à Nazareth?
S: Rien n'est grand à Nazareth.
D: Pouvez-vous voir d'où l'approvisionnement en eau vient?
S: Il y a une fontaine. Ce n'est en fait qu'une ouverture ronde sortant d'un mur. En quelque sorte un type de mur duquel l'eau sort. Je ne sais pas si c'est une source qui coule ou quoi. L'eau y est constante, semble-t-il. Il y a un abreuvoir (difficile à trouver) qui se trouve devant, dans lequel ils peuvent y placer leurs jarres, pour recueillir de l'eau. Je ne sais pas où va l'eau après. Cela doit s'écouler ailleurs. Il n'y a pas de débordement, à ce que j'ai vu. Soit ça, ou ils l'utilisent toute. Mais le débit se fait à une telle vitesse que cela doit partir ailleurs.

Mes recherches ont révélé que Nazareth est encore une petite ville aujourd'hui. Les vestiges du vieux Nazareth se trouvent plus loin sur la colline du Nazareth moderne. Dans "The Bible As History" de Werner Keller ("La Bible arrachée au sable" en français), l'auteur compare les deux régions, Qumran et Nazareth. "Nazareth, comme Jérusalem, est entourée de collines. Mais il y a vraiment une grande différence entre le caractère des deux paysages, et comment les deux lieux sont différents en apparence et en atmosphère. Il y a un air de menace ou de mélancolie dans les montagnes de Judée (région de

Qumran). Paisibles et charmants, en revanche, sont les doux contours des environs de Nazareth. Des jardins et des champs entourent le petit village avec ses agriculteurs et ses artisans. Des bosquets de palmiers dattiers, de figuiers et de grenadiers habillent d'un vert tendre les collines qui l'entourent. Les champs regorgent de blé et d'orge, les vignes produisent leurs fruits délicieux et partout sur les autoroutes et les chemins poussent une abondance de fleurs richement colorées. "M. Keller dit qu'il y avait une route militaire romaine qui descendait du nord et une route caravanière non loin au sud, il y a aussi les vestiges des pistes de caravane près de Qumran.

Keller écrit également au sujet de A dans Maryam, "le puit de Marie" à Nazareth. C'est un puit au pied de la colline où une petite source l'alimente. Les femmes continuent de puiser de l'eau dans des cruches, tout comme à l'époque de Jésus. Il raconte que cette fontaine est appelée "le puit de Marie" depuis des temps immémoriaux et qu'elle constitue l'unique source d'approvisionnement en eau pour les régions plus ou moins éloignées. Elle n'est plus à l'extérieur à présent, mais est dans l'enclosure de l'église de Saint-Gabriel datant du 18ème siècle.

Notez les similitudes étonnantes entre ces descriptions et celles que Suddi a données.

D: Pouvez-vous voir un marché?
S: *(Impatientement) Nous sommes sur le marché. C'est là que se trouve la place, la fontaine. Tu ne peux pas la voir? La voilà...!*
D: (j'ai ri) Eh bien, je pensais que c'était une plus grande ville et que le marché était ailleurs.
S: *Je ne sais pas qui t'a parlé de Nazareth, mais je pense qu'il se moquait de toi?*
D: D'accord, soyez juste patient avec moi. Le marché est-il en effervescence?
S: *Si vous appelez quelques chèvres et des petits garçons qui courent, et des femmes debout dans un coin en train de parler, de l'effervescence... Peut-être Mais je ne le pense pas. Il est midi cependant et la plupart sont rentrés chez eux faire la sieste ou prendre leurs repas. Il fait bien trop chaud pour faire beaucoup de choses ici.*

Je me demandais si les gens avaient le moindre moyen de se protéger du soleil lorsqu'ils vendaient leurs produits sur le marché.

S: *S'ils peuvent se le permettre, ils auraient un repli de tente. Elle serait amenée au dessus d'eux et attaché à un pieu de manière à ce que cela leur couvre la tête. Mais les très pauvres ne le feraient pas.*

D: Votre cousin est-il déjà arrivé?

S: *Non, mais il sera prochainement ici. J'espère que c'est pour bientôt, j'ai très faim. Il me reste de la nourriture que j'avais apportée pour le voyage. Je préférerais cependant un bon repas.*

D: Avez-vous de l'argent?

S: *J'ai quelques shekels que mon père m'a donnés dans une pochette autour de ma ceinture.*

D: Tu m'as dit que tu n'utilisais pas d'argent à Qumran.

S: *On n'en a pas besoin. Que achèteriez-vous là-bas? Il n'y a personne qui vende quoi que ce soit.*

D: A quoi ressemble l'argent?

S: *Ce que j'ai est rond et en argent. Il a un trou dans la partie supérieure de celui-ci, de sorte qu'il peut être mis en boucle sur une lanière de cuir dans la bourse, ainsi cela ne peut pas être perdu.*

Toutes les pièces ne sont pas trouées. Il pensait que quelqu'un y avait mis des trous. Ils n'ont probablement pas été fabriqués de cette façon à l'origine. J'espérais pouvoir vérifier quelque chose quand j'ai demandé si elles possèdaient des illustrations dessus.

S: *Certaines d'entre elles, oui. Sur certaines, il est difficile de dire ce qu'elles représentaient. Il y en a une qui a l'oiseau qui vole d'un côté et je pense le visage d'un homme de l'autre. Je ne suis pas vraiment sûr, elle est très usée. Et la plupart des autres, vous ne pouvez même pas dire ce que c'est. C'est une sensation rugueuse sur le côté des pièces, comme si quelque chose avait été là et que cela s'était usé.*

D: Saviez-vous où votre père avait des pièces?

S: *Je n'ai aucun moyen de le savoir. Je n'ai pas demandé, et il ne m'a pas dit. Il m'a dit de les utiliser judicieusement. Et de bien les surveiller, car les gens tueraient pour moins.*

D: Oui, si certaines personnes les voyaient, ils penseraient que vous êtes riche.

S: *Ils ne commettraient pas l'erreur de me prendre pour quelqu'un de riche.*

D: Eh bien, quelle est votre première impression du monde extérieur?

S: *Je pense que je serais bien plus heureux chez moi.*

D: Est-ce que les gens vous semblent être différents?

S: Les gens sont les mêmes. Peut-être sont-ils un peu plus limités dans leur existence. Ils ne remettent rien en question au sujet de leur survie au jour le jour.

D: Qu'en est-il des soldats? Est-ce qu'il y en a?

S: *Pourquoi y aurait-il des soldats ici? Il n'y a pas de garnison. S'il y avait une garnison ici, il y aurait des soldats. Il n'y a nulle part pour eux pour vivre. Nous ne sommes pas en guerre avec les Romains. Ils savent qu'ils ont capturé tout le peuple de cette nation. Ils ne sont pas inquiets. Ils ont des garnisons ailleurs, mais pourquoi en voudraient-ils ici? Il n'y a rien ici. Ils sont cantonnés dans les grandes villes et dans des endroits où il pourrait y avoir des problèmes. qui viendrait jamais ici et y créerait des problèmes?*

D: Avez-vous déjà vu des soldats romains?

S: *Nous en avons vus il y a quelques jours sur la route, alors qu'ils passaient à côté de nous sur leurs chevaux.*

D: Qu'avez-vous pensé d'eux?

S: *Je n'ai pas eu l'occasion de faire leur connaissance, donc je ne peux porter aucun jugement. Ils avaient leurs casques et leurs épées brillantes. Ils étaient habillés de cuir, ça avait l'air d'être chaud.*

Il était visiblement impatient de l'arrivée de ses cousins. Il a dit qu'ils avaient un fils qui avait à peu près son âge.

D: Peut-être que vous aurez un ami pendant votre séjour.

S: *Peut-être. Nous verrons.*

D: Devrez-vous travailler pendant que vous serez là?

S: *Mais bien sur! Pour manger, il faut travailler. Ceci est entendu. Comment non.*

J'ai décidé de ne plus attendre, alors je l'ai fait aller de l'avant jusqu'à ce qu'il soit chez son cousin. Sa déception à Nazareth s'est effacée lorsqu'il a été amené chez son cousin dans les collines à quelques kilomètres de Nazareth. Il semblait en être content. Ce n'était pas une grande maison.

S: *On pourrait dire que c'est de taille moyenne, plusieurs pièces, mais il y a une sensation d'espace, d'ouverture. C'est vraiment bien. Dans les collines. C'est un sentiment de liberté. Il n'y a personne d'autre ici qui vous dise toujours que vous devriez faire les choses de telle ou de telle manière. Et le sentiment d'apprendre sur soi-même et dépendre de soi plutôt que des autres. C'est très bien. À Qumran, il y avait toujours quelqu'un d'autre aux alentours.*

Il s'était vraiment senti chez lui dès l'instant où il avait vu ses cousins. Ils se sont reconnus instantanément. C'était tout comme s'ils étaient de vieux amis. La famille était composée de Sahad, de son épouse Thresmant et de leur fils Siv. Ses cousins vivaient de la vigne et échangeaient ou vendaient des raisins et des olives contre des fruits et des denrées diverses. Ils gardaient ce dont ils avaient besoin et préparaient suffisamment de vin pour la consommation familliale. Quelques moutons étaient élevés pour la laine. Un homme travaillait pour eux pour aider dans les vignes.

Suddi dormait principalement sur le toit car il faisait beaucoup plus frais et plus calme à l'extérieur. Il aimait s'endormir en regardant les étoiles. Son lit était un bloc composé de joncs et de quelques couvertures. Il y avait beaucoup à manger et il a découvert de nouveaux types d'aliments qu'il n'avait jamais expérimentés auparavant. Un type de légume en particulier, le chou, c'était une chose à laquelle il n'était pas habitué.

S: *Ils ont des figues. Ils ont du riz. C'est quelque chose de différent de ce que je connais. Je ne suis pas sûr d'aimer cela autant que le mil ou l'orge.*
D: Ont-ils trouvé du travail pour vous?

S: *Je viens d'aider avec tout ce qui se passe dans le courant de la journée. Que ce soit des choses autour de la maison ou dans les champs. Nous gérerons.*

D: Alors Qumran ne vous manque pas trop?

S: *Je profite de mon temps au loin. J'étudie ici aussi, seulement de différentes manières, pas avec des parchemins.*

Il devait y rester deux mois en tout. Cela semblait être un choix judicieux pour le premier voyage d'un jeune homme hors de ses murs. Nazareth était un endroit petit et calme. Cela aurait pu être un bien trop grand choc pour lui d'aller dans un endroit comme Jérusalem. Pour quelqu'un qui avait été élevé dans un environnement aussi protégé, cela aurait été un réveil brutal.

D: Comment identifiez-vous les mois?

S: *Les jours sont marqués sur les calendriers. Il a les différentes étapes où la lune se trouve, et alors qu'un jour s'écoule, il est coché. De cette façon, nous savons quand nous passons d'un mois à l'autre, grâce aux phases de la lune.*

Les calendriers étaient réalisés sur des tablettes d'argile. Il y avait douze mois pour les douze tribus d'Israël et chaque mois était composé de vingt-neuf jours, car cela suivait le cycle de la lune. J'ai essayé de lui faire dire certains des noms des mois. Il est alors devenu confus et a eu des difficultés. Il m'a énoncé à ce propos six différents mots qui n'existaient pas en anglais, mais je ne peux pas les retranscrire.

S: *Je sais qu'il y en a douze. Je ne sais pas comment ils les comptent (les mois). Cela fait partie du travail quotidien des rabbins. Ils nous informent quand ce sont les fêtes.*

La recherche a révélé que Suddi était à nouveau correct. Les festivals étaient déclarés par le Sanhédrin de Jérusalem et des coureurs étaient ensuite envoyés pour les annoncer aux rabbins. Leur mois était basé sur les phases de la lune, qui termine son cycle environ tous les 29 jours et demi, la nouvelle lune étant considérée comme le vingt-neuvième jour. Au début, les mois n'avaient pas de nom, mais des chiffres: premier mois, deuxième mois, etc.

Il comprit le mot "semaine", qui allait d'un sabbat à l'autre et se composait de sept jours. Encore une fois il a affiché de la confusion, quand j'ai demandé les noms des jours. Il n'a pas compris ce que je voulais dire. Ils savaient qu'il était le temps du sabbat parce qu'ils le marquaient jour après jour.

J'ai été surprise de constater que même aujourd'hui, les jours n'ont pas de noms dans le calendrier hébraique. Ils ont des chiffres: dimanche est le premier jour, lundi est le deuxième jour, etc. Seul le sabbat a son propre nom, bien qu'il soit parfois appelé le septième jour. En tant que protestantes américaines, nous n'aurions jamais soupçonné cela. Nous sommes tellement habituées à avoir des noms pour les jours et les mois. C'était un autre exemple de l'extrême précision de Katie. Je suis allée plus loin dans cette série de questions: "Savez-vous ce qu'est une heure?"

S: *C'est d'un nœud à l'autre sur une horloge de corde. Il y a des pendules à corde, qui sont allumées et quand ça brûle d'un nœud à l'autre, une heure a passé. (Cela paraissait si étrange, je voulais une meilleure description.) C'est une chose qui est un tout, faite d'une très grosse corde. (Avec les mouvements de la main, elle a montré une épaisseur ou un diamètre d'environ trois pouces ou plus, environs 7,6 cm.) Il y a aussi des bougies qui portent des marques. Quand elle a brûlé, une heure s'est écoulée.*
D: Ces horloges de corde sont-elles dans les maisons?
S: *Certaines personnes peuvent se payer des maisons qui possèdent des horloges. Parfois, il y en a juste une par ville, dans laquelle ils savent toujours quelle heure est-il. Certaines villes n'ont même pas cela. Certains savent simplement par la position du soleil, quelle heure de la journée il est.*

C'était son premier voyage chez ses cousins à Nazareth, mais il y reviendrait plusieurs fois au cours de sa vie. Dans ces moments-là, il ne voulait pas voyager avec la caravane mais marchait avec un âne portant sa nourriture, de l'eau et une tente. Le voyage pouvait durer au moins deux jours et il devait dormir deux nuits en route. Je lui ai demandé une fois s'il ne serait pas plus facile de monter sur l'âne. Il a répondu: "Probablement, mais alors nous aurions besoin d'être deux pour porter la charge, alors je marche. Je me fatigue, mais il est bon que l'âme poursuive sa route."

C'est devenu son endroit préféré où il ne venait ni enseigner ni étudier. Chez ses cousins, il montait souvent dans les collines pour méditer, communier. Comme il l'a dit: "J'essaie de me mettre en contact avec l'univers. Je médite sur mon regard intérieur, sur moi-même et j'étudie sur ce que je suis."

C'était calme là-bas et il adorait ça. Plus tard dans sa vie, quand il est devenu trop âgé et trop malade pour faire l'aller-retour, il est resté en permanence dans cette maison nichée dans les collines au-dessus de Nazareth. Et c'est dans cet endroit paisible qu'il est finalement mort.

CHAPITRE 11

Sarah, la soeur de Suddi

Pour la plupart, les étrangers étaient rares à Qumran.

D: Qu'en est-il des personnes qui erreraient dans cette région désertique ? Auraient-ils le droit d'entrer et de rester ici pendant un moment ?
S: *Pas dans la partie principale à moins qu'ils n'aient été contrôlés par les anciens. Ils recevraient de la nourriture, des vêtements et seraient ensuite renvoyés sur leur route.*

Cela explique en partie sa réticence à parler avec moi de choses qu'ils considéraient comme des secrets : pour lui, j'étais une étrangère. Même si nous travaillions ensemble, il était toujours très difficile de dépasser cette défense naturelle intégrée en lui.

La plupart de ceux qui venaient de l'extérieur venaient parce qu'ils voulaient être étudiants. Ils étaient ceux qui portaient le bandeau rouge. Devenir étudiant à Qumran n'était pas chose facile. Les anciens devaient connaître les raisons du demandeur, et ils devaient ensuite réussir un examen. "N'ayant pas suivi cette voie", Suddi n'avait aucun moyen de savoir en quoi consistait cet examen. La majorité des étudiants y était nés, comme dans le cas de Suddi et de sa soeur Sarah.

Sarah n'était plus à Qumran. Elle vivait à Bethesda, située dans un quartier de Jérusalem. J'ai été surprise qu'elle ait été autorisée à quitter la communauté et à partir vivre ailleurs.

S: *Bien sûr! Ce n'est pas une prison ici! Tel était son désir. Ce n'était pas la voie à suivre pour elle à cette époque là. Elle avait une autre vie à mener. Elle a rencontré un étudiant ici qui ... ils ont décidé qu'ils souhaitaient être ensemble et ils ont été mariés et sont partis.*

D: Ensuite, il y a des gens qui ne vivent pas toute leur vie dans la communauté?

S: *Il y a beaucoup de gens dans le monde. Bien évidemment, tous ceux qui sont nés ici ne souhaitent pas rester ici. Et certains qui ne sont pas nés ici, souhaitent y venir. C'est donc une situation d'échange, à prendre et à donner. C'était un étudiant. Un de ceux qui n'étaient pas l'un des nôtres, mais étant ici, juste pour apprendre grâce à nous et à nos croyances, et partager notre connaissance. Il était l'un des étudiants venu d'ailleurs. Il croyait en certains de nos suivis et enseignements, mais il n'était pas des nôtres. Son père avait exprimé le souhait qu'il apprenne avec nous, et ils l'ont donc envoyé faire cette expérience ici.*

Il était de ceux qui portaient le bandeau rouge. Il aurait peut-être dû payer quelque chose pour l'expérience, mais Suddi n'en était pas certain. Il est resté là-bas pendant cinq ans avant que Sarah et lui ne se marient et partent vivre à Bethesda. Un étudiant pouvait terminer ses études en cinq ans, mais cela prenait normalement un peu plus longtemps que cela. Cela dépendait de l'étudiant et de son désir d'apprendre et de sa capacité à saisir les concepts. J'ai demandé quel type de travail le mari de Sarah faisait à Bethesda. "Il ne fait rien. Il est riche."

J'ai eu le sentiment que sa sœur lui manquait et qu'il était contrarié du fait qu'elle soit partie et se soit rendue si loin pour habiter. Son ton suggéra qu'il n'aimait pas en parler.

S: *Sa famille est aisée et ils sont membres du Sanhédrin (phonétique: 'Sanhadrin'). C'est la même chose que le Sénat romain pour Israël.*

D: Vous avez dit que votre peuple n'avait pas le droit d'avoir beaucoup de biens matériels. Quand certaines personnes viennent, un étudiant de l'extérieur tel que lui, et qu'ils sont riches, ont-ils le droit de conserver leurs biens?

S: Cela dépend s'ils souhaitent ou non adopter ceci comme leur mode de vie. Certains souhaitent venir apprendre et ensuite repartir. D'autres veulent venir et être acceptés en tant que membres, alors ils doivent abandonner leurs biens à l'ensemble de la communauté. Mais c'est leur choix. S'ils devenaient membres, s'ils restaient ici, ceux-ci seraient ensuite partagés entre toutes les personnes, de sorte que tous obtiendraient ce qui leur est jugé nécessaire. Sinon, cela leur appartient toujours. Comme il n'avait pas l'intention de rester, il n'était pas obligé d'abandonner ce qui était à lui. Il n'est pas devenu membre. Tout avait été stocké dans un entrepôt et si nous en avions un besoin quelconque, vous le feriez savoir, et s'il s'avérait que vous en aviez vraiment besoin, vous auriez le droit de l'acheter. Les besoins sont satisfaits pour tout ce qui appartient à tous.

Apparemment, c'est de là que venait l'argent que Suddi emporta avec lui lors de son premier voyage à Nazareth.

D: Est-ce que les biens ou l'argent sont restitués à leur propriétaire?
S: Je n'ai jamais entendu parler que cela ait été fait. La décision de rester prend beaucoup de temps pour se faire. Et beaucoup de réflexion sur les deux cas de figure, si elles sont acceptées ou non comme membre, et également concernant leur propre choix. Par conséquent, je n'ai jamais entendu parler de personnes qui auraient souhaité partir après être devenu membres. La décision de rester n'est pas prise à la légère ou rapidement. Cela n'est fait qu'après avoir beaucoup réfléchi et demandé conseil, et d'avoir fait de la méditation sur ce dernier point. Pour toutes les décisions qui sont prises, qu'elles soient prises ou non - Cela ne prend pas toujours du temps pour prendre de bonnes décisions, certaines personnes sont simplement différentes. Mais nous leur donnons une chance de se faire leur propre idée. Clae ne prend pas toujours beaucoup de temps, mais au moins beaucoup d'introspection est faite avant que la décision ne soit adoptée. C'est différent de personne en personne. Il y a ceux qui savent immédiatement qu'il s'agit de ce qu'ils souhaitent pour le reste de leur vie. C'est comme s'ils étaient nés parmi nous. Pour d'autres encore, l'acceptation prend un certain temps.
D: Et pour ceux qui ne deviennent jamais des maîtres?

S: Il y a beaucoup de travail à faire par ceux qui ne sont pas maîtres. L'intention (prononcé étrangement) des choses. Juste les choses de tous les jours qui doivent être faites. Il y a beaucoup de travail à faire. Devenir un maître n'est pas le cheminement pour tous.

D: Si un homme et une femme sont mariés, vivent dans la communauté et ont des enfants, les enfants sont-ils censés y rester?

S: Ils ont également leur choix, comme ma soeur a eu le sien. C'était sa décision pour elle de préférer partir avec l'homme qu'elle aimait, pour partager sa vie. C'était son choix, et les hommes et les femmes ont tous ce même choix, qu'ils souhaitent rester ici ou non. La décision n'est généralement pas prise avant la Barmitzvah ou la Botmitzvah, mais parfois ils auraient intuitivement la connaissance plusieurs années à l'avance que ceci n'est pas ce qu'ils ne souhaitent faire. Et ils trouveraient une autre option. Il y a plusieurs chemins sur un même cheminement. Ils finissent tous par se mélanger.

Comme je ne connaissais rien des coutumes juives, je n'ai pas tout de suite compris la signification de ce passage. On m'a dit plus tard que la Barmitzvah était la cérémonie pour les garçons entrant dans l'âge adulte, puisque "Bar" voulait dire "fils". "Bot" signifie "fille". La Botmitzvah est un rituel assez récent pour les filles qui a été institué principalement à cause du mouvement de libération des femmes. Un rabbin m'a dit que ce rituel ne devrait pas être autorisé parce que: "Comment une fille peut-elle devenir un homme?" Je pense que bien que la Botmitzvah n'ait été observée que récemment, cela ne signifie pas que les Esséniens plus libéraux ne l'ont pas observée pendant leur séjour à Qumran. Ils croyaient en l'égalité pour les femmes. Les femmes étaient autorisées à enseigner et à occuper toutes les fonctions auxquelles elles étaient éligibles. Il est significatif que Suddi ait mentionné les deux rituels ici. Il était peut-être représentatif de l'un ou l'autre sexe entrant dans l'âge adulte.

Je me demandais pourquoi Suddi ne s'était jamais marié. Il avait déjà dit que les cartes de naissance devaient correspondre pour qu'un couple puisse se marier. Était-ce peut-être la raison? Il n'y avait personne dont la carte était considérée comme compatible avec la sienne?

S: *Je n l'ai pas souhaité... ce n'est pas que je n'ai pas exprimé ce souhait. Je ne me suis pas marié parce que ce n'était pas mon cheminement cette fois-ci. (Soupir) La personne avec laquelle j'aurais jumelé est née en tant que ma soeur.*

D: (C'était une surprise.) Il n'y avait personne d'autre avec laquelle vous auriez pu vous marier?

Il est devenu impatient avec moi; il ne voulait pas en discuter.

S: *J'aurais pu me marier, mais encore une fois, je déclare que ce n'était pas ma route. Lorsque j'ai décidé de mon parcours, on en a discuté et il a été choisi que je devienne enseignant cette fois-ci.*

Je pensais que la recherche pour localiser Bethesda serait simple, car il s'agit d'un nom associé à la Bible. Aux États-Unis, nous avons nommé des villes, notamment à Bethesda, dans le Maryland. Mais quand on part avec des hypothèses, nous trouvons trop souvent qu'elles sont fausses lorsque nous creusons un peu plus loin. Bethesda n'est mentionnée qu'une seule fois dans la Bible, dans Jean 5: 2, et est décrite comme une étendue d'eau située près de Jérusalem. Suddi en a parlé comme s'il s'agissait d'un lieu, d'une ville. Je suis enclin à le croire, car j'ai trouvé que "Beth" devant un nom signifie "maison de", comme Bethléem (Maison du Pain), Béthanie (Maison des Figues) et Bethesda se traduit par "Maison de la Miséricorde".

Nulle part ce préfixe n'a été associé à de l'eau sauf dans ce cas. Des recherches bibliques montrent que cette étendue était située à l'extérieur des vieux murs de Jérusalem et à l'intérieur des murs actuels. C'est une zone connue sous le nom de Bezetha et Bethzatha dans différents livres et cartes, et semble avoir été une zone similaire à une banlieue de Jérusalem. D'après notre histoire, je pense qu'ils étaient probablement tous un seul et même endroit, surtout parce que son étrange prononciation en rendait souvent difficile la transcription exacte. Cela devait être près de Jérusalem car il a dit que sa sœur, Sarah, s'était mariée dans une famille dont le père était membre du Sanhédrin et que ce tribunal était situé à Jérusalem. Ils ont joué un rôle déterminant dans le procès et la crucifixion ultime de Jésus.

CHAPITRE 12

En allant à Bethesda

Au cours d'une des sessions, nous avons rencontré Suddi en tant qu'homme plus âgé. Il se rendait à Bethesda pour voir sa sœur Sarah. Elle avait maintenant deux enfants, un garçon, Amare, et une fille, Zarah. Cette fois, au lieu de marcher, il montait sur l'âne. Apparemment, il était devenu trop vieux pour marcher les longues distances qu'il avait à couvrir. Il était très déterminé à faire ce voyage, bien que ce fût manifestement une lourde tache pour lui.

S: *(tristement) Elle a besoin de ... me voir. C'est pour dire au revoir. (Il répéta solennellement) ... C'est pour dire au revoir, car bientôt elle ... fera le voyage que nous devons tous faire.*

J'étais un peu confuse. Voulait-il dire que sa sœur mourrait? Était-elle malade? "Non, elle a juste souhaité transiter." Il parlait évidemment de la mort plutôt que d'un véritable voyage. Il avait apparemment reçu de manière psychique cette nouvelle importune et voulait la revoir. Il avait l'air très triste, même s'il s'y était résigné.

D: A-t-elle peur?
S: *Non. Pourquoi y aurait-il de la peur? Elle a juste envie de me dire au revoir. Simplement, nous savons que nous allons suivre. La mort n'est pas à craindre. C'est de la sottise. Ce n'est qu'un clin d'œil, ainsi, et alors c'est comme si rien ne s'était passé. Vous êtes juste sans l'enveloppe corporelle. C'est comme de se projeter soi-même (projection astrale?) On se retrouve pareil, mais d'une*

certaine manière, c'est subtilement différent. Mais il y a beaucoup de similitude. Ce n'est qu'une autre étape.

D: Beaucoup de gens en ont peur parce qu'ils ont l'angoisse de l'inconnu.

S: N'est-ce pas plus de l'inconnu ce qui va vous arriver dans les deux prochains jours? Ce que cela aurait pu être si vous aviez écouté ce dont les prophètes et les hommes sages vous avaient parlé? Vous sauriez ce qu'il se doit d'arriver une fois que vous aurez franchi ce seuil.

D: Y a-t-il quelque chose dans vos écrits qui indique ce à quoi nous pouvons nous attendre lorsque nous quittons le corps physique?

S: Il y a beaucoup de choses dans nos écrits, oui. Cela parle de ce sentiment de grande paix qui s'abat alors sur quelqu'un. Lorsque vous vous méprisez et réalisez que vous êtes passé de l'autre côté du seuil. Lorsque vous n'êtes plus un avec la physicalité et que vous soyez devenu un être qui est totalement ce que tu appellerais encore de nouveau une âme, ou un esprit. Il y a des gens qui sont confus (après leur mort). Ils seraient accueillis par quelqu'un qui pourrait peut-être les aider à aplanir les sentiers qu'ils doivent emprunter. Et tous ceux qui sont là pour vous aider, n'ont que de bonnes intentions à votre égard. Il n'y a aucun besoin de craindre quoique ce soit, car rien ne peut vous nuire.

D: Est-ce que cela se trouve dans la Torah?

S: Non, on le trouve dans les écrits des sages, les Kaloos.

D: Dans certains de nos livres et parchemins, ils parlent d'endroits où vous pouvez aller après avoir traversé des endroits très mauvais et effrayants.

S: Alors c'est quelque chose que cette personne qui est décédée s'attendait à voir. Car il n'y a rien d'autre que ce que vous créez vous-même. Et en croyant ainsi, il en sera ainsi. Car les pensées et les croyances sont très fortes.

D: Et si quelqu'un devait mourir très soudainement d'une mauvaise façon? Leur mort serait-elle différente?

S: Non, mais ils pourraient se réveiller confus à ce sujet et donc quelqu'un se trouverait là pour les aider.

D: Qu'en est-il d'un enfant qui meurt?

S: Un enfant est très proche de ce qu'il était au début, à savoir de l'âme. Car ils n'ont pas totalement perdu la mémoire d'avant. Et par conséquent, ils acceptent beaucoup mieux tout ceci. Bien plus que des gens qui ont peut-être vécu pendant une plus longue période. Ceux-ci ne veulent rien de plus chèrement que de revenir à ce qu'ils étaient avant de traverser ce passage. Dans une large mesure, c'est plus facile à comprendre pour un enfant. Les enfants sont plus ouverts à ce qui se passe à leur sujet.

D: Quand est-ce qu'ils cessent habituellement d'être ainsi tolérants? Est-ce que leurs corps ont physiquement quelque chose à voir avec tout ça?

S: Souvent, c'est à la portée de la maturité. Mais beaucoup de ce qui cause cette fermeture chez les enfants n'est pas initié par eux, ou par ce qu'ils aient fait eux-même subir à leurs corps. Mais par d'autres personnes, et par les forces qui les pressent et les oppriment. En leur disant qu'ils ont fait quelque chose d'idiot, c'est l'une des pires choses que vous puissiez faire à un enfant. Car ils penseront alors que tout ce qu'ils font est idiot, car un enfant prend les choses très littéralement. Ils doivent croire en eux-mêmes. Et par conséquent, nous créons cette pression qui les fermerait à beaucoup de tout cela.

D: Y a-t-il quelque chose dans vos écrits sur les mauvais esprits?

S: *Il n'existe pas de mauvais esprits. Il n'y a rien qui ne soit totalement mauvais. Il se trouve toujours du bon dans tout. C'est peut-être très petit, mais il y a toujours une partie en cela qui sera bonne. Les choses que vous appelez peut-être des esprits mauvais sont ce que d'autres appelleraient des démons. Les malicieux qui veulent causer des ennuis parce qu'ils en tirent un certain plaisir. Beaucoup d'entre eux sont difformes ... Comment puis-je dire ceci ... Des esprits qui ont été, au travers de leurs expériences, changés. Ainsi, avec de l'amour et quelque quelconque guidance, ils peuvent encore retrouver les bons chemins. Mais avec de la peur et de l'intolérance, ils seront perdus pour toujours.*

D: Il y a eu des histoires d'esprits maléfiques essayant de pénétrer dans les corps d'êtres vivants.

S: *Il y a des cas où cela est possible, mais il s'agit généralement de cas où la personne est très ouverte à cela ou ne souhaite plus habiter particulièrement ce corps. Et si elle s'en retirerait, elle laisserait pour ainsi dire le champ libre pour d'autres.*

D: Pensez-vous que les gens leur donnent plus de pouvoir en les craignant?

S: Oui. Entourez-vous de bonnes pensées et de bonnes énergies. Et demandez à ce que seules des personnalités avec des pensées élevées vous entourent.

D: Est-ce juste votre communauté qui soit au courant de telles choses? Qu'en est-il des autres peuples, tels que les Juifs et les Romains?

S: *Les Romains sont aveugles, leur tête dans le sable. Ils ne sauraient pas reconnaitre la vérité si elle se présentait à eux et les mordait dans leur derrière. (Nous avons ri et cela a soulagé le sérieux de la discussion.) Beaucoup de personnes dans les synagogues sont tellement empêtrées dans leurs propres traductions de la loi qu'elles y sont prises au piège. Elles ne peuvent pas s'extraire de leur expérience pour apprécier les joies de la vie et de la mort.*

D: Alors, tout le monde ne possède pas les mêmes croyances que vous? Dans vos enseignements, croyez-vous en ce que nous appelons la réincarnation? La renaissance de l'âme?

S: *Renaissance? Cela est connu de tous, car sûrement cela est vrai. Seuls ceux qui sont ignorants et non informés peuvent craindre l'idée de réincarnation, comme vous l'appelez.*

Le Dr. Rocco Errico, expert en araméen, dit que dans cette partie du monde, les gens ont tendance à exagérer et à broder sur leurs histoires et leurs déclarations. Mais lorsque la déclaration a été précédée des mots: "Bien sûr, vraiment ou absolument", cela permet à l'auditeur de savoir que la déclaration ne contient aucune amplification et doit être prise au sérieux. Cela est particulièrement vrai si la déclaration a été prononcée par un enseignant. Cela signifie que cela mérite la confiance de l'auditeur. Cela expliquerait l'utilisation de l'expression "en vérité" par Jésus alors dans beaucoup de passages de la Bible. Un petit détail insignifiant, mais qui mérite d'être noté, car votre citoyen moyen ne saurait pas qu'il puisse s'agir d'un modèle de discours dans cette partie du monde, à l'heure actuelle tout comme à l'époque biblique.

D: Beaucoup de gens disent que vous vivez une fois et que vous mourez une fois, et c'est tout ce qu'il y a.

S: *Il y a ceux qui disent qu'une fois que le corps est enterré dans le sol, tout ce qui était cet être a été perdu et pris par les moisissures avec les vers. Ce n'est pas vrai. Si une personne est morte ou autrement dit, ne vit plus dans un corps, comme nous le savons, elle doit alors faire une revue de ce qu'elle a fait. Elles doivent décider des leçons qu'elles souhaitent entreprendre et procéder en effaçant les dettes qu'elles auraient été contractées précédemment. Ensuite, elles retournent à l'école (de l'autre côté). Parfois, elles décident de revenir très rapidement. Ce n'est pas toujours bon, parce que si tu reviens trop rapidement, peut-être dans le cas où cette vie n'aurait pas été très bonne, vous n'auriez pas eu le temps de comprendre ce que vous avez fait de mal, et ni le moyen de vous donner le temps de le corriger. Par conséquent, il n'est pas bon de revenir ainsi à une autre existence comme je le sais et que d'autres le savent également.*

D: Est-il possible de se souvenir de vies antérieures?

S: *Pour certains d'entre nous, nous connaissons les vies précédentes, oui. Certaines d'entre elles sont importantes. Il est plus facile de ne pas s'en souvenir car, si vous vous en souvenez, il arrive souvent que vous vous en sentiriez très coupable. Ce n'est peut-être pas nécessaire pour cette expérience praticulière. Si cela était nécessaire, vous vous en souviendriez. Il y a ceux de la communauté qui sont formés pour se souvenir. Et il y a ceux qui choisiraient cette voie, mais ce n'est pas pour tout le monde. Les anciens seraient en mesure de vous dire qui vous étiez, si vous le leur demandiez. Il y a des maîtres qui ont cette capacité, pas seulement de se souvenir des leurs, mais pour aider les autres également à se souvenir de leurs propres vies passées. Mais pour la plupart, ceux qui savent qui ils étaient, s'en souviennent. Habituellement, Yahweh décide s'il accordera ce souvenir, puis le sentier commencera.*

J'avais un livre de la bibliothèque qui contenait des images en couleurs de la région autour de Qumran. J'ai pensé qu'il serait intéressant de voir si Suddi pourrait reconnaître quelque chose. Je lui ai demandé s'il voulait bien les regarder et il m'a répondu par un mot qui ressemblait à "sadat". Katie a ouvert les yeux pour moi et elle a étudié les images d'un regard vitreux. L'une des photographies représentait des montagnes désolées.

S: *C'est une vallée au sud d'ici. Il y a des collines qui ont l'air de ça. Et l'oued fonctionne ... de cette façon.*

Il a tracé son doigt sur ce qui me paraissait comme une vallée ou un espace entre des collines. Un "oued" est défini comme une vallée ou un ravin qui est sec sauf pendant la saison des pluies. Cela signifie également le flot d'eau qui le traverse. Il regardait maintenant la photo en haut de la page opposée. Elle montrait les ruines d'une ville de loin.

S: Pourquoi sont-elles si éloignées? Vous ne montrez rien à ce sujet ainsi. Cela ressemble également au même endroit, mais cela ne m'est pas familier. Voici un oued qui a de l'eau. Je connais très peu d'oueds qui resteraient mouillés quand les collines sont aussi stériles que ça.

La photo montrait de loin ce qui aurait pu être une route ou un ruisseau. C'était probablement une route, mais pour Suddi cela ressemblait à un oued. Peut-être n'y avait-il pas de routes aussi clairement définies que celle-ci à son époque. J'ai pris le livre et je lui ai fait refermer ses yeux. Si c'était dans la région où il vivait, cela semblait très sec et stérile. "Oui, c'est sec. Il pleut très peu."

Il a dit que lorsqu'il se rendait de Qumran à Nazareth, il pouvait suivre des pistes de caravanes à travers des collines encore plus grandes que celles sur les photos. Il me semblait qu'il serait plus facile de simplement suivre l'oued plutôt que de gravir des montagnes, ce qui me semblait très difficile. Mais il était évident que je ne comprenais pas la culture. "Et s'il pleuvait dans les collines, je serais emporté. Non."

Je me demandais pourquoi il n'était jamais allé à Jérusalem, qui était beaucoup plus proche de Nazareth et beaucoup plus grande. "Je n'ai pas besoin d'y aller, ni n'en ai le désir. Je me fiche bien des villes. Elles sont bruyantes et pleines d'indisciplinés. Pourquoi voudrais-je voir de la confusion?"

Au cours de mes recherches, j'ai trouvé de nombreuses images dans des livres montrant des portions des manuscrits de la mer Morte. J'ai pensé que ce serait une expérience intéressante de voir si Suddi serait capable de lire n'importe lequel de ces écrits anciens. Cela pourrait être possible puisque Katie s'identifiait si étroitement avec l'autre personnalité. Un échantillon consistait en six lignes d'écriture, chacune légèrement différente de l'autre. Cela semblait être des exemples du script utilisé à cette époque. Je ne connaissais pas à l'époque la difficulté de lire leurs langues. Ceci est expliqué au chapitre 14.

Je lui ai fait ouvrir les yeux et elle a de nouveau regardé la page avec un regard vitreux.

D: Est-ce que cela vous semble familier?
S: *(Après une longue pause pendant qu'il l'étudie.) Cela a été écrit par deux personnes différentes.*

Il y a eu une pause plus longue. Ses yeux scannèrent du bas de la page vers le haut et de droite à gauche.

S: *Cela ressemble à de l'hébreu. (Il a pointé une ligne.) Non, c'est différent. Ces deux autres là sont différents. (Pointé vers d'autres lignes). Et ces deux sont les mêmes mais c'est, encore une fois, différent. Je ne suis pas sûr, mais je vois de la similarité (phonétique) à tout ceci. On dirait presque que quelqu'un est juste en train d'écrire des symboles. Je ne trouve aucun sens à tout cela. Cela ressemble à quelqu'un qui pratique les formes, mais ce ne sont pas les mêmes personnes. Ce sont des styles différents.*

J'ai repris le livre. Au moins, j'avais découvert qu'il semblait y avoir différentes personnes pratiquant l'écriture. Un de mes amis m'avait donné une vieille lettre d'information publiée par la Fondation Noohra. Elle consistait de deux pages pliées de la taille d'une lettre. Sur la première page, se trouvait un verset de la Bible écrit en araméen. C'était une traduction de saint Jean et parlait de Jésus. Je le lui ai tendu et lui ai dis que je n'étais même pas sûr que cela soit écrit dans sa langue. Il l'étudia pendant quelques minutes, souriant tout le temps.

S: *Je ne suis pas sûr de bien traduire cela. Cela ... parle du Fils de l'homme. (Il a semblé heureux de découvrir ceci.) C'est de la Vulgate, le langage du peuple. Certains l'appelleraient l'araméen. Il a un dialecte très étrange, mais je vais faire une tentative. (Après une longue pause) ... Cela parle du Messie.*

Il désigna soudain une figure à la fin de l'inscription. C'était différent de l'autre écriture. Cela le rendit perplexe. Il fronça les sourcils alors qu'il étudiait la marque.

S: *Quoi? Je pense que cette partie du bas est dans une langue différente. Ce n'est pas de l'araméen. Ceci n'est pas pris d'anciens écrits. C'est très étrange d'y trouver ça là.*

J'ai indiqué un autre signe dans le texte qui lui ressemblait. J'ai demandé si c'était la même chose. Il a répondu que c'en était très proche. Le bulletin d'information ne contenait aucune explication concernant ces marques, mais elles semblaient être différentes du texte.

S: *Ce n'est pas de l'araméen, non. Comme je le disais, cela parle du Messie, mais je ne suis pas très sûr de ... (Il s'arrêta et commença à toucher du doigt et à sentir le papier.) C'est étrange. Qu'est-ce que c'est? De quoi est-ce fait?*
D: (J'ai été prise au dépourvu et j'ai dû réfléchir vite.) Oh, c'est fait avec de l'écorce des arbres, dans certains pays.
S: *(Il m'a interrompu) Comment font-ils cela? Des arbres?*

Il continua à sentir le papier et à le retourner, en étudiant sa texture. J'étais un peu inquiète qu'il devienne trop curieux et qu'il puisse remarquer que l'écriture à l'intérieur était différente. Je ne savais pas quel effet cela aurait sur lui s'il remarquait trop de choses étranges. Choc entre cultures? J'ai essayé d'en détourner son attention.

D: C'est un processus compliqué. Je ne sais pas moi-même comment c'est fait.

S: *(Il était toujours absorbé par le papier.)* C'est beaucoup mieux que les papyrus. C'est très épais. C'est bien plus similaire aux peaux.
D: Le papyrus est moins épais?
S: *Oh, beaucoup moins! C'est très fin pour écrire. Ce serait très bien pour copier seulement, oui.*

J'ai repris le papier pour l'en détourner et j'ai sorti un autre livre. Il y avait une photo d'une page des manuscrits de la mer Morte avec une écriture très claire. En face de cela se trouvaient des images de la région de Qumran qui ont été photographiées en noir et blanc au lieu de couleurs. Mais j'étais surtout concernée par l'écriture. J'ai tenu le livre pour qu'il puisse la voir. J'ai essayé de le garder ouvert à cette page. Je ne voulais pas qu'il commence à se demander ce qu'était le livre et comment il a été fabriqué. Il a annoncé: "C'est de l'hébreu, c'est du très vieil hébreu. Je ne suis pas très bon à copier, mais c'est la loi. Je ne suis pas très bon à cela, je ne comprends pas bien l'hébreu. " Je lui ai dit que je pensais que c'était de l'araméen. "Je ne sais pas qui vous a raconté que c'était de l'araméen, mais cela n'est vraiment pas le cas!" Son attention a été attirée sur la photo à côté. Elle montre la mer Morte et une partie du rivage accidenté. "Cela ressemble à la zone aux alentours de chez moi. Il y a le lac et les falaises de sel, n'est ce pas? Cela a bien l'air d'être elles, oui. "

Je savais qu'il ne comprendrait pas le mot "photographie", alors je lui ai dit que c'était quelque chose comme une peinture. "Cela ne ressemble en rien à aucune peinture que j'ai jamais vue." Je l'ai enlevé. Il devenait trop curieux et posait des questions auxquelles il m'était difficile de répondre en deux mille ans. Elle referma ses yeux et je le remerciai d'avoir regardé les documents.

S: *Il est difficile de regarder les choses de près pendant très longtemps. (Elle se frotta les yeux)*
D: Oh? Est-ce que vos yeux vous dérangent maintenant en vieillissant?
S: *Soit ça ou mes bras deviennent trop courts, je ne sais pas lequel est-ce. Je ne sais pas qui vous a dit qu'il s'agissait d'araméen, mais ce n'est pas le cas. Le premier était de l'araméen. On dirait que ça pourrait venir de ... ah, laisse-moi réfléchir. De la Samarie. Il*

a ce dialecte. C'était de l'araméen, mais ce signe, ce n'était pas de l'araméen. Cela n'appartient pas là. C'est très vieux.

CHAPITRE 13

L'interrogatoire

Lorsque j'ai commencé mes recherches, j'ai été étonnée par l'incroyable précision de Katie. La description de la communauté de Qumran par Suddi a été vérifiée par les rapports des fouilles par les archéologues. Les croyances ainsi que certains des rituels des esséniens ont été confirmés par les traductions des manuscrits. Mais, il y avait quelques divergences. J'ai donc fait une liste de questions et je les ai posées toutes ensemble lors de notre dernière session. Nous travaillions là-dessus depuis si longtemps et avions couvert tellement de matériel que je pensais qu'il était désormais prudent de poser des questions à Suddi sur des choses que j'avais lues auparavant.

Les érudits ont donné le nom de "Peuple de l'Alliance" ou "ceux de la Promesse" aux Esséniens. Suddi fronça les sourcils quand je lui demandai si le mot "alliance" avait un lien quelconque avec son peuple. Il a dit que ces termes lui étaient inconnus et qu'il ne pouvait pas comprendre pourquoi quelqu'un leur donnerait un nom comme celui-là. Ils n'étaient connus que sous le nom d'esséniens. Il a déclaré: "Une promesse est un accord entre deux parties pour faire respecter un marché."

J'ai demandé si le nom Zadok signifiait quelque chose pour lui. Une des théories sur l'origine des Esséniens est qu'ils sont descendus des Zélotes qui ont été conduits par cet homme. Il a corrigé ma prononciation en mettant l'accent sur la première syllabe.

S: *(soupir) C'est un guide. Beaucoup le suivent en disant qu'il enseigne le chemin de la vie. Il est un agitateur. Il souhaite être débarrassé de tous les oppresseurs maintenant.*
D: Y a-t-il une relation entre eux et votre communauté?
S: *Ils ne viennent pas de chez nous. Ceux que nous connaissons sous le nom de Zadok sont les Zélotes qui vivent dans les collines. Ils sont très sauvages. Il est dit que la plupart d'entre eux sont frappés par un coup de lune. Ils croient également aux prophéties, mais ils croient qu'elles prophétisent la guerre. Et pour que le Messie vienne et puisse prendre possession de son royaume, ils doivent la gagner en son nom. Et il y a beaucoup de sang versé à cause de cela. S'ils voulaient seulement prendre la peine d'approfondir la prophétie, ils sauraient qu'il ne sera pas le roi pour un royaume terrestre. Mais vous ne pouvez pas leur dire cela, ils se disputeraient pour toujours avec vous, pour une éternité.*
D: Alors les gens qui pensent qu'il existe un lien entre votre peuple et eux se trompent?
S: *Au moins leur information vient d'endroits étranges. De nombreuses langues se délient autour des contes, et les "déforment" en les racontant.*

Les traducteurs ont mentionné les Jubilés comme un jour saint, mais Suddi n'était pas familier avec. Il m'avait dit avant qu'ils n'étaient pas des gens moroses, qu'ils célébraient la joie de vivre. Ils peuvent avoir appelé ces vacances par un autre nom.

Un parchemin appelé "La guerre des fils de la lumière contre les fils des ténèbres" est l'un des rares à avoir été retrouvé intact et une grande importance a été accordée à sa traduction. Il y a également eu beaucoup de controverse quant à savoir si cela devrait être pris littéralement ou symboliquement. Il était supposé prédire une guerre terrible qui ne s'était pas encore produite et des instructions sur ce qu'il fallait faire quand cela se produirait. C'était très déroutant pour Suddi.

S: *Il y a beaucoup de ces rouleaux qui parlent de guerres. Mais une guerre qui ne se soit pas encore produite? (Il fronça les sourcils.) À moins que ce ne soit la vision de quelqu'un, je n'en ai aucune idée. Dans nos manuscrits, sont enregistrés des événements survenus aux nations sur toute la terre. Nous recueillons le plus* d'informations que nous le pouvons. Je ne le sais pas. Encore une fois, cela ressemble plus à quelque chose qui était une vision par quelqu'un que la signification d'un événement réel. Si cela est expérimenté avec les sens, cela est enregistré et décrit longuement.

D: Qui voudraient-ils décrire par les Fils de la Lumière?

S: Je ne saurais pas sans avoir lu le parchemin. Ce pourrait être n'importe qui. Ne pas l'avoir lu, et en tirer des conclusions serait idiot.

Un homme appelé le "Maître de la justice" a été mentionné dans les traductions et a été confondu avec Jésus à cause de similitudes entre leurs histoires. Il y avait une ressemblance entre les uns et les autres. Il y avait des discussions sur qui pourrait être cet homme.

S: Ce nom m'est familier. Il y avait une fois un ancien de ce nom, mais il n'est plus parmi nous. Il a vécu il y a longtemps.

D: Était-il un homme important?

S: D'après ce qui est dit, oui. Et il reviendra encore, si on en croit les histoires qui sont racontées. On dit qu'il reviendra, je ne sais pas quand. Il va renaître de nouveau sur cette terre.

D: Pourquoi était-il une personne si spéciale qu'il ait été inclus dans les écrits?

S: C'est très difficile à décrire. Il était comme un marchant d'un pas bien en avant par rapport aux autres autour de lui. Et il avait la capacité de voir le cœur des choses et de savoir ce qui était juste. Cela fait partie de la raison pour laquelle il était connu comme étant le Maître.

D: Certaines personnes pensent qu'il pourrait être confondu avec le Messie.

S: Non, le Messie est notre Prince et le Maître n'était qu'un maître. Il n'était pas un Prince.

Une partie de l'histoire traite d'un Maître de justice et d'un méchant prêtre. Personne n'a jamais été capable d'identifier de manière satisfaisante l'un ou l'autre de ces individus.

S: Méchant Prêtre? Ceci m'est inconnu. Ce n'est pas celui à propos duquel j'ai lu. Je ne dis pas que ça n'a pas existé. Je n'ai pas tout lu.

Le Maître de la Justice était censé avoir été crucifié. C'est l'une des raisons de la confusion entre lui et Jésus. J'ai demandé s'il savait si le Maître de la justice était décédé d'une manière spéciale.

S: Je ne connais pas toute l'histoire. J'ai lu très peu sur ce sujet. La lecture de tous les manuscrits pourrait prendre plus d'une vie.
D: Aurait-ce eu quelque chose à voir avec les débuts de votre communauté?
S: Je ne sais pas. D'après les récits qui nous ont été transmis, cela ne me semble pas correct.

Un autre rouleau qui avait été traduit s'appelle les "Psaumes d'Action de grâce".

S: (fronçant les sourcils) Peut-être que je ne les connais pas par ces termes. Explique. Je suis incapable de comprendre. Un psaume est comme un message à Dieu dans lequel vous parlez directement à Dieu avec votre cœur. Il est très possible que certaines aient été écrits.

Il y avait un homme appelé Hillel qui était supposé être un sage enseignant de l'époque. Il avait un groupe de ces gens qui le suivait et qui s'appelaient des Hillelites. Il a été suggéré que Jésus avait peut-être étudié avec lui. Suddi reconnut le nom et corrigea ma prononciation, avec plus d'un rouleau sur les je. "Qui est censé être un homme de sagesse, oui, si nous parlons du même. Pour les Hillélites, ils étaient ses disciples."

D: Que savez-vous de cet homme?
S: Je ne sais pas grand-chose, à part qu'il a vécu, et qu'il était un homme de paix. Bien que je crois que certains de ses partisans se sont depuis tournés vers des méthodes de guerre. Je ne connais pas beaucoup de gens de l'extérieur. Il a parlé avec beaucoup de mots de vérité. Mais ses disciples, eux, ont raisonné avec leurs

esprits et non leurs cœurs, et ont changé l'enseignement en ce qu'ils souhaitaient entendre.

D: *Est-il toujours en vie?*
S: *Je ne le pense pas. Je pense qu'il n'est plus en vie sur cette terre.*

Les Maccabés étaient des personnes importantes dans l'histoire juive. Il a encore corrigé ma prononciation: «Mac-ka-bé».

S: *Je ne sais pas grandchose à leur sujet. Je viens tout juste d'entendre parler d'eux. Ils sont une famille très puissante. Et beaucoup de gens vont écouter ce qu'ils ont à dire. L'argent a beaucoup d'amis.*
D: *Oh? Je pensais que peut-être ils étaient des gens d'une grande sagesse.*
S: *Certains en ont. Il y a des hommes sages dans tout groupe, mais il y a aussi des imbéciles.*
D: *Sont-ils de cette région?*
S: *Je ne suis pas vraiment sûr. Je crois qu'ils ont une forteresse à Jérusalem (prononcé: Herusalem). Je ne suis pas, encore une fois, trop sûr, mais je crois que c'est ce que j'ai entendu.*

Les traducteurs mentionnent souvent le Livre d'Enoch dans leurs rapports sur les manuscrits de la mer Morte. Ce n'est pas dans la version de la Bible que nous avons en ce moment, mais les érudits le considèrent important. Cela a créé une controverse parmi eux. J'ai demandé s'il était au courant de ce livre.

S: *Oui, j'ai entendu parler de celui-là. Il fait parti des enseignements.*
D: *Est-il considéré de manière favorable?*
S: *Cela dépend à qui vous parlez. Cela échaufe les esprits. Comme certains le diront peut-être, vous y adhérez sans réserve, ou vous pensez que c'est de la folie. (Cela a donc aussi créé une controverse à son époque.) Je n'y pense pas beaucoup. Il y a ceux qui croient que tout est de la vérité et il y a ceux d'entre nous qui croient que c'est de la folie. Mais ceci est mon opinion et certains autres ne sont pas d'accord. C'est leur droit.*

La plupart des Esséniens l'ont aprouvé et certains ont même pensé qu'il s'agissait d'un livre important. Suddi pensait que c'était très probablement l'imagination de quelqu'un.

D: D'où vient ce livre? Cela a-t-il été ajouté plus tard?
S: *Le Livre d'Enoch est quelque chose qui nous a été transmis par le Kaloo. Que veux-tu dire, ajouté plus tard? À quoi? Je ne comprends pas.*

J'avais commis une erreur, un lapsus. J'ai eu du mal à me souvenir qu'ils ne savaient rien de notre Bible. Alors j'ai fait référence à la Torah parce que cela semblait être le livre principal qu'il connaissait bien, même si je n'avais aucune idée de quoi il était composé. Il a dit que le livre d'Enoch n'était pas dans la Torah.

J'ai lu Les secrets d'Enoch qui se trouve dans les Livres apocryphes de la Bible. Que ce soit la version mentionnée ou non par Suddi, celle-ci était assez déroutante pour être lue. Cela traite beaucoup d'astronomie et de symbolisme et contient apparemment des significations cachées. Il peut y avoir d'autres livres qui font également référence à Enoch.

Je connaissais les noms des différents groupes de personnes mentionnés dans la Bible. Je pensais les lui présenter et voir ce que Suddi dirait à leur sujet.

D: Avez-vous déjà entendu parler des pharisiens? (Il fronça les sourcils.) Les Saducees? (J'ai encore eu des problèmes avec les prononciations.)
S: *Les pharisiens, ce sont les nantis. Ils sont les soi-disant donneurs de la loi. Ils font tous les deux partis de l'assemblée et ils restent assis là à discuter toute la journée pour que rien ne soit fait. Les Saducees ont à voir avec le fonctionnement des temples et les lois qui seront adoptées. Et ils se disputent également avec Hérode sur ce qu'ils souhaitent faire. Ils sont toujours ... l'un s'en prend à l'autre. Ils disent que l'un, les pharisiens - parce qu'ils ont une grande richesse et le montrent - qu'ils ne sont pas aussi pieux que ces autres. Ils disent: "Marchez vétu avec des cendres et des vêtements de toile de jute."*
D: Avez-vous déjà entendu parler des Samaritains?
S: *De Samarie? Oui. (Le mot 'Samaria' a été dit si vite qu'il était difficile de comprendre.) Les Samaritains étaient des personnes issues des enfants de Jacob. Et pour une raison quelconque, je ne*

me souviens plus, il y avait une vendetta. Et ils sont considérés inférieurs à leurs frères. Ils étaient unis à un moment donné, mais maintenant ils sont méprisés parce qu'ils ne sont peut-être pas aussi bons aux yeux des autres.

L'interrogatoire avait progressé sans heurts et je ne savais pas que j'avais marché sur un terrain interdit avant de poser des questions sur Qumran. Tout ce que je voulais savoir, c'était la signification du nom. Je n'étais pas préparé à sa réaction. Il a parlé avec enthousiasme de plusieurs mots dans une langue différente.

S: *Qu'est-ce que ça veut dire? Je ne parlerai pas de cela. Si tu n'en connais pas le sens, tu n'as pas besoin de savoir.*
D: *J'ai entendu dire que cela voulait dire "lumière".*
S: *Il existe de nombreuses racines au terme signifiant "lumière". Et si tu ne sais pas à quel angle il appartient, tu n'as pas besoin de questioner. Si c'était important pour toi, tu en aurais la connaissance.*

Cela peut être frustrant, mais il a expliqué très clairement qu'il ne voulait pas répondre. Plus tard, mes recherches ont révélé que, lorsque les Romains ont conquis les Esséniens, ceux-ci se sont laissés torturer à mort plutôt que de révéler les réponses à des questions de cette nature. Ce qui me semblait un sujet simple a apparemment pris de plus grandes proportions pour lui. Bien sûr, je ne le savais pas à l'époque et je ne savais pas quelles questions étaient délicates.

D: Est-ce que le fait que Qumran ait été construit près des falaises salées a une signification?
S: *Pas tellement la falaise de sel, plutôt la région. C'est un neud de (ça ressemblait à: 'ken' énergie. Ce n'était pas très clair.) C'est une ouverture. C'est l'un des points énergétiques.*
D: Les gens ont dit que c'était un endroit étrange pour construire une communauté. C'est tellement isolé.
S: *C'est l'un de ses avantages.*
D: Ils pensaient que personne ne pourrait y vivre.
S: *(sarcastique) Et de même pour des hommes de vivre dans le Sahara. Cependant ils le font!*

D: Les gens ont dit que c'était tellement isolé et que vous ne pouvez pas utiliser l'eau de la mer Morte.
S: *Il y a de l'eau potable et utilisable. Nous avons ce dont nous avons besoin.*
D: Quelle est la signification du mot 'Essenes'?
S: *Saint.*

Je me demandais pourquoi il n'hésitait pas à me dire le sens de ce mot alors qu'il s'objectait à me dire le sens de Qumran. Cela montre l'incohérence des choses auxquelles il s'opposait.

Harriet faisait à nouveau référence à sa liste de questions. "Est-ce que le nom 'Midrashim' ou 'Mishna' vous dit quelque chose?" La question le contrariait évidemment car il prononçait plusieurs mots avec enthousiasme dans une langue différente. Il y a eu de nombreuses fois, comme cela, une explosion émotionnelle suffisante pour qu'il puisse se glisser dans sa langue maternelle. "Pourquoi me demandez-vous?"

D: Nous nous demandons simplement si vous avez quelque chose dans vos écrits sur Midrashim.
S: *(Cela l'a de nouveau bouleversé.) Je ne parlerai pas de ça!*
D: Il nous est impossible pour nous de connaitre des réponses à moins de poser des questions.
S: *Pourquoi poses-tu des questions qui ne montrent qu'une connaissance partielle?*
D: Nous avons entendu parler de ces choses et nous vous demandons si vous pouvez les vérifier ou nous aider à approfondir nos connaissances. Parfois, nous n'avons que des bribes d'informations.
S: *(coupant la parole) Il peut être très dangereux de ne disposer que d'informations partielles.*
D: (C'était une surprise.) Vous pensez que ce n'est pas bon pour nous de savoir ces choses?
S: *C'est préoccupant, oui. En parlant de choses connues seulement partiellement, et en invoquant des mots de pouvoir que vous ne pouvez pas connaître, que par ces diffusions, vous pouvez avoir à faire face à bien plus que vous ne puissiez gérer.*

Cela nous a pris au dépourvu car nous ne savions certainement pas qu'il y avait du danger en jeu en posant de simples questions. Nous avons dit que nous allions respecter son jugement et lui avons demandé ce qu'il nous suggérait de faire.

S: *Ne parle plus de tout ceci jusqu'à ce que tu ais les connaissances qui peuvent en être acquises. En parler à ceux qui pourraient t'inciter à leur révéler ce que tu possèdes comme information pour améliorer leur cause, cela pourrait se révéler être très dangereux.*
D: Comment pourrions-nous obtenir ces autres connaissances à moins de poser des questions? Nous est-il permis de chercher?
S: *La recherche est autorisée, mais sois très prudente.*
D: Il n'est pas toujours facile de trouver les bonnes personnes qui peuvent nous donner cette information.
S: *C'est vrai. Mais tu dois toujours te protéger de ceux... et éviter de trop en dire à ceux qui commencent à te poser des questions en retour.*
D: Alors vous pensez qu'il vaut mieux ne pas rechercher cette connaissance?
S: *Je n'ai pas dit ça! Ceci est ta compréhension de ce dont j'ai parlé. J'ai seulement dis d'être prudente. Et de se méfier des personnes avec lesquelles tu partagerais tes connaissances. Et de n'espérez recevoir que peu ou rien en retour.*
D: Eh bien, la connaissance n'est-elle pas suffisante.
S: *Non! Car la connaissance peut être très nuisible. Parce que tu serais tenté de l'utiliser. Et ne pas avoir une pleine connaissance totale pourrait causer un danger pour toi-même et pour les autres.*

Je l'ai remercié de nous prévenir. Cette explosion était très inattendue et certainement hors de l'ordinaire pour le placide Suddi. Il avait déjà refusé de répondre à nos questions, mais ne s'était jamais présenté à nous d'une manière aussi forte. Je me suis toujours demandée ce que nous avions demandé qui aurait pu ainsi déclencher une telle réaction émotionnelle. Je suis donc revenue à mes questions, un peu plus prudemment cette fois-ci.

D: Avez-vous déjà entendu parler d'un livre intitulé La Cabale ou la Kabbale?

S: *Certains d'entre nous l'ont lu. Il y a des rouleaux qui contiennent certains de ces écrits, oui.*
D: *Est-ce un livre compliqué?*
S: *Tout est compliqué si tu le rends compliqué. Cela explique un grand nombre de lois de la nature et de l'équilibre, comment les utiliser pour son propre bien. Comment s'ouvrir à tous les mondes qui nous entourent au sein de ce monde, et des autres.*

Il ne savait pas qui avait écrit la Kabbale, mais celle-ci était plus ancienne que beaucoup d'autres livres qu'ils avaient.

Plus tard, quand j'ai eu la chance de pousser plus loin mes recherches, j'ai peut-être découvert la raison pour laquelle la question d'Harriet l'avait tellement bouleversé. J'ai trouvé que la théologie hébraïque était divisée en trois parties: la première était la loi qui était enseignée à tous les enfants d'Israël; la seconde était la Michna, ou l'âme de la loi, qui a été révélée aux rabbins et aux enseignants; la troisième partie était la Kabbale, l'âme de l'âme de la Loi, qui contient des principes secrets et qui n'ont été révélés qu'aux plus hauts initiés parmi les Juifs. Le Midrashim a fait référence aux méthodes utilisées pour simplifier ou expliquer plus sur les lois d'une manière plus complète. Apparemment, nous étions, sans le savoir, entrées dans un domaine d'enseignement secret dans lequel Suddi et d'autres Esséniens étaient impliqués. Cela explique peut-être son émotion et ses avertissements concernant l'utilisation de mots de pouvoir et le fait de parler de choses dont nous n'avions aucune connaissance.

Les traducteurs des manuscrits de la mer Morte parlent du document de Damas et pense qu'il y avait probablement d'autres communautés esséniennes, peut-être même une autre située dans la région de Damas. Mais, j'ai pénétré sur un terrain interdit quand j'ai posé cette question. Il répondit dans le désormais familier, "Je ne parlerai pas de cela." C'était étrange que cela l'ennuyât de répondre à certaines de ces questions, et cependant il répondait sans problème à celles répétitivtes.

D: *Connaissez-vous quelque chose d'un groupe Essene situé à Alexandrie?*
S: *(longue pause) Mon père dit qu'ils ont récemment parlé de professeurs qui sont partis, pas à Alexandrie même, mais en*

Egypte. Mais je ne sais pas. (A-t-il demandé à son père?) Il y en a beaucoup d'autres. Il y en a une que je connais en Egypte. Il y en a plusieurs dans les environs d'Israël, en Judée (nom d'un autre pays incertain, mais qui ressemblait à «Tode», phonétiquement.) Il y en a beaucoup. Nous, à Qumran, sommes peut-être l'une des plus grandes, mais pas la seule.

Etrange comment il s'était seulement opposé à parler de celle de Damas. Il a dit qu'à sa connaissance, les autres communautés étaient également isolées mais qu'elles avaient toutes les mêmes principes que Qumran: l'accumulation et la préservation des connaissances. Ils étaient loin d'être un simple petit groupe d'individus isolés.

S: *Si nous préservions le savoir et restions entre nous, comme un très petit groupe, comment le savoir serait-il préservé? Si cela aurait été sauvegardé par nous et non partagé? Par conséquent, il devrait y en avoir également d'autres.*
D: Certaines personnes ont l'idée qu'il s'agit de ce que c'est, un groupe très isolé, qui ne s'associe pas, et ne transmet pas ses connaissances.
S: *Certaines personnes sont des imbéciles.*

Les scientifiques et les Arabes ont fouillé les grottes de la région de Qumran à la recherche de parchemins ou de fragments supplémentaires. Dans une grotte, parmi les décombres d'un mur effondré, ils ont fait une découverte rare, deux rouleaux de cuivre. Les parchemins avaient toujours été écrits sur du papyrus ou du cuir. C'était très inhabituel. À l'origine, il s'agissait d'une bande continue d'environ 8 mètres de long sur un mètre de large et qui avait été séparée pour une raison inconnue. Les archéologues pouvaient y voir des symboles gravés dans le métal, ce qui était également inhabituel. Mais l'érosion par la température et les effets du temps avaient pris sa taxe. Le cuivre était devenu tellement oxydé que les rouleaux étaient dangereusement cassants à manipuler. Ils étaient si fragiles qu'il était impossible de les dérouler. Pendant quatre ans, ils ont travaillé sur le problème de la manière de les ouvrir en toute sécurité. Enfin, le professeur H. Wright Baker de l'Université de Manchester, en Angleterre, a mis au point une méthode ingénieuse pour découper les rouleaux en bandes. Cela a tellement bien fonctionné qu'aucune des lettres, individuellement, ont été perdues.

Après tous les problèmes, est-ce que tout cela en valait-il bien la peine? Après traduction, les rouleaux contenaient le rêve d'un chasseur de trésors. C'étaient des listes de trésors enfouis d'une valeur fabuleuse. L'inventaire comprenait de l'or, de l'argent et d'autres trésors pesant probablement plus de cent tonnes. Leur valeur estimée était de plus de 12 millions de dollars dans les années 1950 époque à laquelle les manuscrits ont été traduits. Ils valent beaucoup plus maintenant. Les manuscrits donnaient des indications précises sur soixante sépultures ou cachettes différentes à Jérusalem et dans ses environs, ainsi que dans le désert de Judée. La description des rouleaux et de leur traduction est donnée dans Le Trésor du cuivre, de John M. Allegro.

Il en donne un compte détaillé. Il était convaincu qu'il s'agissait de l'inventaire d'un véritable trésor et que les objets avaient été enterrés aux endroits indiqués. Son seul doute était dans les montants incroyables cités. Il a pensé qu'il devait y avoir une erreur de traduction, les montants étaient à vous couper le souffle. Par exemple: "un total de plus de 3179 talents (une mesure de poids) d'argent et 385 d'or; 165 lingots d'or, 14 pichets d'argent et 619 vases de métaux précieux. "Les instructions étaient explicites:" Dans la citerne qui se trouve sous le rempart du côté est, dans un endroit creusé dans le roc: 600 barres d'argent. " M. Allegro dit que la plupart des endroits indiqués auraient probablement été difficiles ou impossibles à trouver après la guerre qui avait dévasté la région.

Aucune portion de ce trésor n'a jamais été trouvée. La dernière entrée du Copper Scroll indiquait l'emplacement d'une autre copie du même inventaire. Cachée "dans une fosse adjacente au nord du Grand Drain du Bassin près du Temple". Ce duplicata n'a jamais été retrouvé.

Certains archéologues sont arrivés à la conclusion que les rouleaux de cuivre seraient un canular, que le trésor n'aurait jamais existé. Ils ont dit que cela devait être une blague, car où les Esséniens auraient-ils bien pu obtenir une telle richesse si ils avaient fait le voeux de pauvreté? Le rouleau devait être beaucoup plus difficile à graver que les papyrus normaux. Cela aurait représenté un tel effort juste dans un but de jouer un tour.

D'autres disent que le rouleau ne parle peut-être pas d'un véritable trésor, mais utilise le symbolisme pour transmettre un autre message qui n'a pas été compris. Je crois qu'il était possible pour les Esséniens d'avoir accumulé autant de richesses au cours de leurs années d'existence ou d'être devenus les gardiens de la richesse d'une autre source.

Les Bédouins de la région avaient été d'une assistance précieuse pour les scientifiques, car ils connaissaient toutes les coins et les recoins du désert. Il est possible que en plus de deux mille ans, qu'ils aient trouvé eux-même une partie de ce trésor. De plus, comme le double du parchemin n'a jamais été retrouvé, il est possible que quelqu'un ait mis la main dessus il y a des années de ça, et ait suivi les instructions. Je crois que notre génération moderne n'a pas été la première personne à découvrir ce que les Esséniens avaient caché.

Au cours de cette dernière session, lorsque j'ai posé des questions issues de mes recherches, j'ai décidé de voir s'il pourrait peut-être éclaircir ce puzzle. Mais comment le faire sans poser de questions suggestives? Suddi était alors dans la bibliothèque à l'étage supérieur en train d'étudier des manuscrits, c'était donc l'environnement idéal. Quand je lui ai demandé s'il étudiait un rouleau en particulier, il a répondu avec le désormais familier: "Je ne parlerai pas de cela!" Il ne dirait seulement que ce n'était pas une partie de la Torah. Lorsqu'il s'était mis sur la défensive sur certains sujets, il était alors inutile d'essayer d'obtenir des réponses, à moins que je ne puisse y parvenir par des méthodes détournées.

D: Est-ce qu'ils ont également fait des rouleaux avec d'autres matériaux que les peaux ou les papyrus?
S: *Il existe d'autres méthodes pour les fabriquer. Je ne suis pas un copieur. Je ne les connais pas, mais il y a d'autres moyens, oui.*
D: Avez-vous déjà vu des rouleaux en métal?
S: *Oui (Ceci était apparemment un autre sujet de discussion interdit. Il redevint méfiant.) Pourquoi me demandes-tu?*

D: Je pensais que ce serait un matériau étrange pour les recopier. Ce serait beaucoup plus de travail. Ne serait-ce pas plus difficile que d'utiliser un stylet et des papyrus?
S: *(froidement) Oui. (Puis, il a demandé avec suspicion :) Pourquoi posez-vous ces questions?*
D: Je me demandais simplement pourquoi ils se donneraient la peine d'en fabriquer un en métal.
S: *Ils contiendraient des informations plus importantes. Certaines choses doivent être protégées.*

Il ne désirait pas élaborer davantage. Il semblait que si quelque chose était écrit sur du métal, ce serait parce que cela avait une valeur particulière. Ils essayaient d'utiliser le matériau le plus durable pour en assurer sa survie. Ainsi, je ne peux pas croire que le rouleau de cuivre était un canular. Les archéologues avaient juste deux mille ans de retard pour découvrir ce trésor fantastique.

Les archéologues qui ont fouillé les ruines de Qumran n'avaient fait aucune mention d'avoir découvert une zone de logement. Ils en étaient donc arrivés à la conclusion que les gens vivaient dans les grottes autour de la communauté ou peut-être dans des tentes ou des huttes. Ils avaient trouvé de la poterie, des lampes et des poteaux de tente dans certaines des mêmes grottes où se trouvaient les manuscrits de la mer Morte, et ils ont pensé que cela leur pourrait suggérer qu'ils auraient pu avoir vécu là à une certaine époque. Je ne pouvais pas comprendre pourquoi les Esséniens vivaient dans des grottes et des tentes alors qu'ils étaient capables de créer cette merveilleuse communauté avec son merveilleux système d'eau. Cela n'avait aucun sens pour moi. J'ai décidé de poursuivre cette voie dans mes questions.

D: Vous m'aviez dit auparavant que lorsque vous étiez enfant, vous viviez dans des maisons éloignées de la communauté, hors des murs? Y a-t-il des grottes dans les environs de Qumran?
S: *Il y a beaucoup de grottes.*
D: Est-ce que votre peuple a vécu à un certain moment dans ces grottes?
S: *Il est dit qu'à un moment donné cela avait été fait, mais nous ne sommes pas si nombreux à présent pour que cela devienne nécessaire. Cependant, quand nous étions enfants, nous y jouions.*

D: Vous voulez dire qu'à un moment dans le passé, il y avait plus de population y vivant, plus de gens vivant là-bas? Et à cette période, ils vivaient dans les grottes?
S: *Oui, c'était au début.*

C'était au début lors de la construction de leurs maisons. Je pensais que ceci en était bien le cas. Avec une communauté aussi merveilleusement avancée, il n'aurait pas été nécessaire que la population soit réduite à vivre dans des abris et des tentes.

Au cours des fouilles, ils ont trouvé de nombreuses pièces de monnaie, et même des sacs. Cela a aidé les scientifiques à dater les ruines. Les pièces appartenaient à l'époque entre 136 à 37 av. J.-C., couvrant la période de l'indépendance juive et s'étendant jusqu'à Hérode le Grand. Puis il y a eu un espace de temps, seules quelques pièces trouvées ont été émises entre cette période et 4 av. J.-C., époque d'Hérode Archélaos. Un grand nombre a été trouvé datant de 4 avant JC à 68 après JC, lorsque Qumran a été détruit.

Sur la base de ces preuves, les archéologues ont conclu que Qumran avait été abandonné pendant 30 ans, car ils n'avaient trouvé que quelques pièces de monnaie de cette période. Mais c'était le moment où Suddi y vivait et, selon lui, les Esséniens ne sont jamais partis. Même les scientifiques ne pouvaient pas trouver une raison satisfaisante pour leur départ. Ils ont pu voir des preuves que la communauté avait connu un tremblement de terre. (Voir le dessin de la communauté.) Et ils ont supposé que cela aurait pu nuire à la communauté à un point tel que les gens en soient partis pour ces trente ans, mais ce n'était qu'une hypothèse. Même les anciens écrivains, qui en avaient une histoire plus complète, ne mentionnent pas que les Esséniens ne se soient jamais absentés de la région. Ce n'était qu'une théorie des archéologues, basée sur des faits qu'ils avaient pu dégager pendant les fouilles. Je conclus que si tout le trésor du Copper Scroll pouvait disparaître complètement, pourquoi pas des sacs de pièces de monnaie? Les ruines étaient connues pour avoir été occupées et saccagées par les Romains lors de l'invasion. Il y a eu aussi d'autres peuples qui ont vécu là pendant un moment avant que Qumran ne soit complètement abandonné. Je pense que les découvertes des archéologues ne contredisent pas les miennes, mais offrent plutôt une explication alternative.

Je me suis demandée comment lui poser des questions à ce sujet sans lui mettre des idées en tête. Il faudrait que ce soit amené avec soin.

D: Pouvez-vous me dire, Suddi, les gens ont-ils vécu dans la communauté sans aucune interuption depuis sa construction?
S: Explique.
D: Ce que je veux dire, votre peuple a-t-il toujours vécu dans cette communauté, ou y a-t-il eu un moment où votre peuple en est parti?
S: Vous parlez du temps du refuge. Oui, il fut un temps où ils en sont partis pour une période, oui. Cela a été raconté.

Mais cela s'est produit avant son vivant. Pendant son temps, il n'y avait jamais eu de période où les gens avaient abandonné la communauté.

Dans le dessin, on peut noter que le tremblement de terre a endommagé une extrémité de la communauté, et laissé une grande fissure dont une partie passe au travers de l'un des bains. Les archéologues ont également trouvé des preuves que certains des dégâts avaient été réparés, en particulier autour de la tour. Je voulais poser une question à ce sujet, mais je ne voulais pas mentionner pas le mot "tremblement de terre".

D: Savez-vous si des catastrophes naturelles se sont produites depuis votre séjour ici?
S: (Pause, comme s'il pensait.) Ah! Vous voulez dire quand le ... Je me souviens que quand j'étais petit, ma mère m'avais dit qu'il y avait des secousses de la falaise. À un moment donné, on craignait beaucoup que tout cet endroit ne tombe à la mer. J'avais deux ou trois ans, peut-être, que je n'en suis pas sûr. Je n'en ai aucun souvenir.
D: Cela a-t-il causé des dommages à la communauté?
S: Il y a un interstice de la largeur d'une main où cette partie a glissé et est tombée.

Apparemment, il voulait dire une fissure. J'ai demandé où elle était située. Elle a utilisé des gestes de la main dans son explication.

S: *Laisse-moi y réflechir ici ... c'est le long du mur. Le mur fonctionne comme ça, le mur de la falaise et c'est sur cette ligne. Sur ce coin, vers les bains publics et la salle de réunion et cette zone. Il traverse en diagonale. (Je pense que ce dernier mot est correct. C'était difficile à comprendre.)*
D: La fissure a-t-elle traversé le bain?

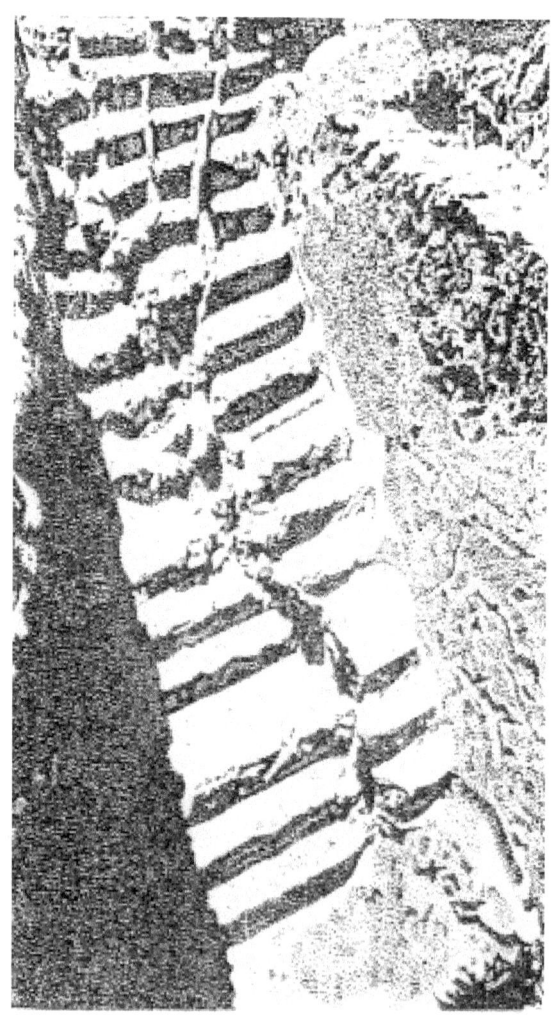

Ruines de Qumran montrant la fissure dans les marches du bain

S: *Oui, mais la fissure n'était pas d'une telle profondeur que l'eau puisse s'en échapper. Cela a été réparé Les membres de la communauté l'ont compris. Ils savaient que cela était sur le point d'arriver, donc il n'y a eu aucune perte de vie. Ils avaient été prévenus. (Voulait-il dire psychiquement?)*

D: Mais les dégâts n'étaient donc pas suffisamment importants pour que les gens partent?

S: *Pendant un certain temps, je pense qu'ils sont probablement restés à l'écart au loin pendant les réparations. Ils auraient pu aller n'importe où. Ils auraient pu aller et rester seulement dans leurs logements. Ils auraient pu aller peut-être même jusque dans les grottes. Comme je le disais, j'étais bien trop jeune pour m'en souvenir. Je sais seulement ce qu'on m'en a raconté. Je ne me souviens même pas de n'avoir jamais été ici.*

D: J'ai entendu dire que votre peuple avait abandonné la communauté pendant de nombreuses années.

S: *Nous leur avons fait croire ça. S'ils nous oublient, ils nous laissent tranquiles.*

D: Mais sûrement les gens viendraient et essayeraient de vous voler si ils pensaient que la communauté était déserte et non gardée?

S: *Ils savaient bien mieux se garder que de faire ça. Rien ici n'est jamais laissé sans surveillance.*

Là encore, cela semblait faire référence à une méthode de protection mystérieuse. J'ai présenté toute cette section en détail afin que la vie de Jésus puisse être comprise dans ce contexte. Les personnes qui vivaient là-bas à Qumran étaient concernées par un objectif principal, l'accumulation et la préservation des connaissances et la transmission de ces connaissances par le biais de l'enseignement dispensé à ceux qui étaient qualifiés pour apprendre. Les Esséniens semblaient être placides et passifs, vivant enfermés dans leur propre petit monde. Isolés ainsi, il s'agissait d'un paradis virtuel, un endroit parfait, complètement autonome. C'était incroyablement moderne par rapport aux normes israélites de l'époque. Chaque fois que quiconque s'aventurait hors des murs, il voyait un contraste sévère entre leurs manières et celles du monde extérieur; ils préféraient donc leur isolement. Mais ils étaient craints et soupçonnés par les autres qui ne les comprenaient pas. Ils ont donc dû se déguiser. Il semble que l'emplacement de Qumran était également gardé et connu de quelques-uns seulement. Je me demande même si les caravanes connaissaient le véritable objectif de la colonie. Les étrangers n'étaient pas autorisés dans certaines parties de la communauté non plus. Suddi a cependant déclaré que l'un de ses objectifs était de transmettre ses connaissances à la population en général. Je suppose que cela devait être fait subtilement par les étudiants des bandes rouges qui ont étudié et qui ont quitté la communauté pour vivre dans leurs propres régions. Je pense que cette section facilite une certaine visualisation de Jésus dans ce cadre et cet environnement.

Cette section montre la grande capacité de Katie en matière d'exactitude et de détail sur une culture sur laquelle elle n'avait aucun moyen de connaitre quoique ce soit. Certains diront qu'elle aurait pu lire quelque chose sur les Esséniens et Qumran dans les mêmes livres que moi et qu'elle était donc préparée à mes questions. Je sais qu'elle n'a fait aucune recherche. Elle n'y avait aucun intérêt. Elle n'a, jamais, à aucun moment, su quel type de questions je poserais. Tout au long de cette section, toutes les connaissances présentées ne se trouvent dans aucun livre. Dans ce chapitre, il y avait certaines choses concernant les traductions des manuscrits de la mer Morte avec lesquelles même Suddi n'était pas familier. Ce serait normal puisqu'il n'a pas lu tous les rouleaux de la bibliothèque ou qu'ils ont peut-être été même appelés par d'autres noms au moment de sa vie. Si Katie avait commis un canular élaboré, elle aurait veillé à ce qu'elle soit précise dans tous les détails, et aurait été familière avec ces traductions. Je crois que la profondeur de la transe que Katie a vécue, a su rendre toute déception impossible. Elle s'est glissée dans la personnalité de Suddi avec une grande aisance et est devenue littéralement cette personne qu'elle était à l'époque à tous les égards, et ce, au cours des trois mois que nous lui avons rendu visite.

Je souhaite inclure ici quelques citations de Josèphe qui, à mon avis, ont une incidence sur notre histoire. "Il y a aussi quelques-uns d'entre eux (les Esséniens) qui s'engagent à prédire les événements futurs, après avoir été éduqués dès leur plus jeune âge, dans l'étude de la Sainte Écriture, dans la purification de divers, et dans les paroles des prophètes; et c'est très rarement qu'ils échouent dans leurs prédictions."

"Ils méprisent la souffrance et surmontent la souffrance par le courage. La mort, si elle est liée à l'honneur, est considérée comme meilleure qu'une longue vie. De la fermeté de leurs esprits, en toute occasion, la guerre avec les Romains a donné de nombreuses preuves; dans lesquelles, bien qu'ils aient été torturés, déchiquetés, brûlés, écrasés et soumis à tous les instruments du supplice, afin qu'ils puissent être contraints à blasphémer le législateur (Moïse) ou à manger de ce qui était interdit, sans néanmoins pouvoir les y forcer; pas même une seule fois flatteraient-ils leurs bourreaux, ou ne verseraient-ils une seule larme, mais, au contraire, souriant à travers leurs tourments et se moquant de leurs bourreaux, ils rendaient joyeusement l'âme, comme étant de ceux qui savent qu'ils la retrouveraient bientôt."

Les Esséniens devaient jurer "de ne rien cacher à la fraternité, de ne rien divulguer de ce qui leur appartenait à ceux qui n'en possédaient pas la connaissance, même si c'était au péril de leur vie. Il devait, en outre, jurer de ne pas communiquer leurs doctrines à qui que ce soit, en aucune façon, qu'ils les avaient eux-même reçues.

Cela explique la difficulté que j'ai parfois eue à obtenir des réponses, et pourquoi j'ai dû recourir à des méthodes sournoises pour acquérir de l'information. Je suis surprise d'avoir pu en obtenir. J'essayais de lui faire enfreindre une règle stricte et fondamentale de sa vie, ce que les personnes sous hypnose ne feront pas. Ils ne feront jamais rien qui ne soit contraire à leur moralité. Mais là, il ne s'agissait pas de la morale de Katie, c'était celle de Suddi. Cela montre à quel point Katie s'identifiait à l'Essénien et à quel point elle était devenue complètement lui. Cela explique aussi pourquoi il était plus facile d'obtenir des informations de Suddi lorsqu'il était enfant. Il n'avait pas encore prêté ce serment et, dans son innocence, il ignorait qu'il révélait tout ce qui était interdit. Nous devrions être reconnaissants d'avoir pu recevoir de telles informations, même par des moyens détournés. C'est un autre exemple du grand lien de confiance qui s'était établi entre Katie et moi. Je ne pense pas que cette information aurait été divulguée dans d'autres circonstances.

Ginsburg relate dans son livre, "Les Esséniens et la Kabbale", publié en 1864, que ce secret n'était pas rare, "car les Pharisiens ne divulguaient pas non plus sans discernement les mystères de leur cosmogonie et de leur théosophie, qui, selon eux, sont contenus dans l'histoire de la Création et dans la vision d'Ezéchiel, hormis à ceux qui étaient régulièrement initiés au sein de leur ordre ". Les Esséniens connaissaient également ces enseignements. (Voir chapitres 14 et 15.) Josèphe a dit : "Ils se donnent beaucoup de mal pour étudier les écrits des anciens, et choisissent ce qui est bénéfique à la fois pour l'âme et pour le corps".

Ginsburg : "Ils ont apparemment étudié les livres anciens sur les remèdes magiques et les exorcismes qui étaient les œuvres réputées de Salomon, qui a composé des traités concernant des remèdes miraculeux et la chasse aux mauvais esprits."

Philo : "Ils y utilisent une triple règle et définition : l'amour de Dieu, l'amour de la vertu et l'amour de l'humanité." Notez la similitude avec les enseignements de Jésus.

Des écrivains des années 1800 ont dit que l'Essénisme est né de la signification religieuse plus profonde de l'Ancien Testament. Que les Esséniens appartenaient à l'école apocalyptique, et qu'ils doivent être considérés comme les successeurs des anciens prophètes, et comme constituant l'école prophétique. Ils ont adopté certaines des anciennes idées orientales, persanes et chaldéennes, et ont apporté avec eux des pratiques et des institutions qu'ils ont mélangées aux conceptions juives de la religion. Les Esséniens avaient pour objectif de réconcilier la religion avec la science.

Chapitre 14

Parchemins et histoires bibliques

L'une des activités de la communauté consistait en l'écriture et la copie de parchemins afin qu'ils puissent être transmis à d'autres régions du monde. C'était un centre d'édition, pour ainsi dire.

S: *Nous sommes chargés de la sauvegarde des archives, afin que cette parole ne soit pas perdue. C'est ce qu'ils font à la bibliothèque. Ensuite, ils prennent les rouleaux et les envoient dans de nombreux pays et dans de nombreux endroits pour les protéger, dans l'espoir qu'au moins certains d'entre eux survivront. Il y a tellement de choses ici. Il y a tous les récits, les communications des différents tribunaux, des histoires et même sur la vie quotidienne. On atteindrait certainement un âge avancé avant de pouvoir lire tous ces rouleaux.*
D: Savez-vous où les manuscrits sont conservés ailleurs dans votre monde? Y a-t-il d'autres bibliothèques?
S: *Je suppose qu'il y en a. Je n'ai aucun moyen de savoir. (Le vieux soupçon était revenu.) Pourquoi veux-tu le savoir?*

J'ai essayé de me frayer un chemin dans ce méandre en disant que j'étais curieuse et que j'aimais lire. S'il y avait quelque chose qu'ils n'avaient pas, je voulais savoir où le chercher. Ma ruse ne l'a pas convaincu. Il a demandé: "Pourrais-tu les lire?" Je devais réfléchir vite. Je lui ai dit que si je ne pouvais pas, je pourrais toujours avoir quelqu'un qui me les traduise rien que pour moi. Cela n'a pas fonctionné non plus.

S: *Très peu sont même autorisés à voir ces rouleaux. Ils doivent y avoir des raisons pour ça.*

Cela m'a surpris parce que je pensais que tout le monde pouvait les regarder, comme dans nos bibliothèques de nos jours.

S: *Les organisateurs voudraient savoir pourquoi. Si tout le monde avait cette connaissance, elle pourrait ête utilisée pour nuire.*

Au cours des séances, de nombreuses références ont été données aux langues parlées à l'époque. Je pensais que la majorité d'entre eux parlait l'araméen.

S: *Non, ils parlent aussi l'hébreu, l'arabe et l'égyptien. La langue des Roms aussi. Il y a beaucoup, beaucoup de langues différentes.*

Cette référence aux Roms m'a surprise parce que je savais que c'était ainsi que les gitans appellent leur langue aujourd'hui.

S: *Ils sont des vagabonds. On dit qu'il s'agit de deux des tribus perdues d'Israël. Si cela est vrai, je n'en sais rien.*
D: Quelle est la langue que parlent les Romains?
S: *La Vulgate, du latin. Certains d'entre eux sont grecs. Il existe également de nombreux dialectes issus de l'araméen. Dans chaque petite province d'où vous venez, ce sera différent. Chacun a sa propre façon de s'exprimer. Mon dialecte est simplement, je crois, galiléen. (Prononcé rapide: Galilayan.)*

Suddi était capable de comprendre les autres dialectes, mais c'était parfois difficile. Ces différences ont également affecté la lecture de l'araméen.

S: *Il y a tellement de manières de s'exprimer et les manières d'écrire sont également différentes. À moins que vous ne soyez très familier avec elles, vous pouvez lire quelque chose qui n'y est absolument pas écrit. Tu vois, c'est comme ça, un mot signifierait une chose pour moi et pourrait signifier quelque chose de totalement différent de toi. Cela dépend de la structure de la parole. De plus, si c'est parlé, c'est également la façon dont la voix sonne, l'inclinaison de la voix, quand elle est parlée. Cela peut vouloir dire beaucoup de choses. Il y a plusieurs mots qui signifient cinq, six, sept significations. Ils sont tous différents et divers.*

Cela va de pair avec l'autre session où il a dit que c'étaient les sons et non les lettres qui composent les mots. Je le vois comme un type de sténographie où les symboles représentent les sons. S'il y avait beaucoup de dialectes différents, les mots auraient des sons différents selon les locuteurs. La personne qui écrivait ferait les symboles en fonction de la façon dont il parlait la langue. J'ai interrogé un Iranien à ce sujet et il m'a répondu que, dans sa langue, le même mot pouvait avoir des significations très différentes. Par exemple, le même mot signifie: lion, robinet et lait, chacun étant totalement différent. Je lui ai demandé comment ils savaient quel était le mot correct. Il a dit que cela dépendait du contexte de la phrase utilisée. Si l'on tient compte du fait que les signes de ponctuation n'ont pas été inventés avant le XVe siècle, on voit clairement quel cauchemar aurait été le travail de traduction de ces langues.

D: Ensuite, si quelqu'un lisait l'un de vos rouleaux, pourrait-il en tirer une quelconque compréhension différente?
S: *Cela est très possible, oui, d'y trouver quelque chose de totalement différent de ce qui y était prévu.*

Même si les symboles étaient essentiellement les mêmes, le lecteur pourrait avoir une histoire différente s'il ne savait pas dans quel dialecte le rouleau avait été rédigé. Je me demandais comment ne pouvait-on jamais savoir ce que l'écrivain voulait vraiment dire.

S: *Vous devez le prendre dans sa globalité et trouver la façon dont les choses s'agencent ensemble. Si un mot n'a aucun sens bien qu'il en fasse partie, il vous faudrait alors trouver une autre signification.*

Cela expliquerait pourquoi certaines de nos histoires bibliques pourraient être différentes des originales. Si quelqu'un introduisait un mot différent au cours des nombreuses traductions tout au long de l'histoire, il serait très difficile de savoir de quelle manière l'histoire se devrait d'être lue.

D: Certains de vos manuscrits sont-ils en hébreu?
S: Oui, ils sont dans toutes les langues de la terre.
D: Des erreurs sont-elles également commises en hébreu?
S: Oui, c'est presque aussi facile d'en faire en hébreu qu'en araméen. Les mots ont beaucoup de significations.

L'hébreu utilise des lettres, mais aucunes voyelles, uniquement des consonnes, de sorte que de nombreux mots de signification diférentes sont ainsi également possibles.

Tout cela devait rendre les choses très difficiles pour les scribes. S'ils commettaient une erreur, cela pouvait transformer toute l'histoire, même par simple ignorance.

S: Ou par peur, oui. Je ne suis pas un érudit. Je ne connais pas les raisons des hommes.

Avec cette information en tête, je présenterai les versions de Suddi des récits des rouleaux et de la Torah. Il y a beaucoup de différences avec notre Bible moderne. Il faut se rappeler que c'est ce que ses professeurs lui ont enseigné. C'est donc la vérité telle qu'il l'a observée. Mais il était plus proche des originaux, alors qui sait? Acceptez-les comme matière à réflexion.

D: Nous avons un livre de nos jours qui contient certains de vos enseignements, mais il est supposé avoir été écrit par de nombreuses personnes différentes. Les différentes parties du livre portent des noms différents. L'un d'entre eux s'appelle Isaïe.
S: Oui, il y a le prophète Isaïe. Tu dis «livre»; ce n'est pas un livre, cela fait partie de la Torah. Cela parle du prophète Isaïe. Et il y a Ezekiel et Deborah et Benjamin et l'histoire de Ruth et de Moïse, et de beaucoup, beaucoup d'autres. (Deborah était un personnage de la Bible que je ne connaissais pas.) Il s'agit de la partie sur les juges d'Israël. Elle était l'un d'entre eux. Elle était l'un des législateurs. Pour les Israéliens, le fait d'avoir une femme avec un pouvoir sur eux était un événement inhabituel. Et beaucoup

d'entre eux ne pouvaient pas supporter le fait d'être dirigés par une femme. Elle était une personne très sage. Son histoire ne fait pas partie de la Torah, cela se trouve dans certains des parchemins.

Dans la Bible, Deborah est à peine mentionnée dans les quatrième et cinquième chapitres des Juges.

J'ai demandé s'il avait déjà entendu parler d'une partie intitulée, la Genèse, mais il ne connaissait pas ce nom. Quand j'ai expliqué que cela expliquait comment le monde s'était formé, il a dit: "Tu veux dire la fondation? Il s'agit juste du commencement." Il n'a pas non plus reconnu le nom d'Exodus, mais ils avaient l'histoire de Moïse, elle était très importante pour eux. Je ne connais pas bien la Torah utilisée aujourd'hui dans la religion juive, mais je lui ai demandé quelles étaient les parties incluses dans la sienne.

S: *La Torah, elle comprend les lois et les prophéties. Et puis essentiellement à partir du temps d'Abraham. Il y a très peu sur de ce qui s'est passé avant. Les histoires sont dans les écrits, mais pas dans la Torah. Ça commence par la partie de la création, à propos d'Abraham et qu'il est le chef du peuple (d'Israël) et c'est à partir de là.*
D: Est-ce que ça finit avec les histoires de Moïse?
S: *Non, cela se termine avec les prophètes. Certains d'entre eux sont dans la Torah, d'autres dans les autres parchemins. Mais c'est un travail de les assembler. J'essaie de tout concilier sur les Promesses.*
D: Qui est le dernier prophète de la Torah?
S: *Laisse-moi réfléchir. Je crois Zacharie. Je pensais que ce serait plus facile si toutes les histoires étaient réunies sur un seul parchemin.*

Sa réponse a provoqué un rire parmi le groupe d'écoute.

S: *S'ils étaient tous sur un seul parchemin, il serait un très grand rouleau. Il serait bien trop lourd à soulever.*

Nous sommes tombés sur sa capacité à raconter des histoires tout à fait par accident. Il ne m'était jamais venu à l'esprit de demander à Suddi des informations de ce type. Les récits suivants ont été initialement disséminés dans les transcriptions et sont apparus au hasard sur la période de trois mois. Je les ai combinées dans cette section pour une lecture hors contexte. Comme il est de notoriété publique que notre Bible a subi de nombreux changements au fil des ans, il se peut que la vérité soit plus claire que ce que nous n'aimerions l'admettre. Au moins lisez-les avec un esprit ouvert.

SODOME ET GOMORRHE

Je lui posais des questions sur la mer Morte ou sur la "mer de la mort" comme il l'appelait. La communauté de Qumran était située sur les falaises au bord de ce plan d'eau. Tout ce dont j'avais entendu parler, c'était que c'était très salé et ne pouvait pas soutenir la vie. Cette particularité n'a jamais vraiment été expliqué de manière satisfaisante. Dans cet esprit, j'ai demandé si la mer avait des particularités sur ce sujet. Sa réponse m'a prise au dépourvu.

S: *Ça sent parfois le goudron, la résine ou la poix, oui. Ils disent que vers le sud, il y a des trous de bitume et que cela en fait partie. Aussi rien ne peut pousser dans la mer de la mort. Il y a quelques plantes le long des bords.*
D: Est-ce pour cela que vous l'appelez la mer de la mort?

"Mer de la Mort"

S: *On l'appelle ainsi parce que elle est située sur ces rivages où Gomorre et Sodome ont été détruites. Et c'est pour nous le rappeler.*

Je jetai un coup d'œil rapide à Harriet et vis qu'elle était aussi surprise que moi. C'était certainement inattendu. Nous avions entendu l'histoire de la Bible, mais nous ne savions pas que ces deux villes célèbres étaient associées à la mer Morte. Notez le renversement des noms tels que nous sommes habitués à les entendre et la prononciation différente de Sodome. Il était évident que rien de tout cela ne venait de notre esprit par télépathie.

D: Oh? Nous avons toujours pensé que le nom voulait dire que rien n'y pousserait.
S: *(interloqué) C'est la raison pour laquelle rien ne pousse ici.*
D: Comment ces villes ont-elles été détruites?

Suddi répondit nonchalamment: "par les Radiations". De nouveau, il m'a prise au dépourvu et on lui a demandé s'il pouvait nous raconter l'histoire de ce qui s'y était passé.

S: *Il est dit qu'elles déplaisaient aux yeux de Yahweh, car elles étaient sorties du sentier de la vérité. Et quand elles ont été averties par maintes reprises de réintégrer le sentier de la justice, elles ont ri. Et il est dit que Lot demeurait dans ces villes, et il a reçu la visite de deux Grands Êtres qui lui ont recommandé de prendre sa famille et de partir et qu'ils seraient protégés. Et il était contrarié parce que, vous comprenez, c'était sa ville après tout, et même si elle était toujours mauvaise, c'était néanmoins son peuple. Mais ils lui ont dit qu'ils ne valaient pas la peine d'être sauvés, qu'ils devaient recommencer et redémarrer à zéro. Alors il a pris ses deux filles et sa femme et ils sont partis. Il est dit que sa femme a regardé en arrière la ville, et, ce faisant, elle est morte de ce qu'elle a vu et en regardant le visage de la destruction avec ses propres yeux.*

Je me suis souvenu de l'histoire familière de sa transformation en une colonne de sel, mais Suddi a déclaré que sa mort n'avait rien d'anormal si ce n'était qu'elle s'était retournée et avait vu la destruction. J'ai demandé s'il avait une explication pour cette destruction.

S: *Là où ces villes étaient situées, il y avait des pochettes de poix, du goudron et une chaleur intense. Les éclairs les ont frappées à partir du ciel. Et quand ils ont frappé tout cela, ils ont fait régner la destruction (ou ce mot pourrait-il être «pleuvoir»? Une différence de définition intéressante). Et ça a tout fait exploser. Et les villes, elles-mêmes, se sont écroulées et ont coulé jusqu'à ce qu'il n'en reste plus rien.*
D: Alors tu penses que Yahweh a été la cause pour que tout ça se passe?
S: *C'était son choix, oui.*

C'était un sujet sur lequel je ne pouvais pas retarder mes recherches. Ma curiosité avait été éveillée par tout ceci. Je ne voyais pas que le fait de chercher des informations sur Sodome et Gomorrhe mettrait en péril l'histoire sur les Esséniens. Certaines des meilleures étaient facilement disponibles dans mon encyclopédie. La chose à retenir est que nous n'avions eu aucun intérêt à le vérifier auparavant, nous n'avions jamais pensé à une quelconque connexion.

Des preuves archéologiques et bibliques soutiennent que la situation géographique des cinq villes de la plaine (dont Sodome et Gomorrhe en étaient deux) est dans la vallée de Siddim. C'était une plaine autrefois fertile située à l'extrémité sud de la vallée du Jourdain et de la mer Morte. Les premiers envahisseurs de la région avaient découvert que la vallée était remplie de puits "d'asphalte, de poix collante" dans les traductions plus anciennes. Des écrivains anciens et modernes attestent de la présence d'asphalte (grec) et de bitume (latin) autour de la mer Morte, en particulier autour de la partie sud. Dans les temps anciens, on l'appelait la mer Salée et le lac Asphaltite. Au coin sud-ouest se dresse une basse montagne composée en partie de sel cristallin compact et pur, que les Arabes modernes appellent Jebel Usdum, le mont de Sodome.

Des enquêtes récentes menées par des géologues ont révélé la présence de pétrole et de suintement d'asphalte. Ils soupçonnent également la présence d'uranium, mais estiment qu'il serait trop difficile de l'exploiter. Des écrivains anciens ont décrit les odeurs nauséabondes et la suie provenant de la mer. C'était tellement fort que cela en ternit les métaux. Les géologues modernes disent que c'est du gaz naturel, ce qui aurait été inconnu des gens dans le passé. Ils présentent que l'une des explications possibles de la destruction de Sodome et de Gomorrhe est que le mazout ainsi que les émanations de gaz pourraient avoir été enflammés par la foudre ou qu'un tremblement de terre ait renversé des feux de foyers et ainsi provoqué une explosion. Dans la Bible, il est dit qu'Abraham a vu la fumée s'élever de la Plaine, qui montait "comme la fumée d'une fournaise", une description appropriée pour du pétrole et du gaz en combustion. Cela pourrait aussi convenir à une explosion atomique.

La surface de la mer Morte, à 1292 pieds (393,8016m) au-dessous du niveau de la mer, est bien plus basse que n'importe quel autre lieu connu de la planète. La mer descend alors à une profondeur maximale de 1 309 pieds (398,9832m) et est six fois plus salée que l'eau de mer, ce qui en fait également le lieu le plus salé de la planète. C'est un phénomène géologique unique. Aucune autre partie du globe, qui n'est pas sous l'eau, ne se trouve à plus de 300 pieds au-dessous du niveau de la mer. Absolument rien ne peut survivre dans cette eau.

Selon Wemer Kellerin, dans The Bible As History (non réédité, non traduit en français), des explorations dans cette région ont abouti à quelque chose d'étrange. Bien que le corps de la mer soit incroyablement profond, l'extrémité sud est peu profonde et ne dépasse pas cinquante ou soixante pieds de profondeur. Lorsque le soleil brille d'un bon angle, les contours des forêts peuvent être vus sous l'eau. Elles ont été préservées par la forte teneur en sel dans l'eau. C'est la preuve qu'avant la destruction de Sodome et Gomorrhe, la région était une plaine luxuriante et fertile. On pense que les villes se sont enfoncées sous l'eau dans ce lieu, ce qui expliquerait pourquoi elle est moins profonde là-bas.

Le sel est dans l'air et tout ce qui se trouve dans la région (y compris les personnes) est rapidement recouvert d'une croûte de sel. Cela pourrait être une explication de l'histoire de la femme de Lot en train de se transformer en sel. Lorsque l'explosion s'est produite, il doit y avoir eu une quantité énorme de sel rejetée dans les airs venant de la montagne de sel située près des villes.

J'aimerais oser tirer mes propres conclusions quant à ce qui s'est passé là-bas. Je crois qu'une explosion atomique naturelle s'est produite afin que les villes sombrent et que la région soit rendue sans vie et désolée pour les siècles à venir. Cela pourrait-il aussi expliquer l'incroyable profondeur de la mer? Ceci est rendu possible avec la présence d'uranium ainsi que d'autres produits chimiques hautement volatils dans cette région. Il est intéressant de noter qu'aucun mesurement par compteur de radioactivité Geiger n'ait jamais été effectué dans la région, selon l'écrivain Erich von Daniken.

Mais cela n'explique pas la présence des deux êtres venus prévenir Lot et sa famille. Si c'était un phénomène naturel, comment l'ont-ils su à l'avance? Il a été suggéré que, au lieu que ce soit la foudre qui ait déclenché cetteexplosion, elle peut avoir été enflammée par les rayons laser d'un engin spatial. Un esprit ouvert peut voir beaucoup de possibilités autres que celles de l'orthodoxie.

Un nouveau domaine d'exploration de cette période s'était ouvert. Suddi pourrait peut-être nous raconter plus d'histoires et ouvrir de nouveaux cheminements de réflexion.

DANIEL

Quand j'ai posé des questions sur l'histoire de la fournaise, il m'a répondu qu'il ne la connaissait pas. Je lui ai donc demandé s'il en connaissait une au sujet de quelqu'un jeté dans une fosse aux lions.

S: *Tu parles de Daniel. Son histoire est dans les rouleaux. Il était un homme sage et un prophète. Le peuple avait peur de son influence auprès de leur roi. Parce qu'il était juif et ces croyances n'étaient pas les même que les leurs, ils l'ont fait jeter aux lions. Et alors, quand il en est sorti vivant, ils ont pris peur car ils savaient que son Dieu était le vrai Dieu. On dit que l'ange est venu et a fermé la gueule des lions. Je pense plutôt que Daniel a parlé aux lions. C'est possible. L'homme peut partager une conversation avec les animaux. Ne sont-ils pas aussi des créatures de Dieu.*

DAVID

Suddi m'a dit une fois qu'il était un descendant de la maison de David, alors j'ai demandé s'il avait entendu parler d'une histoire à propos de David impliquant un géant.

S: *Tu parles de Goliath. On dit que Goliath était le chef de l'armée de ... Je crois que c'était des Philistins. Et les gens de... laissez-moi penser, qui était le roi? Je crois que c'était Saul qui était roi et ils étaient en guerre. Et chaque jour l'armée israélienne partait pour la bataille, et rentrait vaincue et beaucoup d'hommes mourraient, à cause de ce Chef Goliath. Il se présenterait, et il les défierait tous, et il serait vainqueur.*
D: Était-il vraiment un géant?
S: *Il était plus grand que ce qui était considérée comme la moyenne de grandeur des hommes. Il se battait aux côtés des Philistins, mais il n'était pas un Philistin. En d'autres termes, il venait d'ailleurs. Et il est dit que David avait décidé qu'il le défirait et le tuerait, et c'est ce qu'il l'a fait. On dit qu'il a utilisé sa fronde. Qu'il*

était un berger et qu'il était très doué pour tuer les loups. Il maintenait les loups et les chacals à distance de ces moutons, ce qui est faisable lorsque vous êtes un bon tireur. Ainsi, vous ne perdez pas beaucoup d'agneaux. David était juste sur le seuil de la virilité. Je crois qu'il avait quatorze ans. C'était quelque chose qu'on lui avait dit qu'il serait capable de faire. Il n'est pas difficile de vaincre une telle personne lorsque vous savez que vous avez raison et qu'elle a tort. Dans ce cas, il vaut mieux tuer un homme pour qu'il cesse de tuer, puis qu'un seul homme en avait tué autant. Ainsi cela a été écrit.

JOSEPH

S: L'histoire de Joseph n'est pas dans la Torah. On dit qu'il avait eu beaucoup de frères de différentes mères. Mais un seul frère par la même, qui était plus jeune que lui. Peut-être était-il le plus jeune, je ne m'en souviens pas. Cela fait longtemps que j'ai lu ceci. On dit qu'il avait été vendu en esclavage par ses frères, parce que ses frères étaient jaloux de l'attention que son père lui accordait. Parce qu'il était ... laisse-moi y réfléchir. Oui, je me souviens, il était le plus jeune enfant de sa mère et sa mère est morte en le mettant au monde. Et elle était une femme très aimée. Et donc celui-ci était, comment dites-vous... probablement gâté. Il a reçu beaucoup de choses et les frères ne trouvaient pas cela très juste. Et par la suite, son père lui a offert un manteau avec des manches et il était ....

Attends une minute! Dans son récit biblique, son père lui a donné un manteau multicolor. J'ai interrompu, "Un manteau avec quoi?"

S: Un manteau à manches. Une robe qui a des manches. Habituellement, la robe n'a pas de manches, c'est juste une robe ouverte. Quoi qu'il en soit, c'était agréable et nouveau, alors ils étaient jaloux et ils ont dit: "Non, tu sais que papa m'a donné ça." Et ils se sont disputés à ce sujet et ils l'ont jeté dans un puits, je crois que c'était, ou ils l'ont descendu dedans, je ne m'en souviens pas. Et ils ont dit: "Eh bien, nous ne pouvons pas le laisser retourner auprès de notre père. Il va lui raconter ce que nous avons fait." Alors ils ont décidé qu'ils allaient le tuer. Son frère de la même mère a dit: "Non, non, nous ne pouvons pas faire cela." Il est notre frère. "Vous savez, nous ne pouvons pas faire cela." Et donc, donc, ils décident qu'ils allaient le vendre à un esclavagiste qui partait en Egypte et qu'ils ne le reverraient jamais. Alors ils l'ont vendu.

D: Qu'est-ce que les frères ont dit à leur père?

S: Ils ont ramené le manteau et ils ont enduit le manteau de sang d'agneau, je crois, et ont dit qu'il avait été attaqué par un lion et qu'il n'était plus. Que c'était tout ce qu'ils avaient retrouvé.

D: Alors que s'est-il passé après que les esclavagistes l'aient vendu?

S: Son maître découvrant qu'il était un homme intelligent, l'a mis à travailler, laisses moi réfléchir, à garder la comptabilité, je crois (je présume que c'est le mot correct, c'était étrangement prononcé) et le mis en charge de sa propriété. Et puis, sa femme décide qu'elle désire Joseph et il dit: "Non, non, non." Alors elle crée des difficulté avec ce maître, et ce maître le fait jeter en prison. Et, laissez-moi penser maintenant ... Il y avait un conseiller de Pharaon qui était tombé en disgrâce qui était aussi là, qui avait des rêves prémonitoires. Et Joseph, capable d'interpréter les rêves, lui dit ce qu'ils voulaient dire. Et donc, lorsque le conseiller de Pharaon a été libéré de prison, il lui a dit de se souvenir de lui. Et en temps voulu il l'a fait. Et quand Pharaon eut un rêve, il se souvint de Joseph et on le fit interpréter, ce qu'il fit. Et ce faisant, il sauva l'Egypte, car l'Egypte avait sept ans d'abondance et sept ans de famine. Et l'Égypte était la seule à y être préparée et tous les pays autour mouraient de faim. Ainsi, il est dit que lorsqu'il n'y avait plus d'aliments à manger pour sa famille, il (le père de Joseph) les envoya (les frères) en Égypte. Et Joseph aurait découvert qu'ils étaient là et les avait accusés de vol. Et en disant ça qu'ils doivent laisser leur plus jeune frère avec lui, qui était ce même frère de la même mère. Et ils ne pouvaient pas reconnaître Joseph parce qu'il avait tellement changé.

D: Cela faisait plusieurs années?

S: Oui, et ... laisse-moi réfléchir. Alors ils sont rentrés chez eux et ils ont raconté cela à leur père, et il était censé revenir avec eux ou quelque chose comme cela. Je ne me rappelle plus. En tout cas, ils se sont finalement rencontrés et tout le monde a dû admettre ce qui était arrivé. Mais Joseph, étant le grand homme qu'il était, leur pardonna, de même que leur père. Et ils faisaient fortune en

Egypte. C'est ainsi que la famille est arrivée en Égypte, car elle s'est déplacée là-bas. C'est une très longue histoire et une partie de notre histoire.

ADAM ET EVE

Suddi avait mentionné Adam et Eve plus tôt, alors je lui ai posé des questions à propos de cette histoire.

S: *L'histoire de la création de l'homme et de la femme, oui. C'était Adam, façonné à partir de l'argile de la terre quand elle était toute neuve. Et quand Dieu a découvert qu'Adam était seul et qu'il avait besoin de l'autre partie de lui-même, on dit que sa côte a été sortie. Bien que je ne puisse pas voir cela, l'homme en a autant que les femmes. Mais, de toute façon, on lui a pris une côte et une femme a été faite pour être son âme sœur, l'autre moitié de lui.*
D: Je me demande quelle serait la signification d'une côte?
S: *La femme qui est la compagne suprême qui fait partie de vous, et fait partie d'un tout.*
D: Pensez-vous que ceci est juste une histoire ou ont-ils réellement ...
S: *(interrompant) Je ne sais pas. Je n'étais pas là!*

Il a dit que le nom de l'endroit était le Paradis. Quand je lui ai posé des questions sur le jardin d'Eden, il n'avait jamais entendu parler de ce nom.

D: Adam et Eve ont-ils vécu au paradis le reste de leur vie?
S: *Selon la légende, ils ont été chassés pour avoir tenté de prendre à Dieu ce que Dieu voulait garder pour lui-même, à savoir la connaissance de la honte. Ils ont mangé de l'arbre de la connaissance, qui était très étrange. Pourquoi voudriez-vous choisir de savoir si vous aviez le choix de la vie ou si vous aviez le choix de la connaissance? Combien de nous ne choisiraient-ils pas la vie éternelle? (Je n'ai pas compris et lui ai demandé de s'expliquer) Il y avait deux arbres. Il y avait un qui était celui de la connaissance et un autre, l'arbre de la vie. Par conséquent, pourquoi ont-ils dit qu'ils avaient mangé du fruit de l'arbre de la connaissance? La plupart ne voudrait-il pas vivre éternellement? Ceci me semble très curieux. Je préférerais peut-être être un peu*

moins sage. Si vous vivez éternellement, vous aurez beaucoup plus de chances d'acquérir de la sagesse pendant cette période.

Son étrange philosophie m'a amusé, mais cela avait du sens. J'ai demandé à quoi ressemblaient les arbres.

S: *Ils étaient d'un même type et ils étaient de taille géante. J'ai entendu dire qu'ils étaient des grenadiers, mais c'est encore une légende.*
D: Y a-t-il quelque chose dans votre histoire à propos de leur tentation de manger le fruit d'un arbre?
S: *On dit que le serpent a tenté la femme. Et en étant tentée, quand elle a succombé à cela, cela faisait partie, selon la légende, de la raison pour laquelle les femmes doivent souffrir pendant l'accouchement. Je ne le crois pas, car il n'est pas nécessaire pour les femmes de souffrir. C'est quelque chose que les hommes ont ajouté à cette histoire, je pense. Pourquoi le don de la vie dans le monde devrait-il apporter de la souffrance? C'est évident qu'elles ne doivent pas souffrir! Il y a beaucoup de façons de mettre un enfant au monde sans faire souffrir sa mère. Vous apprendrez et le souffle apaisant et purifiant, et en l'utilisant... en détournant l'attention de ce que votre corps fait trop pour maintenir les mouvements. Et vous vous concentrez plutôt sur ce qui est très agréable et calmant pour vous. Et plus le corps est calme, plus il est facile pour l'enfant de sortir. (Cela ressemble beaucoup aux méthodes modernes de Lamaze.)*
D: Les femmes sont-elles formées à le faire elles-mêmes?
S: *Il y a des femmes à qui on explique comment faire ceci. Et bien sûr, il y a d'autres femmes et généralement le compagnon est avec elles. Mais je n'ai pas assisté à un accouchement.*
D: Vous avez mentionné le serpent. Voulez-vous dire que c'était un vrai serpent?
S: *Certains disent que c'était l'un des êtres de lumière qui était descendu. Il entra dans son esprit dans le serpent. Il y a beaucoup de légendes à ce sujet mais je n'y crois pas. Je crois que cet homme a créé sa propre perte par son acquisition de la cupidité et de la luxure. Plus vous en avez, plus vous en voulez. Et que ce qui en était, est que l'homme a créé sa propre chute du paradis. Il est plus facile de dire que le serpent vous a tenté que d'admettre que ce serpent est une partie inférieure de vous-même.*

D: Qu'est-il arrivé quand ils ont mangé le fruit?
S: *On dit qu'ils ont été chassés du paradis. Et ils se sont rendus compte qu'ils n'avaient pas de vêtements, ce qui a apporté la honte au monde. Et depuis lors, ils essaient de se couvrir, et cela n'a pas cessé. Avoir honte de son corps alors que c'est son temple, ce n'est pas une bonne chose. C'est ce que Dieu vous a donné pour que vous y passiez votre vie. Vous devez bien le traiter, et le traiter afin qu'il dure toute une vie. Et avoir honte de ce qui est un don de Dieu est un grand péché.*

Cette référence au corps en tant que temple sonnait comme les commentaires de Jésus dans le Nouveau Testament.

D: Mais vous couvrez vos corps.
S: *Mais nous ne nous cachons pas. Quand nous sommes enfants, il y a une liberté dans le mouvement comme au jour de sa naissance. Cela est acceptable. Ce n'est pas honteux d'avoir une franchise à propos de son corps. Vous ne courez pas et vous ne vous cachez pas pour vous couvrir pour que quelqu'un ne vous voie pas sans vos vêtements.*
D: Dans certaines communautés, cela est très mal vu.
S: *Et ce sont généralement celles qui ont le plus de problèmes.*

Ceci explique la baignade nue mixte quotidienne à Qumran. C'était une chose acceptée. Il avait mentionné un être de lumière déchu et j'ai immédiatement pensé aux histoires de Lucifer comme à un ange déchu. Mais il n'avait jamais entendu parler d'aucune histoire à son sujet. Il connaissait cependant l'archange Michel.

S: *Je connais Michel. On dit que Michel est à la droite de Dieu. Il est l'un des êtres qui ne sont jamais venus ici. Il a toujours été avec Dieu car il ne s'est pas aventuré. Et par conséquent, il est aussi parfait maintenant que le jour de la création. Et il est comme un messager pour Dieu. S'il veut parler à quelqu'un, peut-être pas aussi directement, Dieu enverra parfois Michel ou Gabriel.* (Prononcé très vite.)
D: Comment vous parle-t-il?
S: *De la pensée à la pensée. Pourquoi pas*
D: Vous ne le voyez pas réellement?

S: *Il y a ceux qui le font. Il y a ceux qui en ont besoin. Mais il n'est pas toujours nécessaire de savoir pour tous qui auraient la possibilité de l'entendre. Il apparaitrait à vous ou à moi différemment. Il apparaîtrait peut-être comme quelque chose vêtu de lumière dorée, ou peut-être comme un rayon de soleil révélé, ou peut-être comme un jeune homme ou même un vieil homme. Tout est dans la façon dont vous le visualisez, comment vous devez avoir cette image de lui. Ce pourrait être aussi d'autres êtres. Il y en a beaucoup qui ne sont pas encore venus. Nombreux sont ceux qui n'ont pas décidé que c'était ce qu'ils souhaitaient faire. C'est pour cela qu'ils s'assoient et qu'ils regardent.*

Revenant à l'histoire d'Adam et Eve, j'ai dit que j'avais entendu une histoire selon laquelle il y avait des géants dans le monde en ces jours là.

S: *Ainsi, il a été dit. Selon les récits qui ont été transmis, Adam était exactement ce à quoi Dieu avait décidé que l'homme devrait ressembler de son choix final. Qu'il y avait beaucoup, beaucoup de ceux qui étaient venus avant qui n'étaient pas parfaits, et ont donc été changés. Et dans les époques précédentes, il y avait beaucoup de choses qui n'existent plus maintenant. Donc c'est très possible.*
D: Il existe de nombreuses légendes sur les animaux étranges. Pensez-vous que c'est de là que viennent les légendes?
S: *Comme ceci je l'ai déjà entendu dire. C'est une grande possibilité.*

L'histoire de la création du monde, au chapitre 15, en dit plus long.

RUTH

Au cours d'une session où je parlais à Suddi lorsqu'il était enfant, je lui ai demandé quelle était son histoire préférée. J'ai été surprise quand il a dit: "J'aime bien Ruth." Je pensais que c'était un choix assez étrange pour un enfant. Je peux penser à de nombreuses histoires de notre Bible qui sembleraient plus excitantes pour un jeune enfant. Je lui ai demandé s'il pouvait me la raconter et ce qui suit est un phénomène étrange en soi même. En général, l'hypnotiseur doit poser beaucoup de questions pour que le sujet continue de parler. Ils deviennent si détendus qu'il est toujours possible qu'ils dérivent dans un sommeil naturel. Je n'ai jamais eu cela, mais c'est une possibilité. Katie avait toujours été bavarde sous "hypnose" de toute façon. Mais cette fois, Suddi a raconté cette histoire et elle a duré sept minutes et demie sans aucune interruption. Je n'ai posé aucune question ni incité à faire en sorte que l'histoire continue. Je pense que c'est une sorte de record, s'il n'y a eu aucun autre cas de ce genre qui se soit passé. C'est encore un autre exemple de l'intensité avec laquelle Katie s'identifiait à cette personnalité du passé.

Suddi a raconté l'histoire avec enthousiasme avec l'enthousiasme pétillant d'un enfant désireux de partager ses connaissances.

S: *On dit que Naomi, son mari et ses deux fils et elle sont allés au pays de Moab (prononcé presque en une seule syllabe) pour gagner leur vie. Et ce faisant, ces deux fils ont grandi et ont décidé de prendre des épouses. Maintenant, il est dit dans les parchemins que nous ne devons pas prendre de femmes autres que celles qui soient de notre groupe. Mais ils en ont parlé avec le prêtre et on leur a dit que tant qu'elles (les femmes) accepteraient Yahweh comme leur Dieu, ils seraient autorisés à se marier avec elles. Alors ils ont choisi les deux épouses qu'ils désiraient épouser et qui se sont avérées être des soeurs. Une était Ruth et je ne peux plus me souvenir juste maintenant du nom de sa soeur.*

En tous cas! Ainsi, il se passa plusieurs années et il y eut une grande épidémie au sein du peuple. Le mari de Naomi tomba malade et mourut, ainsi que ses deux fils. Et elle décida de rentrer dans son pays, Israël, emportant avec elle le peu de possessions dont elle disposait et ainsi de retourner dans son peuple. Puis elle a dit à ses belle-filles qu'elles étaient jeunes et qu'elles devraient rester ici, se remarier et faire partie de leur peuple. Et la soeur de Ruth a accepté de retourner chez ses parents. Mais Ruth lui a dit que lorsqu'elle a quitté la maison de ses parents, elle n'était plus leur fille et que Naomi était devenue sa seule famille.

Par conséquent, là où elle irait, Ruth aussi. Et Naomi n'arrêtait pas de dire: "Non, non, vous ne pouvez pas faire cela. C'est étrange. Notre peuple est différent." Et Ruth dit: "N'ai-je pas suivi

Yahwe comme ceux de votre peuple?" Et elle dit: "Oui". "Et est-ce que je ne respecte pas les lois?" Et elle a répondu: "Oui." "Par conséquent, je suis l'une d'entre vous." Et alors elle décida que plutôt que de partir toute seule, ce qui serait un voyage très difficile qu'il était mieux de s'en aller ensemble. Et elles sont retournées chez elles. Et quand elles sont arrivées là, bien sûr, tout le monde a pleuré sur le fait que Naomi était sans mari et n'avait pas de fils pour porter son nom. Elles n'étaient pas vraiment pauvres mais ne disposaient pas de beaucoup d'argent pour se nourrir ou pour quoi que ce soit d'autre, et c'est ainsi qu'elles ont vécu pendant un certain temps.

Et Naomi avait un cousin, appelé Boaz, qui était un homme important dans sa communauté. Il était de la Maison de David et très important et un homme très juste et bon. Et il possédait de nombreux champs et Naomi envoya Ruth dans les champs pour glaner, ce qui était permis. Et lui dit que ce serait une bonne chose à faire, sachant que cela attirerait l'attention. Car même si elles étaient pauvres, ceci allait leur faire honte, pour que cela se sache. Qu'elles vivent dans la même ville avec des cousins et qu'elles doivent se rendre aux champs pour glaner. Ainsi, l'attention serait portée sur eux. Elle espérait que quelque chose découlerait de cela. Ou peut-être que beaucoup diront qu'elle était au courant et a donc provoquée la chose.

Mais peu importe! Alors elle est allée dans les champs et a glané et les surveillants ont essayé de la décourager et elle a dit qu'en vertu de la loi qu'elle avait le droit de le faire. Parce que ce sont les feuilles qui ont été laissées. Et cela a attiré son attention de Boaz et il a découvert qu'elle était sa cousine, étant mariée à son cousin. Par conséquent, ils étaient d'une même famille. Et lui, voyant leur problème, envoya beaucoup de choses à manger à leur maison pour qu'elles n'aient pas à faire cela. Maintenant, il y avait un autre cousin plus proche avec lequel, si Ruth souhaitait se marier, elle devrait se marier. En vertu de la loi, le parent le plus proche de l'homme qui meurt sans enfant doit prendre sa femme s'il n'est pas lui-même marié. Et il ne pouvait pas supporter la pensée qu'elle était une Moabite (prononcée Mobite) et différente de sa famille. Mais aussi il ne pouvait pas supporter que Boaz puisse peut-être vouloir Ruth pour lui-même. Par conséquent, il était dans un dilemme.

S'il disait qu'il la prendrait pour femme, il aurait quelqu'un de proche et non pas à lui. Mais s'il laissait Boaz l'avoir, il savait que c'était ce que désirait Boaz. Donc, il ne pouvait pas se décider. Et donc le conteste a été fait. La contestation devant le juge. Qu'il doit soit l'accepter comme sa femme, soit lui donner sa sandale. Ce qui veut dire que le marché a été scellé et ils ont décidé que cela serait adopté. C'est pour que ce soit légalisé, la sandale est passée. Et ainsi, il a eu honte de faire cette chose devant les gens.

Parce qu'il ne le faisait pas ... il n'y avait aucun moyen, même pour contrarier Boaz, de prendre une femme sur laquelle il y avait eu autant de scandale. Et en plus, elle était étrangère et différente, plein de choses comme ça. C'est de là qu'ils ont donc pu vivre et se sont agrandi. C'est à partir de l'union de Ruth avec Boaz que la Maison de David a été formée. Ils sont très importants. C'est mon peuple, leur maison. Et leur fils était ... laisse-moi réfléchir. C'était ... David était leur petit-fils, le fils de leur fils. Et ça continue à partir de là.

C'était les sept minutes et demie sans interruption.

D: Pourquoi est-ce votre histoire préférée?
S: *Elles font parti de l'histoire de ma famille. Et ce fut le début de notre maison (linéage d'ancêtre, arbre généalogique.)*
D: Est-ce que Ruth était satisfaite de la décision ou est-ce que les parchemins le disent?
S: *Oui, elle était heureuse parce qu'on dit qu'une partie de cela, elle est sortie et a laissé Boaz s'approcher d'elle pour qu'il sache que c'était également son choix. Cela fait partie de tout cela aussi. Et ensemble ils ont rompu le pain ensemble et cela a été décidé. Et ensuite, ils ont procédé à l'annulation publique des droits.*
D: Eh bien, si elle n'était pas revenue avec Naomi, elle ne l'aurait jamais rencontré.
S: *Elle l'aurait connu. Cela aurait été d'une manière ou d'une autre.*

D: Des choses comme celles-ci sont-elles pré-ordonnées, que les gens se rencontrent ainsi?

S: *S'il y a des dettes à payer, qu'elles soient pour le bien ou pour le mal, elles doivent être payées. Et donc ces choses se doivent d'arriver. Et nous devons apprendre sur tout ceci. Et apprendre à ne pas les défier, car cela cause beaucoup de chagrin et de douleur. Si vous voulez simplement tirer le meilleur parti des situations et en tirer des enseignements, vous aurez un avantage incroyable.*

D: Ne pas les combattre et de continuer.

S: *Oui.*

Chapitre 15

Moïse et Ezekiel

MOÏSE

L'histoire de Moïse était bien connue et importante pour Suddi. Puisqu'il était un maître et un enseignant, il savait le contenu dans la Torah, de ces lois de Moïse. Au cours de trois différentes sessions, j'ai obtenu de nombreux fragments de cette histoire. Je les ai combinées ici, et elles s'interactent très bien ensemble. Ils contiennent plus de différences étranges que toute autre histoire biblique que j'ai reçue de Suddi, différences mais tout à fait plausibles.

Même depuis le départ, celle-ci ne ressemblait en rien à notre version biblique. Depuis le cathéchisme du dimanche, nous apprenons l'histoire d'un bébé, Moïse né d'une femme hébraïque, et caché dans un panier dans les roseaux jusqu'à ce que la fille de Pharaon le retrouve et l'élève comme son propre enfant au palais. Ce qui suit en est l'histoire telle qu'elle est contée par Suddi.

S: *Sa mère était une princesse en Egypte..*
D: Nous avons entendu l'histoire qu'il était né d'une femme hébraïque.
S: *Non! Il était né d'un père juif (Sa voix est devenue plus grave.) C'était l'histoire qui a été distribuée dans les dernières années, pour la protéger d'avoir eu un enfant juif et de son père juif; Moïse était le fils de la fille de Pharaon.*
D: Pourquoi était-ce quelque chose qu'ils devaient cacher?

S: *Parce qu'à cette époque, les Hébreux étaient tous des esclaves en Egypte. Bien que Moïse soit de descendance noble, car il est dit qu'il appartenait à la Maison de Joseph (il est prononcé: Yoseph), il était néanmoins issu d'un esclave juif en Égypte. Je pense que l'histoire était pour sa protection, il avait été dit que l'enfant avait été trouvé. On aurait raconté qu' il avait été trouvé à la rivière, dans une barque de joncs. Ce n'est pas vrai.*
D: Il avait été élevé dans la maison de Pharaon? Est-ce que quelque chose est arrivé plus tard qui l'en ait fait partir?

Selon l'histoire de la Bible, après avoir grandi, il est accidentellement devenu un meurtrier. Quand le pharaon l'a découvert, il a voulu tuer Moïse, mais celui-ci s'est enfui dans le désert pour échapper à sa colère. Encore une fois, la version de Suddi n'était pas la même.

S: *Il n'était pas requis pour lui de partir. Il a découvert que son père était un esclave. Et son père étant esclave, il en était également un. Et, il a dit qu'il vivrait au sein de son peuple. Cela faisait partie de la formation qui devait bien supporter, pour qu'il puisse entreprendre ce qui allait lui arriver.*
D: Nos histoires semblent être un peu différentes. Il nous a été raconté qu'il était parti dans le désert.
S: *Il fut envoyé dans le désert pour avoir osé aimer la princesse Neferteri qui elle, devait devenir la femme de Pharaon. Voilà la raison pour laquelle il fut envoyé dans le désert. Ceci s'est passé après qu'il ait décidé de devenir esclave. S' il avait encore été Prince Moïse, il n'aurait pas été envoyé dans le désert. Ramsès savait que Neferteri aimait Moïse et il en était jaloux. Par conséquent, il a décidé que d'envoyer un homme dans le désert reviendrait au même que de le tuer. De cette manière, il croyait ainsi avoir supprimé Moïse. Il ne savait pas qu'il avait la protection de la main de Yahweh sur sa tête.*
D: Comment a-t-il appris son destin s'il était dans le désert? (Je pensais à notre histoire de Dieu lui parlant depuis le buisson ardent.)
S: *Je n'en saurais rien! Je n'étais pas là! Il m'a été raconté que les anges lui avaient rendu visite. J'ai entendu dire qu'il venait tout juste de s'ouvrir à son être intérieur. Beaucoup d'histoires existent. Je crois que cela avait beaucoup à voir avec ... Il ne*

pouvait tout simplement pas le supporter. Il était libre, heureux, et, son peuple, lui, était en esclavage en Égypte.

D: Notre histoire parle d'un buisson ardent.

S: *J'ai entendu dire à ce propos, quelqu'un disant que Dieu l'avait visité sous la forme d'un buisson ardent, (Soupir.) Ceci me semble plutôt étrange. Pourquoi Dieu brûlerait-il l'un de ses arbustes pour attirer l'attention d'un simple mortel? Ne dirait-il pas simplement: "Je suis Yahweh, m'écouteras-tu?" Je crois qu'il a parlé directement à l'âme de Moïse et Moïse a écouté. Certaines personnes ont beaucoup de difficulté à croire que quelqu'un puisse entendre Dieu à l'intérieur de soi. Ils doivent trouver une expression extérieure pour dire: "Oui, Dieu m'a parlé." Pour entendre Dieu, il suffit d'ouvrir son cœur et il est là, dans chaque souffle et à chaque instant. Il faut simplement être attentif.*

Bien entendu, cela semble bien trop facile à la plupart des gens à accepter. J'ai demandé s'il connaissait l'histoire de la mer Rouge, et si c'était la même que celle à laquelle nous sommes habitués.

S: *Qui sait? Voulez-vous dire quand ils ont traversé la mer Rouge? Il a été dit dans quelques récits que la mer s'était coupée en deux, mais ce n'était pas la réalité. En vérité, ils venaient de traverser. Ils avaient la capacité de... Comment dire? Que grâce aux pensées et aux efforts commun à tous, que l'énergie les a simplement soulevés. Alors il a été dit que même leurs pieds n'ont pas été mouillés.*

D: Voulez-vous dire qu'ils ont marché sur les eaux ou flotté au-dessus de l'eau?

S: *Oui Certains pourraient dire que les eaux se sont séparées, de telle sorte que lorsqu'ils ont fait un pas, ils n'ont pas été en contact avec l'eau. (Il était devenu frustré par son incapacité à expliquer cela de manière satisfaisante.) Concentrer l'énergie pour marcher sur l'eau, ou comme vous pourriez dire, cela aurait été fait en harmonie avec la nature. Ceci n'irait pas à l'encontre de la nature. Vous ne faites que de renforcer, mettre plus d'énergie pour que la surface devienne solide. Tu vois? Se séparer de la mer serait totalement contre nature. Lorsque vous faites quelque chose avec les lois de l'énergie, vous devez toujours suivre la nature. S'opposer, c'est faire en sorte que quelque chose d'autre tombe à* sa place et cause beaucoup plus de torts et de dégâts. La communauté nous apprend à utiliser l'énergie de cette manière. Avec la foi, tout est possible. Tu te dois d'y croire.

D: Mais il y avait beaucoup, beaucoup de personnes traversant la mer. Pensez-vous qu'ils y ont tous cru?

S: Non. Mais, ils ont été assez nombreux pour l'accompli et les autres ont suivi. Mais le peuple de Pharaon n'avait ni la foi, ni la capacité de le faire, et donc quand il a fait un pas, il est simplement allé... en quelque sorte, au fond.

Même si je ne comprenais pas ce qui était si évident et si simple pour lui, je passai à un autre mystère lié à Moïse: l'arche de l'alliance.

S: C'est l'arche de l'alliance de Moïse avec Dieu, oui. C'est ... comment dire ça? Un moyen pour communiquer avec Yahweh. Cela aurait été une partie de la communication. Celle-ci fait également partie d'un système d'échange d'énergie. On dit qu'elle contenait tous les secrets du monde et de l'univers.

D: On a dit qu'elle contenait les dix commandements.

S: Les livres sont là, oui, mais c'est, comme je le dis, un canal vers Yahweh. Cela fait partie de quelque chose qui était autrefois beaucoup plus important à une autre époque. Et, nous avons été autorisés à garder certains des secrets. De cette manière, vous pouvez apprendre les secrets sur tout. Les Lévis sont les gardiens des secrets de l'arche. Ils sont les fils d'Aaron.

D: Où se trouve l'arche maintenant? Est-ce qu'elle existe toujours?

S: Elle est protégée. Ils(les Lévis) ont gardé des secrets parmi eux. On raconte qu'à l'époque de Babylone et plus tard, elle fut plusieurs fois capturée par les rois et les empereurs qui souhaitaient exercer le pouvoir à leur guise. Et ce faisant, leurs royaumes sont tombés. Et à nouveau, plusieurs fois, l'arche fut cachée. Et encore, elle a été cachée. C'était un cadeau. La connaissance a été donnée à Moïse et Aaron pour la construire. Ainsi, fondamentalement, Yahweh, réalisa alors que l'homme n'était pas prêt pour tout ceci. Et donc, l'homme doit en être protégé. L'énergie en était bien trop grande.

D: Peut-on détruire l'arche?

S: Non, jamais. Ce n'est que par un acte ou une volonté de Dieu qu'elle peut être détruite. Elle est protégée par les Levis.

D: J'ai toujours entendu dire que l'arche est dangereuse.

S: *Pour ceux qui ne possèdent pas un cœur pur et de bonnes intentions, oui. Elle les tuerait. Le niveau d'énergie de celle-ci en est si important que votre cœur pourrait cesser de battre ou votre esprit cesser de fonctionner; et ainsi, cesser d'habiter le corps physique.*

D: Est-ce la raison pour laquelle Yahweh pense que l'homme n'est pas prêt pour tout ceci?

S: *Parce que pendant de nombreuses années, l'homme a essayé de la plier à sa volonté, de faire ce qu'il souhaitait. Il nous a été dit que celui qui la possèderait, gouvernerait le monde. C'est la raison pour laquelle elle se cache.*

D: L'homme sera-t-il, un jour, prêt pour quelque chose comme ceci?

S: *Qui suis-je pour juger? Seul l'espoir sur ce sujet peut être conservé. On dit que beaucoup de gens ont été tués à cause d'elle. À une certaine période, elle aurait même été conservée dans le sanctuaire intérieur du temple de Salomon. Mais sa puissance en aurait presque détruit le sanctuaire intérieur, et elle en aurait également été cachée loin de là.*

D: Pensez-vous que l'arche de l'alliance a quelque chose à voir avec leur capacité à traverser la mer Rouge?

S: *L'arche n'était pas encore présente. Elle n'a pas été fabriquée avant que ... c'était pendant les quarante années d'errance. Elle a ensuite été fabriquée pour stocker les tablettes et les papyrus des lois. Moïse en a fait l'extérieur, le Kaloo a apporté la source d'énergie qui a été mise à l'intérieur.*

D: Les gens ont tellement changé toutes ces histoires. Nos histoires ne sont pas les mêmes que les vôtres.

S: *On dit que chaque fois qu'un homme parle grâce à sa langue, il brode un peu à partir de ça, oui.*

Selon nos versions bibliques, après avoir traversé la mer Rouge, les Hébreux étaient conduits par un nuage de fumée le jour et un nuage de feu la nuit. Suddi n'avait jamais entendu cette histoire.

S: *Il est dit que le bâton de Moïse avait sur lui un grand cristal qui brillait. Et, cela lui aurait indiqué la direction à prendre.*

Ceci était également une autre surprise. Selon son récit, s'ils se dirigeaient dans la bonne direction, le cristal aurait brillé plus fort, et s'ils s'éloignaient du sentier, il s'assombrissait.

S: *Il est dit que pendant une partie du voyage, celle durant laquelle ils avaient erré pendant si longtemps, que cette errance avait été causée par la perte de sa foi par Moïse, et qu'il avait commencé à se diriger dans la direction souhaitée par le peuple, plutôt que celle vers laquelle il était guidé. Ses doutes en étaient la cause. Qu'il avait perdu cette grande foi qui lui avait permise de faire ce qui avait été fait jusqu'alors. Et les dissidents lui disaient: "Non, non, vous nous induisez en erreur. Vous pouvez faire ce que vous voudrez. Nous, nous n'irons pas par ici." Et c'est le moment où la bonne route a été perdue. On dit ensuite qu'il ne pouvait plus supporter le fait qu'il savait qu'ils étaient perdus, que son peuple mourait, et souffrait. Et, il pria Yahweh pour lui dire qu'il allait à nouveau le suivre s'il sauvait son peuple. Et ainsi, il est dit qu'il le guida à nouveau.*

Il y a aussi l'histoire de ces gens qui trouvent de la nourriture et de l'eau par des moyens miraculeux pour subvenir à leurs besoins alors qu'ils erraient dans le désert.

S: *Il est dit que la manne a poussé sur les arbres. Ils ont raconté que c'était similaire à du pain, ce qui est de la manne, voilà la raison pour laquelle on l'appelait ainsi. Il existe des buissons dans les étendues désertiques qui ont des graines. Quand elles s'ouvrent, elles ont quelque chose qui est... comment puis-je expliquer cela? C'est très bon à manger, cela va vous maintenir en vie. On dit que ce sont grâce à ceux-là qu'ils auraient survécu. Je n'ai jamais vu de tels buissons, donc je ne sais pas. Et là où se trouvaient ces arbustes, ils ont également frappé le sol avec ce baton, et de l'eau est apparue pour qu'ils aient à boire.*
D: Ce baton de Moïse, avait-il des propriétés particulières? N'avait-il pas été utilisé pour effectuer de nombreuses choses merveilleuses?
S: *Moïse a trouvé son bâton. On dit qu'il a pu pu ainsi trouver de l'eau et des objets, mais tout le monde pouvait le faire s'il est utilisé correctement. On dit que le crystal était quelque chose qui a été*

transmis, durant de nombreuses générations. C'était Abraham qui l'avait apporté avec lui et il a été transmis et encore retransmis à nouveau. Et Joseph l'emporta avec lui en Egypte, dans le pays de Pharaon. Et là, après ceci, nous atteignons le moment où la captivité a commencé. Il a ensuite été passé de père en fils. On dit que son père, qui était un hébreu, lui a donné le crystal quand il est devenu homme. On dit que pendant tout un temps il l'a porté autour de son cou. C'était quelque chose qui appartenait à Yahweh, il s'agissait donc d' une protection.

D: Pensez-vous que Moïse savait à quel point c'était puissant?

S: *Je ne suis pas Moïse, je ne peux pas répondre. (Nous avons ri) Il est dit que, lorsque Joseph est arrivé en Égypte, les Hébreux étaient grandement honorés. Et puis, ils sont devenus si nombreux que beaucoup d'Égyptiens en sont devenus jaloux. Parmi eux, beaucoup ont été transformés en esclaves. Et, c'était ceux qui ont traversé la mer, qui ont suivi Moïse. C'étaient ceux-ci, leurs descendants, ses descendants du peuple de Joseph.*

D: Comment Moïse a-t-il pu faire en sorte que le pharaon laisse ce peuple partir?

S: *Pharaon était son frère. Ils avaient été élevés ensemble. Il a réussi à le convaincre par de différentes méthodes, et selon certains, par de la sorcellerie. Il leur infligea des plaies.*

J'avais entendu parler des plaies de l'Égypte depuis l'enfance, et je les ai toujours trouvées fascinantes. Elles sont listées dans le livre de l'Exode, 7-12. Peut-être ce serait une chance d'explorer leur signification du point de vue de Suddi. Il y en a dix mentionnés dans la Bible:

1. L'eau de la rivière qui se transforme en sang;
2. Les grenouilles;
3. Les moustiques;
4. Les mouches;
5. La peste, qui est un fléau ou une maladie animale;
6. Les furoncles;
7. La grêle mélangée avec du feu;
8. Les sauterelles;
9. L' obscurité;

10. Les Morts de leur premier-né (entraînant l'institution de la Pâque).

D: Les plaies étaient-elles réelles?
S: *Oui, mais en grande partie c'était... Moïse était un homme très intelligent. Les dernières plaies dans lesquelles ils disaient que le ciel s'assombrissait et que les eaux devenaient rouges. On dit que, quand le ciel s'assombrit, il savait que, en amont... il avait été mis au courant du fait que le volcan avait explosé. (Il avait de la difficulté avec ce mot.) Et la crainte de voir les eaux devenir rouges? Il savait que cela se produirait dans les jours suivants, car en amont, c'était la couleur de la terre. Et si cela se déversait dans la rivière, les eaux deviendraient rouges. Cela lui avait été communiqué. Il y avait soi-disant des sauterelles et autres choses. Je ne sais pas si elles se sont toutes produites. Je sais que certains d'entre eux venaient d'être informés du fait que certaines choses se passaient.*
D: Un homme très intelligent. Alors vous pensez que ce n'est pas vraiment la colère de Yahweh?
S: *Jusqu'au dernier, non. À partir du début de la pâque, c'était exact. Il a été ainsi rapporté que Yahweh avait promis l'envoi d'un Ange de la Mort. Cela ne ressemble pas au Dieu que je connaisse qui soit un dieu vengeur. Mais, cela ne ressemble pas non plus à un dieu que je connaisse, de tuer tous les hommes sur la surface de la terre, comme il l'a fait lorsqu'il a parlé à Noé et lui a dit de construire la grande arche. Cela ne ressemble pas à mon dieu, mais c'est ce qui nous a été dit. On dit qu'il y avait eu une plaie avec des furoncles. On dit que cela était venu avec l'infection amenée par les rats. La peinture des portes, je pense que cela a beaucoup plus à voir avec le fait que les Israélites se maintenaient en bonne santé, plutôt que les Egyptiens ont été terrassés. Je pense qu'ils se croyaient ... immunisés.*
D: Oui, l'histoire dit qu'ils ont peint les portes et que cela a laissé passer l'ange de la mort.
S: *C'est ce qui est dit. J'ai aussi entendu dire qu'ils avaient suspendu différentes herbes autour de leurs maisons.*
D: Alors vous pensez que c'est une maladie qui a été transmise par des rats et que les furoncles étaient l'un des symptômes?

S: Oui, c'est ce que l'on m'a dit. Il s'agit de ce que pensent nos enseignants, c'est une très bonne possibilité.
D: Il était seulement censé frapper le premier-né.
S: Non, ce n'était pas seulement le premier né. Il a frappé le premier né et la moitié du peuple égyptien. Il a été dit que lorsque Moïse avait informé Pharaon, il avait annoncé que son premier-né serait abattu. Il n'a pas dit que cela frapperait le premier né pour tous. Il a juste dit que c'était ce qu'il avait vu et que cela arriverait. Il ne l'a pas maudit, il l'a juste prédit.
D: Notre histoire nous dit que Yahweh l'a fait pour que le pharaon libère le peuple.
S: Je pense que cela avait autant à voir avec Yahweh qu'avec l'humanité. Mais Moïse, avec un peu de prescience, un homme peut faire beaucoup.
D: Vous avez dit qu'il a utilisé la sorcellerie aussi?
S: C'est comme ça que certaines personnes l'appelleraient, oui. Être capable de voir ce qui se passera avant que cela ne se produise.
D: Vous nous avez déjà dit qu'il y a des maîtres dans la communauté qui ont cette capacité. Moïse aurait-il pu être un maître formé à cela?
S: C'est très possible. On dit que son père était un prêtre de la foi et que sa mère était bien sûr une princesse d'Égypte. Il avait obtenu son enseignement non seulement par les prêtres hébreux, mais aussi par les prêtres d'Égypte. Il était à moitié égyptien, pourquoi n'aurait-il pas bénéficié d'une telle instruction?

Comme c'est incroyable ce qui peut arriver lorsque vous introduisez une idée originale dans un esprit ouvert. J'ai été soudainement capable de regarder les choses que je prenais pour acquises toute ma vie d'un jour totalement nouveau. L'idée était radicale, mais serait-il également possible d'expliquer ainsi les plaies de l'Égypte? Suddi a déclaré que la rivière était rouge depuis la perturbation en amont. La Bible dit que l'eau puait et que les gens ne pouvaient pas en boire. Cela aurait-il pu être causé par le volcan déversant du soufre dans la rivière? Tous les habitants du pays peuvent vous dire que ce produit chimique naturel rendra l'eau de puits non potable. Et, l'eau soufrée peut certainement sentir très mauvais.

Les grenouilles ont quitté la rivière et envahi la terre. Cela aurait également pu être causé par de tels changements en cours. Les animaux sont très réceptifs à la nature. Quand toutes les grenouilles sont mortes, les Egyptiens les ont entassées dans des piles puantes. Ainsi, la peste des mouches aurait pu se produire causée par leur attirance pour les grenouilles mortes. Il a ajouté que l'obscurité était le résultat du volcan, ce qui aurait pu également expliquer la grêle mêlée de feu. Ce phénomène est connu pour se produire lors d'éruptions volcaniques.

Suddi a déclaré que la peste qui avait entraîné la mort de la population et institué la célébration de la Pâque était une maladie causée par des rats. Ceci expliquerait également la peste des poux. Car on sait que les puces sont porteuses des germes de la peste noire. La maladie des animaux et des furoncles en tant que symptômes chez l'homme pourrait bien y être liés. La peste des sauterelles pourrait être un phénomène naturel ou être causé par le volcan qui perturbe l'atmosphère. Il est étrange de voir comment tout cela se met en place et doit être considéré comme possible, mais nous ne nous en sommes jamais rendu compte tant que Suddi n'en ait pas introduit l'idée.

Les Hébreux étaient des esclaves et leurs quartiers de résidence étaient séparés du reste des Égyptiens. En restant à l'intérieur de leurs maisons jusqu'à ce que l'Ange de la Mort soit passé, ils observaient une quarantaine volontaire. Ils ont été tenus à l'écart des rats porteurs de la maladie et des personnes infectées. C'est une idée intéressante qui pourrait être ouverte à toutes sortes d'élaboration.

D: Quand Moïse a-t-il reçu les commandements pour la première fois? Était-ce après leur errance dans le désert?

S: *Oui, il avait d'abord entendu la voix de Yahweh, et il s'est dirigé droit au mont Sinaï. Et il est allé sur la montagne, et il a été dit qu'il y avait communiqué avec Dieu et qu'il avait reçu ces lois de Dieu.*

D: Pensez-vous qu'il a vraiment parlé à Dieu?

S: *Oui, on dit qu'il était quelqu'un de différent quand il est revenu de la montagne, différent de celui qui y est monté. Je pense qu'il était vraiment devenu quelqu'un de complètement différent. Il s'était ouvert à la connaissance, et plus encore.*

D: Comment Dieu lui a-t-il donné les commandements?
S: *Je ne suis pas sûr. Ils ont été écrits. Certains disent qu'ils ont été écrits avec le doigt de Dieu. Je pense que cela ressemble plus à certains de nos collaborateurs lorsqu'ils écrivent sur les parchemins. Cela sort au travers d'eux. Quand ils écrivent sur les manuscrits, cela vient sans qu'ils y réfléchissent. Je pense que c'était ainsi. Ils ont été transcrits sur des tablettes d'argile. (Comme ceux utilisés par les étudiants à Qumran pour la pratique de l'écriture.) Il revenait de la montagne avec les lois de dieu, et il est dit qu'il brillait, que même l'air autour de lui brillait. Et quand il en est descendu, ils avaient fait une statue en or à Baal et Dure (phonétiquement), enfreignant déjà la plupart des commandements. On dit que dans sa colère contre eux, il a brisé les tablettes, puis a dû aller les réécrire. En se raprochant autant de Dieu et de toute sa gloire, il ne pouvait pas supporter que les gens se soient autant rabaissés. Il ne pouvait pas comprendre cela et estimait qu'ils ne méritaient aucune parole de Dieu. On dit que Moïse était connu pour son mauvais caractère, alors c'était probablement vrai.*

D: Pourquoi les gens ont-ils fait la statue en or dédiée à Baal?
S: *Après avoir erré pendant quarante ans dans le désert, et avoir eu le temps de s'asseoir et de faire ce qu'ils voulaient, ils sont devenus un peu fous. Les gens avaient Aaron. Mais Aaron n'était pas aussi fort de caractère que son frère, et était plus maléable.*

D: Moïse est-il longtemps demeuré sur la montagne?
S: *Je ne m'en souviens pas. Je pense une année, je ne suis pas vraiment sûr.*

La Bible dit que Moïse était tellement irrité par les actions du peuple qu'en plus de briser les tablettes, il provoqua également la mort de milliers parmi son propre peuple dans une explosion de colère. Suddi n'était pas d'accord. Il a dit que la colère de Moïse aurait disparue une fois qu'il avait détruit les tablettes.

S: *Il n'avait pas autorité sur eux. Ils étaient autonomes. Il a de nouveau écrit les tablettes. Je ne sais pas s'il est retourné sur la montagne pour les chercher. Mais cette fois, les gens s'étaient beaucoup plus tenus. Et ils ont ensuite atteint la terre qui leur avait été promise. On dit que Moïse n'a pas été autorisé à entrer dans ce pays mais est mort avant. C'était à cause de ses doutes et de la volonté des autres. Quand il ressentait un doute et il cessait de suivre le fil (le cristal) que Yahweh lui avait donné. Il s'est présenté comme n'étant pas encore suffisamment préparé, qu'il avait besoin de plus de temps. C'était une nouvelle génération qui y entrait. Ce n'étaient pas ceux qui erraient dans le désert. Je crois qu'Aaron était le seul de l'original groupe à y entrer. Il y a beaucoup d'histoires sur Moïse, il était très sage.*

EZEKIEL

Beaucoup de choses ont été écrites sur Ezekiel et son étrange vision. J'ai donc pensé que ce serait une bonne histoire biblique sur laquelle questioner Suddi. Cependant, j'ai eu le sentiment qu'il a peut-être confondu les histoires d'Ezekiel et d'Elie, soit parce qu'elles sont si similaires, soit peut-être que les originales étaient plus semblables que nos versions.

S: *Ezekiel? C'est le nom d'un des prophètes. Son histoire est dans certains des parchemins. Ezekiel était un prophète, un homme sage et l'un des enseignants. Il était étrange, il a vécu seul la majeure partie de sa vie, très peu d'élèves. Et il est dit que plus tard dans sa vie, on lui a dit qu'il ne mourrait pas, car il serait amené directement à Dieu. Pour moi, cela ressemble à de la vanité. Bien qu'il soit dit qu'il a été visité par certains des "autres" et emmené, je ne crois pas que ce soient des gens de Dieu.*

Je n'ai pas compris ce qu'il voulait dire par "les autres".

S: *Il existe d'autres êtres semblables à nous, mais pas tout à fait pareils. C'est par ceux-ci qu'il a été visité. Ils ne sont pas de la terre, ils sont d'ailleurs, mais on ne nous a pas dit d'où. On vient de nous dire que depuis qu'il y a une mémoire d'homme, il y a eu de tels visiteurs. Et certaines personnes sont plus bénies, mieux choisies pour ça, peu importe. Je ne suis pas si sûr si ce sont les bons qualificatifs. Mais certains recoivent des visites et certains sont, encore une fois, enlevés. Mais certains sont laissés ici pour nous parler de l'expérience. On dit que ses disciples ont raconté son départ dans un ... Je crois qu'ils ont utilisé le terme "chariot* de feu". Cela ressemblait peut-être à un char pour eux, mais cela ressemblerait plus à une machine volante d'autrefois qu'à un char. Il a peut-être craché du feu, je ne sais pas. Il en existait beaucoup de différentes typologies.

Peut-être que les auteurs qui ont spéculé que la vision d'Ezekiel était celle d'un OVNI n'étaient peut-être pas très loin de la vérité après tout!

S: Et il y est allé. Qu'il ait décidé d'aller avec eux ou s'ils ont juste décidé qu'ils le voulaient avec, je n'en sais rien. Il est dit qu'on n'a plus jamais rien été entendu de nouveau sur lui. Je n'ai aucun moyen d'en savoir plus. Je ne suis pas vraiment familier avec ce parchemin, il ne fait pas partie des lois. J'en ai entendu parler et, je l'ai lu quand je n'étais qu'un enfant.

J'étais curieuse de savoir ce qu'il entendait dire par "les machines volantes d'autrefois".

S: Il y a très longtemps, des machines construites traversaient l'air comme des oiseaux. Cette connaissance avait été apprise et, ils l'ont utilisée. Pour l'essentiel, c'est ce que j'en comprends maintenant. Il y a encore certaines personnes, des maîtres, qui ont cette connaissance mais celle-ci n'est pas utilisée. Cette connaissance est dans la bibliothèque. C'est une section des enseignements sur les mystères. Il nous est conseillé de ne pas l'utiliser.

D: Savez-vous comment ces machines ont été alimentées?

S: Non, je n'en sais rien. Ils ont utilisé quelque chose pour se concentrer. A part ça, je ... Encore une fois, cela ne fait pas parti de mes études. Je sais juste un peu sur ce que j'ai discuté avec d'autres. On dit que les Babyloniens avaient cette connaissance dans les temps anciens. Je ne sais pas à quel point c'était vrai. Les Kaloos étaient les personnes nous ayant transmis cette connaissance. Le Kaloo ici avait encore la capacité de le faire, avant que le dialogue avec les autres ne soit interrompu. Ils possédaient beaucoup de bonnes connaissances, mais le savoir sur la façon de les utiliser était perdu. Ou alors, il avait décidé qu'il valait mieux que ce ne soit pas utilisé, car cela avait déjà causé tant de mal et de destruction.

D: Si vos gens ont cette connaissance, pourraient-ils fabriquer ces machines volantes s'ils le devaient?
S: *Si c'était nécessaire, probablement oui. Je ne suis pas un ingénieur. Je ne sais pas.*

Il en donna une description: "Elles étaient faites de différentes choses. Certaines étaient en bois, d'autres en métal, en bronze, en or, ou avec des étranges mélanges de métaux. Certaines étaient très petites et d'autres assez grandes."

Je présumais qu'elles étaient utilisées pour des voyages, mais j'ai de nouveau été surprise quand je lui ai demandé pourquoi elles était faites. Il a répondu de manière nonchalante:

S: *Ils les ont utilisées pour la guerre. Elles ont été utilisées également pour des voyages. Mais la plus grande capacité qu'ils leur attribuaient, était la capacité de vaincre un ennemi de très loin en l'utilisant. Ils possédaient des armes qu'ils positionnaient sur ces machines.*
D: Les ennemis avaient-ils le même genre de machines?
S: *Pas tous. La plupart d'entre eux ne l'ont pas fait.*
D: Votre histoire dit-elle ce qui est arrivé pour en retirer cette connaissance?
S: *(très calmement) Le monde a été détruit. Un cataclysme. Je ne saurais pas exactement de quel type il s'agissait. C'était comme si les forces de la nature venaient à se rebeller, et la terre a explosé.*

Il n'a jamais cessé de me choquer et de m'étonner avec ces déclarations inattendues.

D: Pensez-vous que cela a été causé par une guerre avec ces machines?
S: *Je ne saurais pas. Je n'y étais pas.*

Il a dit que les Kaloos étaient certaines de ces personnes impliquées dans cette guerre, mais il ne pouvait pas se rappeler qui étaient les autres. Je me demandais si leurs combats se limitaient à une partie du monde.

S: Non, ils se sont battus dans plusieurs zones. Il y avait de grands troubles.

Cela m'a donné un sentiment très inconfortable. Cela ressemblait trop à ce qui se passe dans le monde aujourd'hui. L'histoire pourrait-elle à nouveau se répéter?
Après cette destruction, il a déclaré que le Kaloo avait commencé à errer sur la terre, et ainsi tout le monde n'a pas été détruit.

S: Non, mais ceux qui avaient survécu étaient beaucoup plus sages, espérons-le. Parce qu'ils avaient acquis des connaissances, ils avaient le droit de conserver ce savoir et la capacité de l'utiliser. À condition qu'ils ne l'utilisent plus pour se détruire et de ne plus détruire les autres avec eux dans le même processus. Ce n'était plus permis. Les connaissances sont préservées dans l'espoir qu'elles pourront être utilisées un jour en toute sécurité.
D: Comment ces personnes se sont-elles échappées?
S: Je ne sais pas. L'histoire n'est pas claire. On savait que cela allait arriver. Ils ont été dispersés avant le début des destructions. Loin du lieu où la destruction a commencé.
D: Pensez-vous que quelqu'un trouvera un jour l'une de ces machines volantes?
S. C'est possible. Le métal resiste longtemps. Il doit en avoir forcément quelque part.
D: Pensez-vous que quelqu'un trouvera un jour l'une de leurs villes?
S: Je ne sais pas. Il n'ya pas de lieu spécifique où il nous est indiqué que c'est l'endroit d'où ils proviennent.

Par conséquent, poser ces questions sur l'histoire biblique d'Ézéchiel a généré un bonus pour lequel je n'avais pas été préparée.

CHAPITRE 16

Création, Catastrophe et le Kaloo

LA CREATION

Quand il me racontait l'histoire d'Adam et Eve, il a mentionné l'histoire de la création du monde. J'ai décidé de pousser plus loin dans cette voie.

S: La création, oui. Cela n'est pas issu de la Torah, cela vient d'avant. On dit qu'au début, il faisait noir. Tout était sombre et, il y avait un vide. Et dieu voyant cela, décida qu'il fallait faire quelque chose pour combler ce vide. Il n'y avait rien là-bas, c'était vide. Et dieu a dit qu'il devait y avoir quelque chose là-bas, car c'est vide et je suis vide. Par conséquent, tout cela est sorti de lui-même, car quand cela a été décidé ... il y avait instantanément quelque chose, des masses. C'était comme de grands nuages qui étaient en train de se former et de se rassembler pour être attirés vers l'essentiel. Et cela a duré pendant un petit moment. La formation de ces choses, ce qui deviendra plus tard, oui, les étoiles et les planètes. Cela faisait partie de dieu. Il y avait des corps définis en train de se former, des planètes et des étoiles et des choses différentes. Et il s'est avéré que c'était bon. Mais encore une fois, il y avait un vide, un sentiment de manque de complétion. Alors il décida d'y placer des êtres dessus. Et il y avait beaucoup de décisions à prendre quant à leur apparence. Beaucoup d'essais et de changements et finalement, il installa les animaux qu'il souhaitait être là.

D: Quelqu'un l'a-t-il aidé à prendre des décisions ou l'a-t-il fait tout seul?

S: *Il y avait les autres. Les Elori, le tout, tout le monde. Je ne parviens pas à très bien l'exprimer. (Soupir) Ce n'est pas Elori, c'est Elorhim, ils sont le tout. En substance, tout, tout le monde ensemble.*

D: J'ai toujours pensé à Yahweh comme étant un individu....

S: *(Interloqué) Yahweh est ... Il nous appartient, Il est pour nous comme d'autres sont pour les autres. Il est la personne qui s'intéresse et est soucieux de nous. Il y a d'autres ... dieux, comme vous les appelleriez. D'autres êtres qui ont aidé et travaillé avec Yahweh. Ils sont absolus, ils sont ensemble. Ils font partie d'un tout. Une unité, mais individuellement séparés. Ils ont chacun leurs préoccupations, mais quand il s'agit de choses qu'ils doivent faire ensemble, ils le font en une unité. Quand ils sont ensemble, il y a une intégralité, une complétude qui est là. De manière occasionelle, ils sont autorisés à travailler ensemble. Mais une fois que les décisions ont été prises quant à la division entre chacune de leurs zones d'influence, ils ont gardé plus d'espace pour eux-mêmes qu'auparavant.*

Le concept d'un Dieu unique pour nous tous meurt difficilement. Suddi a dit que Yahweh faisait partie des Elorhim mais, il n'était pas au-dessus d'eux. Ils n'avaient besoin de personne au-dessus d'eux. "Ils sont." Chacun avait sa propre région, pour ainsi dire, mais ils travaillaient aussi collectivement si nécessaire.

D: Yahweh se préoccupe-t-il principalement de notre planète ou de notre système solaire, ou simplement de notre peuple?

S: *De tout. De notre galaxie.*

Ce concept difficile qu'il essayait de transmettre me troublait encore, alors j'ai changé de sujet et j'ai demandé quelles décisions avaient été prises concernant ce qu'il fallait mettre sur les planètes.

S: *Il y avait beaucoup de choses qui ont été changées. Beaucoup de choses qui ont été placées là et ils ont décidé que la complition n'était pas obtenue. Ce n'était pas complet et des modifications y ont encore été apportées. Donc ils ne s'y trouvaient plus. Ils devaient voir ce qui s'y intègrerait le mieux et constituerait un tout et y serait complet.*

Tout cela ressemblait à des expériences. Ils ont essayé différentes méthodes et si elles ne fonctionnaient pas, elles étaient détruites.

S: Ou elles ont été changées, oui. Certaines d'entre elles étaient de bonnes idées, mais pas parfaites. Par conséquent, elles ont été modifiées et rendues différentes. Et une fois qu'IL avait découvert que c'était bien, il y avait un grand désir de la part de ses enfants d'également découvrir comment l'expérience serait ici.
D: Que voulez-vous dire, ses enfants ?
S: (Il avait du mal à trouver les mots pour expliquer) Les ... anges. (prononcé 'an-ges'.) Les esprits qui se sont formés au moment où... Vous voyez, au moment où il n'y avait rien et qu'il y en avait, il y avait des parties d'eux qui avaient été formées, qui étaient de plus petits êtres de lumière et d'essences. C'était au moment de leur formation.

Comme si, lorsque tout était créé dans le vide, il y avait une telle explosion d'énergie que de petites étincelles s'envolaient et ces petites étincelles devenaient des âmes individuelles ou, comme il les appelait, des "anges". À cet égard, nous avons tous été créés en même temps.

S: Et certains d'entre eux étaient curieux et ont donc décidé de voir ce que c'était de vivre dans cette existence. La terre n'était pas stérile, il y avait de la vie et des choses. Les arbres avaient été créés, l'eau et les terres s'étaient installées et ... nous pouvions continuer à jamais avec ce qui avait été fait dans des temps avant qu'ils n'y aient jamais posé leurs pas. Tout était à l'âge de: 'Voyons ce que nous pouvons créer et à quel point nous pouvons le rendre beau'. Et ça a duré un long moment.

Apparemment, cela s'est produit après que la terre ait été développée et que la vie y ait été établie. Le règne animal était déjà bien formé et les humains primitifs existaient déjà lorsque les esprits sont devenus curieux d'essayer cette nouvelle expérience.

S: Il y avait des êtres sur terre. C'est au travers d'eux que les âmes sont entrées à cette époque dans leur existence. Dans des corps similaires aux leurs quand cela a été fait, quand cela a finalement été fixé, et il en a été ainsi. Quelques uns d'abord à la fois, les aventureux et les curieux. Puis il y en eut plus. Bientôt, la terre fut très encombrée et ce fut parfois le cas où une grande malfaisance s'y trouvait également là. Car l'existence dans ces corps les avait pervertis, de sorte qu'ils n'étaient plus parfaits et qu'ils avaient des problèmes, des vices et autres choses encore.

D: Et bien, quand les Elorhim mettaient ces esprits sur terre, leur ont-ils permis...

S: (il s'interrompit avec insistance) Les esprits n'étaient pas placés là. Ils ont été autorisés à y faire l'expérience. C'était leur choix. Ce n'était jamais par force. Les choses étaient très belles pendant un moment, tant qu'elles n'étaient pas terrestres. Pendant très longtemps, ils ont pu quitter le corps à volonté et l'ont donc empêché de se déformer. Quand ils ont été autorisés à quitter le corps, le corps a été laissé pour respirer et continuer à exister habituellement avec une forme semblable à une forme. Et quand ils ont communié avec les autres esprits qui n'avaient pas vécu ces expériences d'existence terrestre, ils ont vu ce qu'ils étaient et à quel point c'était beau et c'est redevenu cela, la beauté et ce genre de choses. C'est quand ils ont perdu cette communication et cette capacité à entrer en contact avec les autres, à savoir ce qu'ils étaient vraiment, qu'ils ont été changés. C'était quand ils ont perdu cette capacité qu'ils ont commencé à changer et à devenir de plus en plus difformes.

D: Si le corps est difforme, est-ce une force négative à laquelle ce corps doit faire face?

S: Non, non. Cela n'a rien à voir avec cela. Certaines personnes qui sont difformes peuvent être très belles. Peut-être, souhaiteraient-ils s'améliorer parce qu'ils sont handicapés. Peut-être qu'ils ne peuvent pas utiliser un bras et qu'ils doivent compenser et être plus grands grace à cela. Et ceux qui en sont plus grands sont tellement plus beaux et plus parfaits que ceux qui s'assoient et disent: "Oh! J'ai ce bras! Oh, aide-moi, aide-moi! Comprends-tu?"

D: Oui, ils doivent travailler plus dur mais ils se développent à cause de cela.

S: Ils se développent tellement plus, oui, s'ils arrivent à accomplir ceci.

Nous avions compris maintenant qu'il ne s'agissait pas d'un corps physique difforme, mais d'un esprit difforme ou déformé.

D: Les gens vivaient-ils plus longtemps à cette époque?
S: Et comment pas? Parce que à chacune des fois où vous quittiez votre corps, il se rechargeait et ainsi plus d'énergie pouvait y entrer, donc ils ne quittaient le corps que quand c'était de leur choix. (Décédés?)
D: Cette sortie du corps, cela ressemblerait-il à nos périodes de sommeil?
S: Un peu. Ce sont des personnes, quand elles dorment, elles sont capables de faire ces choses. Il y en a qui le font encore à volonté. C'est une très grande capacité. Ce n'est pas exactement pareil. C'est différent. Un plus grand contrôle est nécessaire.

Cela ressemblait à des expériences extra-corporelles. Au début, cela rajeunissait le corps et le corps vivait donc beaucoup plus longtemps que le nôtre aujourd'hui.

D: Chaque fois que Yahweh et les Elorhim créaient, mettaient-ils la vie sur une seule planète, la nôtre?
S: (Il s'interrompit avec indignation) Non! Il y en a beaucoup dans sa région, dit-on. Ils ont mis la vie de différentes manières, oui. On dit qu'autrefois, la lune avait une atmosphère et qu'elle était vivante et qu'elle est maintenant détruite et morte. Je ne connais pas grand chose à ce sujet, je viens d'en entendre parler.
D: S'il y a de la vie, est-ce que quelqu'un peut aller rendre visite d'une planète à l'autre?
S: Si la connaissance acquise leur est utile en le faisant, ils sont autorisés à le faire. Pour la plupart, s'ils sont dangereux pour les autres, ils ne sont pas autorisés à... comment puis-je dire... oui, communiquer.
D: Quelles personnes seraient considérées comme dangereuses?
S: Les personnes qui se détruiraient seraient dangereuses pour les autres. L'humanité a déjà fait ça! L'homme s'est détruit plusieurs fois, par différentes méthodes. Dieu a presque effacé tout ce qui

était à cause des horreurs qu'il a commises. Les hommes tuent. Les animaux ne tuent pas les animaux, sauf pour certaines raisons. C'est l'homme qui va tuer un autre homme sans raison.

D: Nous avons toujours entendu dire que Yahweh avait détruit l'humanité. Pensez-vous que c'était la faute de l'homme?

S: Est-ce que Dieu s'érige-t-il si bien en juge qu'il détruirait même l'innocent? Non, c'est quelque chose qui s'est passé à cause de l'homme. N'est-il pas plus facile de blâmer Yahweh que de l'assumer soi-même?

D: Pouvez-vous nous donner un exemple d'une fois où l'humanité a détruit son monde?

S: On dit que c'est la raison pour laquelle les Kaloo errent, est parce que le monde a été élevé et a changé. Il existe de nombreuses méthodes d'utilisation du pouvoir et des forces que je ne comprends pas, mais qui ne sont pas moins réelles à cause de cela. Ils voulaient utiliser le pouvoir à leurs propres fins et moyens. C'étaient des gens qui recherchaient le Soi et ce qui n'était pas nécessairement bon pour eux-même, des plaisirs, des choses différentes comme celles-ci. Ils se sont détruits et se sont fait détruire.

En utilisant plus d'énergie que ce qui était sage, en l'utilisant sur des sujets qui n'étaient pas bons et qui perturbait l'équilibre naturel de la nature. Je sais qu'un vide a été créé et que, lorsqu'il y a action, il doit aussi y avoir quelque chose qui suit. Par conséquent, quand ils se sont servi et ont pris et ont encore repris, il faut qu'il y ait un retrait. Lorsque la Terre a cessé de fonctionner, il doit y avoir eu de gros dégâts. Et, c'est cette force qui a causé toute la destruction.

D: Alors, vous pensez que c'était une chose naturelle plutôt que quelque chose qu'ils aient causé?

S: Oui, mais c'était quelque chose qu'ils avaient créé. Ils en ont vraiment été la cause, parce qu'ils avaient été prévenus. On leur avait dit que cela continuerait et, que par conséquent, ils se le sont auto-créé.

Cela nous amène à nous demander si cela pourrait avoir un lien avec les problèmes écologiques et environnementaux.

NOÉ

Le récit biblique de Noé et de son arche a toujours été un de mes préférés et j'étais curieuse de voir ce qu'il en dirait.

S: *Oui, à propos de l'inondation qui a eu lieu? C'était fort d'espoir, c'est peut-être pourquoi c'est un que l'on préfère. C'était un moyen de montrer que quelque chose doit continuer, peu importe sa noirceur. On dit que Noé était un grand homme, un homme très bon. Et Dieu vit cela et en était content, sachant qu'il avait gardé ce qui était bien et juste, et tous ses fils suivirent les voies de Yahweh.*

D: Pourquoi Yahweh causerait-il une grande inondation?

S: *Encore une fois, je pense qu'il s'agissait davantage de lutter continuellement contre la Terre. De plus, j'ai entendu dire que cela s'était probablement produit avant que tout ne soit réglé. Ou à peu près au même moment où il y avait l'explosion d'energie. Cela pourrait bien être causé cela. Si les mers changeaient, l'eau n'aurait-elle donc pas tendance à aller partout à bien des égards, sous forme de pluie ou sous des formes différentes?*

Je ne pense pas que tout cela était d'une pluie de quarante jours et quarante nuits. Cela ne pourrait pas arriver. Il a peut-être plu pendant cette période, mais je pense que cela a quelque chose à voir avec le changement de la terre qui était là pour que les mers montent et tombent dans un endroit. Je pense que pendant ce temps, il y a eu d'autres changements ainsi que la pluie qui a causé les inondations. Et il est dit que Noé a pris, laissez-moi penser ici, sept de propres et ... deux de malpropres. Les animaux qui ont été pris étaient sept animaux purs et deux impurs. Si un animal n'était pas... si vous ne pouviez pas manger cela, alors il n'y avait que le couple pris, de sorte qu'il pourrait y en avoir d'autres plus tard.

J'ai demandé une explication sur la signification des animaux purs et impurs.

S: *Laisse-moi réfléchir. On dit que les purs sont ceux avec leurs sabots fendus et herbivores. Car s'ils ont l'un et pas l'autre, ils ne sont* pas considérés comme purs. Tels que le porc qui a le sabot fendu mais ne mâche pas, il est donc impur. Les boeufs, ayant des deux, le taureau peut être tué et mangé. Les moutons, ayant également les deux, peuvent être mangés. Mais le chameau, bien qu'il rumine son bol alimentaire, n'a pas de sabots. Il a plutôt des coussinets. Ils sont fendus mais c'est totalement différent, et donc ils ne sont pas mangés. Le cheval n'a pas de sabot fendu et il est donc considéré impur, ainsi que l'âne. Il a été dit à Noé de prendre sept des animaux purs, afin qu'il y ait de la nourriture et que les animaux qui seraient mangés puissent continuer (qu'ils puissent se reproduire), afin qu'ils ne meurent pas de faim. Il avait préparé une grande ... (il avait du mal à trouver le mot) que l'arche lui avait été fournie. Je ne m'en souviens pas. Les animaux avaient été appelés et ils sont venus et les choix ont été faits et ils ont été amenés à bord. Et tout le monde a ri, bien sûr, car, je veux dire, il construisait ce grand bateau au milieu du désert. Et ils lui disèrent: "Tu es fou." Mais il leur répondit, il leur dit qu'ils devraient être avertis parce que Yahweh en avait parlé et qu'il ferait connaître sa colère. Et cela, bien sûr, ils se moquaient de lui pour avoir raconté des contes de fées et autres.

Vous voyez, ils ne possédaient aucune compréhension de ce qu'ils faisaient. Que tout cela se produisait à cause d'eux. Et ils ne voulaient même pas comprendre que cela allait se produire si Dieu l'avait décrété. Ils ont fait le choix de l'ignorer, bien qu'ils aient été prévenus. Noé prit ses fils et sa femme et les femmes et les enfants de leurs fils. Il a pris tout ce qui lui convenait qui était là, des provisions avaient été faites. Le grain avait été stocké et différentes choses dans ce genre. On dit qu'il était là-bas pendant environ deux tours de lune. Soixante jours ... non, cinquante-huit. (Ici encore, montrant l'utilisation d'un calendrier lunaire.) Il y avait des signes. La colombe a d'abord été envoyée et elle est rentrée à la maison. Puis, la deuxième fois, un corbeau a été envoyé et il n'est pas revenu. Ils ont alors supposé qu'il avait trouvé quelque chose. Et puis à nouveau, la colombe a été envoyée et elle est revenue avec une section de buisson, je ne sais pas quoi, et elle est revenue à son compagnon avec cela. Par conséquent, ils savaient qu'elle avait trouvé la terre. Et ils ont réussi à trouver cet endroit, «c'était un monticule très élevé, et où acoster.

Ensuite, ils ont commencé la construction de la civilisation. La première chose qu'ils firent fut de remercier Yahweh d'avoir été épargnés, car il y avait de la destruction tout autour.

Je me demandais pourquoi l'important arc-en-ciel n'avait pas encore été inclus dans l'histoire.

D: Y a-t-il eu autre chose d'important à ce moment-là?
S: Les enfants de Ham ont été chassés à cause de quelque chose. Je ne me souviens pas, il a fait quelque chose et a déplu à Noé.

Où est mon arc-en-ciel? J'ai laissé entendre que Yahweh leur donnait un signe comme une promesse qu'il ne le ferait plus jamais, mais Suddi n'avait rien de tel dans sa version de l'histoire. Enfin, je l'ai mise sur la table et je l'ai racontée.

D: Je vois que nos histoires sont un peu différentes. Nous avons l'histoire d'un l'arc-en-ciel. Quand l'arche a atterri, Yahweh a placé l'arc-en-ciel dans le ciel et a dit: "C'est ma promesse. Je ne le referai plus jamais."
S: Cela semble très beau, mais je ne suis pas au courant de celle-là.
D: Vous n'avez aucune histoire, alors d'où vient l'arc-en-ciel?
S: (Il a ri.) c'était déjà là! Je ne sais pas, je n'ai jamais posé de questions là dessus. Certains disent que c'est un signe que Dieu est content, que Yahweh sourit. C'est très beau.

Je me souviens cependant de la raison pour laquelle l'inondation a eu lieu. Cela faisait partie du temps où cet homme était terrassé, de sorte qu'il ne pouvait plus parler individuellement à tout le monde. Cette connaissance a été perdue et elle a été refermée. Et donc il y avait une grande confusion sur le monde. Ils ont parlé à l'un en tant qu'unité, en pensant que c'était à l'autre de comprendre. Et cela a été perdu, cette capacité, à cause de leurs actes. Ils pensaient, se disaient-ils, "Si nous faisons cette grande chose, nous pouvons devenir aussi grands que Yahweh et trouver le moyen d'être encore plus grands, d'avoir encore plus de pouvoir." Et à cause de cela, cela avait été perdu et la confusion avait été apportée. Yahweh a enlevé cette capacité et l'homme a été rendu muet parce qu'il n'avait jamais eu à communiquer avec les autres autrement, et c'était une grande perte. Puis. il a appris à parler avec la bouche avec des mots. Avant cela, il n'y en avait pas besoin.

Cette histoire semblait familière. C'est peut-être là l'origine de l'histoire de la tour de Babel et de ce qu'elle est censée signifier: La perte des pouvoirs télépathiques par suite d'une mauvaise utilisation.

D: Avant que cette capacité ne soit perdue, pouvaient-ils communiquer avec des gens sur de longues distances?
S: Oui, c'était comme s'ils étaient avec vous. Cela nous a été enlevé parce que l'homme était fier et faisait beaucoup de choses qu'il n'était pas... il était en train de renverser les lois de la nature. Et donc il a causé une grande destruction. Et cela a été perdu à cause de tout ceci. On dit que la terre même a explosé, comme pour vomir l'homme de sa surface.

Je me demandais si cette catastrophe était la même que celle que Suddi avait mentionnée auparavant et qui était liée à l'errance du Kaloo.

S: Je ne sais pas. Vous voyez, nos connaissances nous parviennent par fragments, et nous devons rassembler tous ces éléments ici et dire: "Qu'est-ce que c'est?" Nous essayons de tout faire et de tout mettre ensemble.
D: Assemblez toutes les pièces et voyez si vous avez toute l'histoire. Voilà pourquoi je suis intéressée. Vous savez que lorsque les livres changent d'une langue à une autre, de nombreuses choses sont ajoutées et supprimées.
S: Parfois, c'est par intention.
D: C'est pourquoi nous sommes curieux, car nos livres sont écrits différemment.
S: Qu'est-ce que tu veux dire? Ces livres ... qu'est-ce que c'est? Pourquoi serait-il si différent si cela est supposé être comme la Torah, qui est l'œuvre de Dieu? Pourquoi serait-ce différent?
D: (Je devais réfléchir à nouveau rapidement.) Eh bien, vous voyez, à l'époque où je vis, différentes langues sont parlées. Et chaque fois qu'ils changent quelque chose d'une langue à une autre, les mots sont changés et le sens en est changé. Dans notre ... que diriez-vous ... traduction? Cela prend quelque chose d'une langue et ...

S: *(Il m'a interrompu) Et en le mettant dans un autre, oui, oui. Peut-être que quelque chose a à voir avec la personne qui l'écrit également?*
D: Cela pourrait bien en être le cas. Vous comprenez parce que vous avez aussi d'autres langues dans votre temps.
S: *Oui, les gens ne parlent plus d'une seule langue. C'est à cause du grand mal que l'homme a fait.*
D: Certaines personnes d'où je viens ont des idées erronées.
S: *Il est dit qu'à chaque récit d'histoires que l'histoire prend de la longueur.*
D: Et beaucoup d'erreurs sont faites avec la nouvelle. Il y a beaucoup à apprendre, n'est-ce pas?
S: *Arrêter d'apprendre, c'est de mourir.*

LES GARDIENS ET LE KALOO

Suddi avait déjà dit qu'une grande partie de leurs connaissances avait été transmise par le mystérieux Kaloo. Mais je me demandais si cela pouvait également être venu d'autres sources. C'était un sujet qui intéressait beaucoup Harriet. En raison de la protection dont disposait Suddi à l'égard de certains aspects de la communauté, il était probable que nous n'obtiendrions aucune information, mais je pensais que cela valait la peine d'essayer.

Nous lui parlions en tant qu' homme plus âgé.

Harriet: Est-ce que votre communauté et vous avez déjà eu des contacts avec des êtres d'un autre monde ou d'une autre planète?
S: *Oui*

C'était une surprise, parce que la question n'était qu'un coup d'épée dans l'eau. Quand la même question avait été posée à l'enfant, Suddi, il ne voyait pas comment il était possible de venir de points de lumière.

S: *Il y a ceux parmi les Gardiens qui surveillent ce que nous faisons. Ils se félicitent de nos efforts pour préserver les connaissances, pour instaurer la paix.*

Ses réponses étaient évasives. Il a dit qu'ils avaient été contactés de différentes manières. Parfois, ce serait en personne. Sa prudence est revenue lorsque j'ai demandé s'ils venaient un jour dans la communauté. "Je n'en parlerai plus! Ce n'est pas un sujet de discussion!"

Chaque fois que cela se produisait, il était inutile de poursuivre la série de questions. Son besoin de protection l'emporterait toujours sur les réponses de Katie à mes questions. Parfois, les réponses pourraient être obtenues en utilisant un libellé différent ou en contournant la question. Mais il ne discuterait plus jamais de ce sujet. Du moins, pas de son vivant.

Quand un sujet est à l'état d'esprit, le soi-disant état de "mort" entre les vies, j'ai été capable d'obtenir beaucoup plus d'informations. La plupart de cela sera présenté dans un autre livre. Je ne présenterai que ce qui est pertinent ici. Alors que Katie était dans cet état après la mort de Suddi, je pensais que ce serait un bon moment pour en savoir plus sur les dits-Gardiens. Il n'a jamais été aussi secret dans cet état. J'ai dit que je voulais essayer de trouver des réponses à certaines choses qu'il n'avait pas été autorisé à discuter parce que cela n'avait pas été permis par sa culture.

K: *Il y a encore beaucoup de choses qui ne peuvent pas être connues maintenant.*
D: Cela ne peut jamais être connu?
K: *Non, uniquement pour le moment présent. Beaucoup de connaissances sont acquises, mais il y a des choses qui doivent être également protégées.*
D: Oui, je peux comprendre ça. Mais je pense qu'il y a certaines choses qui soient suffisamment importantes pour être transmises à d'autres personnes.
K: *(Emphatique) Mais ce n'est pas à vous de décider de ce qui est important. Cependant, je vais vous répondre si la permission m'en est donnée.*

Il m'était facile de comprendre cet aspect protecteur de son vivant, ayant juré de protéger certaines choses. Mais, il m'était difficile de penser que je rencontrerais également une telle attitude protectrice de l'autre côté.

K: Il y a plus de danger dans une connaissance que tous partagent de ce côté mise entre les mains de ceux pervertis parmi les vôtres.
D: Avez-vous déjà entendu le terme «les Gardiens»?
K: Oui, les Gardiens sont ceux de l'extérieur, d'autres mondes, qui existent depuis aussi longtemps qu'il y a de la mémoire sur cette terre. Ils étudient l'humanité dans son ensemble et, espérons-le ... Ils souhaitent que nous réussissions. Ils nous souhaitent de retrouver le bon chemin. Mais, ils sont là, peut-être, juste au cas où il ne serait pas trouvé.
D: Alors il y a de la vie sur d'autres mondes?
K: Et pourquoi pas? Avez-vous la prétention de tout l'univers de dire qu'ici se trouve le seul point de vie venant de Dieu? Qu'il a créé tous les cieux et tout ce qui est, et a décidé que, sur cette seule minuscule, planète insignifiante, c'était le seul endroit où il voulait créer de la vie? Qu'il s'agit du plus grand dessein qu'il puisse avoir?

Après qu'il se soit calmé, je lui ai demandé de continuer à parler des Gardiens. Il a alors parlé d'une manière très libre.

K: Les Gardiens possèdent les les plus hautes intentions. Ils ne veulent faire aucun mal à quiconque. Je ne dis pas qu'il n'y a pas ceux qui sont du même niveau d'idéalisme. D'autres existent également. Mais ces observateurs sont notre propre protection et, plus ou moins, une soupape de sécurité. Si nous devions nous détruire complètement, ils essaieraient d'éviter cela, par tous les moyens possibles. Car pour nous, de détruire cette terre, n'aurait-ce pas d'énormes répercussions sur l'univers tout entier? Vous ne pouvez pas détruire un corps et ne pas en avoir d'échos ... pour toujours.
D: Est-ce que les Gardiens se sont déjà incarnés sur les planètes?
K: Ils ont pris des formes qui seraient considérées comme humaines, oui. Ils l'ont fait sur notre monde plusieurs fois. Mais il faut un individu très spécial pour en prendre conscience. Celui qui est très ouvert à l'influence des émanations. Parce que les copies exactes, pour ainsi dire, sont très bonnes. Les êtres, les formes qu'ils assument sont des répliques. Ils ne sont pas exactement

humains. Mais il y a aussi ceux qui voudraient prendre des formes que les humains considéreraient plus normales. Ils auraient des corps, oui. Ils ne sont pas au point qu'ils ne sont que des êtres d'énergie. Il y en a qui le sont, mais ils ne sont pas des Gardiens.

D: Alors ils ne sont pas nés dans un corps comme un bébé, comme c'est la cas des humains?

K: Il y a eu des esprits parmi les Gardiens qui sont nés dans des corps, mais dans ces cas là, ils sont aussi humains que vous, avec une âme avec un esprit plus élevé peut-être.

D: Vous avez mentionné les êtres formés par de l'énergie, sont-ils différents?

K: Oui, ils ont passé outre le besoin d'un corps physique.

J'ai lu le terme "êtres de lumière" dans de nombreux livres. Il a dit que cela pourrait être un autre terme pour eux.

K: Certains d'entre eux sont des âmes qui ne se sont jamais séparées de la proximité divine lors de la formation. Certains d'entre eux sont ceux qui ont à nouveau atteint cette perfection. Certains viennent d'autres mondes qui sont au-delà de la capacité de compréhension humaine. Ils sont si avancés qu'ils nous considèrent comme un humain regarderait une amibe.

D: Pensez-vous que nous atteindrons un jour ce type de développement?

K: (soupir) Pas par des voies actuelles.

D: Est-ce que ces autres vénèrent aussi Yahweh?

K: Tous vénèrent Yahweh! Dieu est tout et tous sont en Dieu!

D: Y a-t-il une manière qui soit spéciale par laquelle les Gardiens assistent?

K: S'ils désirent influencer une personne, il pourrait éventuellement infléchir... même un pays tout entier. Ainsi, ils ont fait quelque chose de bien. Ils ont atteint leur but. De cette manière, ils aident à maintenir la paix. Aider à ... comment dire, à ... garder l'équilibre, pour ainsi dire, intact.

D: Possèdent-ils des esprits tels que vous et moi?

K: Tous les esprits sont les mêmes.

D: Savez-vous de quels autres mondes viennent-ils?

K: Ils viennent de plusieurs groupes, mais ce n'est pas une connaissance que je sois autorisée à transmettre.

Elle était apparemment censurée de ce côté aussi. Elle a toutefois admise qu'ils venaient de notre galaxie, mais pas de notre propre système solaire. Ils ont surveillé la Terre depuis qu'il y avait des hommes placés dessus. J'ai posé des questions sur toutes les formes de vie possibles dans notre système solaire.

K: Oui, il y a une vie autre que la nôtre, mais peut-être pas toujours dans des formes de vie telles que vous les considériez. Certains sont des esprits. Mais il y a des endroits ici où il existent des initiations de formes la vie.

J'ai essayé de l'emmener vers l'an 70 afin qu'il puisse éventuellement observer et me dire ce qui est arrivé à Qumran. Cela aurait été détruit en 68 après JC et je pensais pouvoir connaître son sort. Mais quand je l'ai emmené là-bas, il était en train de se reposer afin de tout oublier.

Quand les gens sont décédés, ils joignent souvent des écoles qui se trouvent là-bas. Mais s'ils ont eu une série de vies particulièrement difficiles et qu'ils ne souhaitent pas aller à l'école à ce moment-là, Ils iront dans un lieu de repos pendant un moment. Quand une personne se trouve là, elle a l'air très fatiguée et n'entre pas en communication. Cet endroit a également été mentionné dans mon livre, "Between Death and Life."(Entre la mort et la vie, non traduit en français) L'esprit veut juste se reposer et dormir et ne pas être dérangé par quoi que ce soit. Des gens y sont restés quelques années, voire quelques centaines d'années. Cela dépend de l'ampleur de leur dernière vie ou de ce qu'ils essaient d'oublier. Le temps n'a pas d'importance là-bas, pas plus que le temps n'a d'importance pendant qu'ils sont à l'école. Mais quand ils sont au repos, il est inutile de leur poser des questions.

Ainsi, j'ai essayé une tactique différente cette fois parce que j'étais curieuse de savoir ce qui était arrivé à Qumran. J'ai emmené Katie juste avant qu'elle n'aille se reposer. Parfois, quand une personne a traversé, elle possède la capacité de voir les événements futurs si elle le souhaite. Peut-être qu'elle pourrait regarder en avance pour moi.

> D: De votre point de vue, vous pouvez voir beaucoup de choses qui vont se passer. Vous étiez si étroitement liée à la communauté

depuis si longtemps. Je me demande si vous pouvez voir ce qui va arriver à Qumran?

K: Beaucoup seront tués, et les Romains vont l'envahir et le mettre à sac. Car son utilité est révolue.

D: Les Esséniens savent-ils que cela allait se passer?

K: Oui, et c'est leur choix de rester. La sécrégation de la connaissance a commencé il y a plusieurs générations. Une grande partie de la connaissance a été cachée. La connaissance qui ne tombera pas dans les mains des autres, jusqu'à ce qu'il soit temps pour qu'elle soit déterrée à une date ultérieure. Ensuite, elle sera découverte lorsque le temps sera venu à nouveau pour cette connaissance.

Cela s'est passé lorsque les Parchemins ont été découverts sur de nombreuses corniches. Littéralement "déterrés", comme il l'a dit. Mais qu'en est-il des autres choses importantes qui n'ont pas encore été trouvées? Les objets mystérieux de la bibliothèque: le modèle solaire, les téléscopes et le cristal? Il a dit qu'il était très possible que le modèle ait été enlevé et caché, mais il n'en était pas certain.

Je pensais que si jamais quelqu'un le découvrait, ils n'en comprendraient pas l'utilisation de toute façon. Il semblerait qu'il ne s'agisse uniquement que de tiges et de boules de bronze. Cela a dû être une profonde décision de démonter en morceaux ce modèle, car ils savaient que personne ne saurait le reconstruire. Mais il valait probablement mieux le cacher que de le laisser tomber entre les mains des Romains. C'était l'une des choses qu'ils avaient juré de protéger depuis que le Kaloo les leur avait donnés il ya bien longtemps. Toutes ces décisions ont dû être très difficiles, car ils savaient qu'ils allaient parvenir à la fin d'une époque, la fermeture d'une porte. La seule solution à laquelle ils pouvaient penser était de cacher les objets de valeur dans l'espoir que peut-être quelque part, quelqu'un les retrouverait et pourrait comprendre ce qui leur avait été si précieux. Ils ont dû savoir qu'ils prenaient un risque, à ce moment-là, les éléments atmosphèriques et les maraudeurs en prendraient probablement leur part.

Quand j'ai posé des questions sur le cristal, le corps de Katie s'est soudainement contracté de manière incontrôlable. Je ne comprenais pas cette réaction physique mais il a dit: "Il est parti! Il a été déplacé.

il n'est pas dans les environs. Il a été placé sur une autre source de lumière." Je ne pensais pas à l'époque lui demander ce qu'il voulait dire par là, mais maintenant je me demande s'il a peut-être été emporté sur une autre planète? J'ai demandé pourquoi la question l'avait dérangé. Il fit une pause comme s'il écoutait quelqu'un.

K: *Ils disent que ce n'est pas le moment.*
D: Eh bien, je voudrais avancer une possibilité. Pensez-vous que les Gardiens pourraient venir et aider à retirer certaines choses?
K: *C'est possible.*
D: Oui, ce serait une façon pour que ces choses ne soient plus retrouvées. Si toutes ces choses ont disparu, les gens à l'avenir ne sauront jamais à quel point la communauté a été avancée.
K: *Ils le sauront dès lors que le monde sera prêt à l'entendre.*
D: Après la destruction de Qumran, restera-t-il l'une de ces personnes?
K: *Oui, ils iront ailleurs. Certains survivront avec la connaissance. D'autres survivront avec seulement des souvenirs, pour qu'ils se réveillent au moment opportun.*

Je me demande s'il parlait du genre de souvenirs que nous éveillions maintenant avec notre expérience?

J'ai changé mes questions pour voir si je pouvais tout savoir sur le mystérieux Kaloo.

K: *Ce sont ceux auxquels vous pensez. Ils ont été là à partir de ce que vous appelleriez à votre époque «Atlantis» Une partie de cette différence dans le nom réside dans le fait que lorsque les gens parlent d'Atlantis, ils ne réalisent pas qu'au lieu d'en avoir qu'un seul, il y avait de nombreux gouvernements, de nombreux pays sur ce continent. Les Kaloo n'étaient pas la composition de toutes ces personnes. Ce n'était qu'une partie d'entre eux.*
D: Savez-vous ce qui leur est arrivé?
K: *Il y en a encore des vivants sur la terre. Ils sont les gardiens de certains des mystères qui sont protégés. Ils gardent beaucoup de choses. Leur connaissance refera surface.*
D: Qu'est-il arrivé à leur pays?
K: *Une grande destruction a eu lieu parce qu'ils ne suivaient plus les lois de la nature. Mais ceux qui sont sages en la matière savaient*

que cela se produirait et ont cherché à sauvegarder le savoir afin que l'étincelle qui constituait l'humanité ne soit pas étouffée.

D: La catastrophe était-elle un phénomène naturel?

K: *C'était une combinaison en partie avec la nature qui criait contre ce que l'homme lui avait fait.*

D: Pendant qu'il était en vie, Suddi a parlé comme s'il y avait une grande explosion.

K: *C'était en partie une explosion, cela en concernait une des raisons. Ils ont mal utilisé l'équilibre de la nature. Lorsque vous puisez trop de la nature et ne reconstituez pas vos ressources, vous causez un déséquilibre, c'est donc ce qui s'est passé. Beaucoup en avait été prévenus très tôt, que tout cela allait se produire et avaient quitté la région avant. Certains sont partis sur des dirigeables, d'autres par le bord de mer dans l'espoir qu'au moins certains d'entre eux survivraient.*

D: Un cristal a-t-il été impliqué de quelque manière que ce soit dans la destruction finale? (D'autres auteurs avaient suggéré cela et je voulais vérifier.)

K: *Oui, l'un d'eux. Il y en avait plusieurs. Une partie est liée à la surcharge, à son mauvais usage, à une mauvaise canalisation du pouvoir. À un tel point qu'il faut finalement revenir à son point de départ. Pour chaque action, il y a une réaction. C'est ce qu'ils n'ont pas pris en considération.*

D: Suddi m'a dit qu'il y avait une guerre et qu'ils ont utilisé des dirigeables.

K: *Il y en avait, ça faisait partie de la fin. Mais la guerre dont il a parlé n'est jamais arrivée.*

Ceci fut un choc auquel nous ne nous attendions pas. Cela me donna la chair de poule. Quand j'ai transcrit la cassette sur la guerre, cela m'a mis mal à l'aise. Les conditions mondiales décrites par Suddi étaient bien trop similaires aux nôtres. Cela ressemblait tellement à l'histoire qui se répète qu'elle m'a mise mal à l'aise. Cette déclaration n'a fait que renforcer ce sentiment.

D: Pourquoi Suddi pensait-il que c'était déjà arrivé?

K: *Confusion d'informations.*

D: Il a bien dit que cela leur tombait dessus par morceaux. Mais il a parlé de dirigeables d'autrefois.

K: *Il y avait des anciens dirigeables, oui. Mais la guerre dont il a parlé ne s'était pas produite. D'une part il parlait des navires de guerre anciens qui auraient alors existés, et d'autre part d'une prophétie faite à propos de celui qui allait exister. C'est ce que vous avez lorsque vous recevez des informations. Ceux qui pensent être en mesure de savoir et d'exercer leur jugement s'adaptent à cela. Celles-ci correspondent à leurs idées et doivent donc être correctes.*

D: Je ne sais pas si vous êtes autorisé à nous donner cette information, mais pouvez-vous nous dire quand la guerre va avoir lieu?

K: *La guerre dont il a parlé, la prophétie, ce que beaucoup ne comprennent pas, c'est qu'elle ne doit pas nécessairement se produire. C'est une prophétie et les prophéties peuvent être changées. Si suffisamment d'entités y mettent de la bonne énergie, cela ne sera pas nécessaire que cela se produise. Rien n'est définitif jusqu'à ce que cela se soit produit.*

D: Il a dit que les Gardiens étaient certains qui pourraient essayer d'aider.

K: *Ils essaient d'aider, mais ils ne peuvent rien faire contre le travail de milliers d'hommes avec seulement une poignée d'entre eux. Cela doit venir du désir des peuples d'éviter cette catastrophe. Ils doivent être informés de ce qui pourrait arriver. Ils doivent savoir ce qui se passerait si les prophéties étaient autorisées à se réaliser. Si celle-ci est présentée correctement, ils vont au moins planter des graines.*

D: Pourquoi est-il si difficile d'obtenir des informations de Suddi? Si cela est si important, il devrait coopérer davantage.

K: *Chaque entité possède sa personnalité propre à ce moment-là. Par conséquent, les habitudes, ce qui a été enraciné dans chacune d'entre elles, se trouvent là. Si quelqu'un vous disait, en tant que la personne que vous êtes à présent, de faire quelque chose qui allait à l'encontre de tout ce qui vous avait été enseigné, vous ne pourriez pas le faire. Par conséquent, ne le lui demandez pas! Car vous seriez blessé si vous étiez empreint de ce sentiment de confiance, et qu'on en abuserait.*

DEUXIÈME SECTION

LA VIE DE JESUS

Chapitre 17

Les prophécies

Ce matériel de régression aurait pu être présenté de bien de nombreuses façons. Les incidents de la vie du Christ sont en réalité apparus de manière éparse au cours des trois mois durant lesquels nous avons travaillé sur cette question. J'aurais pu les laisser dans leur contexte et écrire la vie de Suddi dans un ordre chronologique. Mais j'ai senti que l'histoire de Jésus y aurait été en quelque sorte diluée, perdue dans l'énorme richesse de l'information. Je pense que la vie du Christ est bien trop importante pour cela. Je croyais que tout ceci devrait être traité d'une manière autonome, alors j'ai décidé de tout combiner dans une section unique.

Cela aurait pu être un livre en soi, mais il aurait alors manqué une partie de la base que j'ai essayé de présenter ici auparavant. Je voulais montrer à quoi ressemblait la vie dans cette communauté désolée et que le lecteur puisse ainsi connaître la personnalité et la sagesse d'un des Esséniens. Ainsi, avec la vie de Jésus présentée dans ce contexte, nous pouvons gagner une meilleure impression de l'environnement dans lequel il a vécu et étudié. Et également, de voir certaines des croyances et des connaissances auxquelles il a été exposé pendant ses années les plus vulnérables. Ce n'est que de cette manière que les parties manquantes de sa vie peuvent prendre une nouvelle importance. Ce n'est qu'alors qu'il peut être vu sous un jour nouveau et, espérons-le, compris comme le grand être humain qu'il était.

Il a déjà été montré dans les chapitres précédents que certaines des croyances et rituels chrétiens étaient directement originaires des

Esséniens, notamment le rite du baptême et le passage de la coupe. Lorsque les manuscrits de la mer Morte ont été traduits, ces deux rituels ont été mentionnés comme faisant partie de la vie quotidienne des Esséniens. Beaucoup d'écrivains ont commenté cela après avoir étudié les traductions. La similitude entre ces faits et ce que Katie a évoqué m'a surprise et était quelque chose que je n'aurais jamais soupçonné. La précision qu'elle a démontrée quand elle a revécu la vie de Suddi m'a de nouveau étonnée.

Dans son livre, Ginsburg explique qu'au fur et à mesure que les Esséniens progressaient à travers les différentes étapes de leur développement au sein de la communauté, ils atteignaient le plus haut niveau possible. "À ce moment-là, il devint le temple de l'Esprit Saint et put prophétiser. Avant tout, le don de prophétie était considéré comme le fruit suprême de la sagesse et de la piété. Ainsi que de ressusciter les morts."

Je pense que ce passage laisse peu de doute sur le lieu où Jésus a appris ces capacités. Il me semble que ces études relèveraient de l'enseignement du maître des mystères. Suddi, principalement éduqué dans la Torah, la loi même, n'avait reçu qu'une formation minimale dans d'autres domaines. Mais Jésus devait tout apprendre de tous les maîtres.

Les Scrolls sont encore à l'étude aujourd'hui, mais les rapports ont cessé immédiatement après le début des traductions. Pourquoi? Qu'ont-ils découvert dans les écrits anciens qu'ils ne voulaient pas que le monde sache? Ont-ils trouvé les mêmes choses que moi? Avaient-ils peur que le monde chrétien ne soit choqué par la découverte que le christianisme n'a pas été créé avec le ministère de Jésus, mais est né des enseignements de ces hommes et femmes apparemment en train de renoncer à eux-même, ayant voué leur vie à aimer l'humanité tout entière et à préserver le savoir pour les générations futures? Je ne suis pas la première à avoir cette idée. J'ai été surprise que beaucoup d'autres écrivains soient parvenus à la même conclusion après avoir examiné les preuves.

L'un des premiers fut Dean Prideaux, qui écrivit "The Old and New Testaments Connected in the 1600s" (non traduit en français). Il a présenté que les personnes de son époque laissaient comprendre par l'entente entre la religion chrétienne et les documents des Esséniens que le Christ et ses fidèles n'étaient rien d'autre qu'une secte dérivée de celle des Esséniens.

En 1863, Graetz écrivait, dans sa deuxième édition du troisième volume de son Histoire des juifs, que Jésus s'était tout simplement approprié les caractéristiques essentielles de l'essénisme et que le christianisme primitif n'était qu'un dérivé de l'essénisme.

Toujours dans le livre de Ginsburg datant de 1864, je cite: "Ceux qui se disent les vrais chrétiens évangéliques ont bien hâte de détruire toute apparente affinité entre l'essénisme et le christianisme, de peur que l'on ne dise que l'un a engendré l'autre".

Cette idée a été de plus en plus mise en avant par les rédacteurs des livres sur les manuscrits de la mer Morte, selon lesquels le lien est très évident et bien réel. Un auteur a déclaré que la plupart des théologiens le savent et que seul le profane en est ignorant.

Dans le numéro de décembre 1958 du National Geographic aux Etats Unis, il y avait un article approfondi sur la découverte et les traductions des manuscrits de la mer Morte. Je cite: "Certains parallèles frappants existent entre les croyances et les pratiques des Esséniens et celles des premiers chrétiens ... Les érudits de toutes les religions reconnaissent ces parallèles. Ceci sont des faits."

Pourtant, tout ce que l'on sait à propos de ce merveilleux groupe a été obtenu au travers d'auteurs anciens et par les fouilles de Qumran. J'espère que ce que j'ai découvert ouvrira une autre porte et permettra de jeter un premier coup d'œil sur leur mode de vie et leurs croyances. Un aperçu qu'il est impossible d'obtenir de ce dépouillement et d'une datation des vestiges et des artifacts trouvés dans cette ruine silencieuse. J'espère que les scientifiques utiliseront ce livre comme un outil précieux pour comprendre ces personnes mystérieuses et leur association entre Jésus et elles. Peut-être enfin toute l'histoire a-t-elle été révélée et Jésus émerge encore plus merveilleux et glorieux qu'auparavant. Nous pouvons l'apprécier en tant qu'être humain vivant et respirant, tel qu'il est perçu à travers les yeux de l'un de ses enseignants aimants.

D: Vous avez dit que vous passiez du temps avec la définition des prophéties. Pouvez-vous expliquer ce que vous voulez dire par là?
S: *Contenu dans maints passages de la Torah, il y a beaucoup de prophéties données. Plus de la moitié d'entre elles concernant sa naissance. Elles disent que le Messie arrive. En ce qui nous concerne, nous devons connaître l'heure et montrer que nous pouvons le reconnaître. C'est à nous de conserver ces connaissances afin de les partager à l'avenir avec d'autres personnes les ayant mieux compris. Nous étudions de cette manière ... on dit que de chez lui il doit venir. Il sera de ma maison. Il sera de la maison de David. Et il naîtra dans la ville de David, qui est Bethléem. On dit qu'il sera rejeté par d'autres parce qu'il vient de Nazareth. Et que jamais rien de bon ne sort de Nazareth.*
D: pourquoi? Qu'est-ce qui ne va pas avec 'Nazareth'?
S: *À une certaine époque, il s'agissait d'un lieu qui ne convenait de décrire que comme un coupe-gorge et sans aucune loi. Et on dit que rien de bon ne vient jamais de là.*
D: Alors pourquoi pensez-vous qu'il viendra de là?
S: *Parce que les prophéties le disent.*
D: Vos prophéties disent-elles quand cela se produira?
S: *On dit que le temps est proche, très proche.*
D: Est-ce qu'il va naître ou est-ce qu'il va juste apparaître?
S: *Il doit naître d'une femme.*
D: Que sait-on des parents?
S: *Il est dit qu'ils la reconnaîtront quand ils la verront.*
D: Et le père?
S: *Seulement qu'il sera de la tribu de David.*
D: Y a-t-il autre chose que vous puissiez partager avec nous?
S: *Il est dit qu'Elie devra venir avant pour préparer sa route.*
D: Que veux-tu dire?
S: *Il va renaître. Il doit ouvrir la voie. Faire savoir à ceux qui l'écoutent que le Messie est de retour.*
D: Savez-vous la personne en laquelle va-t-il renaître?
S: *Je ne le sais pas.*

D: Qu'en est-il du Messie, va-t-il être la renaissance de quelqu'un d'autre?

S: *Il est Moïse ou Adam, c'est la même chose.*

D: Pouvez-vous me dire depuis combien de temps la secte des Esséniens est là? Depuis combien de temps a-t-elle été formée?

S: *On dit que les premiers n'étaient même pas des Juifs, mais étaient connus comme les hommes provenant d'Ur. C'était loin dans le passé. Ils ont apporté avec eux la connaissance de certaines des prophéties et le symbole de la croix.*

D: Est-ce l'un des symboles qu'utilisent les Esséniens?

S: *Oui*

D: De quel type de croix s'agit-il? J'ai vu beaucoup de genres et elles ont toutes une forme différente.

S: *Elle a deux bras courts, une boucle pour une tête et elle descend plus bas.*

D: Certaines des croix ont tous les bras de la même longueur.

S: *Ce n'est pas le cas ici. (Cela ressemblait plutôt à une ankh, symbole égyptien de la vie.)*

D: Que signifie-t-elle symboliquement?

S: *C'est le symbole du salut.*

D: Pouvez-vous expliquer plus sur cela?

S: *Il est dit que tout sera compris quand les prophéties auront été accomplies.*

D: Le salut pour moi signifie se sauver de quelque chose. Quoi ou qui doit être sauvé?

S: *C'est en quelque sorte lié avec le destin du Messie. De tout cela, je ne suis pas sûr.*

CHAPITRE 18

L'étoile de Bethléem

Il y a eu beaucoup de discussions et de controverses à propos de l'étoile de Bethléem. Beaucoup pensent qu'elle n'a jamais existé, qu'il s'agissait simplement d'un mythe ou d'une légende. D'autres pensent que c'était peut-être une conjonction extrêmement rare d'étoiles ou de planètes. Une conjonction se produit lorsque deux ou plusieurs planètes se croisent dans le ciel et apparaissent, de notre point de vue sur la Terre, et semblent s'être fusionnées en une seule grande étoile. Cela s'est produit à plusieurs reprises au cours de l'histoire, mais rarement comme l'ampleur décrite dans la Bible. Selon Werner Keller dans son livre, "The Bible As History" (La Bible arrachée au sable, en français), de nombreux experts situent l'événement au 7ème siècle av. J.-C., lorsqu'une conjonction de Saturne et de Jupiter est observée dans la constellation des Poissons. Les écrits chinois font également référence à une brillante nova (un éclat soudain d'une étoile lointaine et en explosion pouvant prendre des millions d'années à nous parvenir) vu en l'an 6 av. J.-C.

Il existe également d'anciens enregistrements de comètes lumineuses apparaissant vers cette époque dans la région méditerranéenne: la comète d'Halley, par exemple, visitant en l'an 12 av. J.-C. Beaucoup, beaucoup d'explications ont été présentées, à voire même que l'étoile était vraiment un vaisseau spatial extraterrestre. On sait que Jésus n'est pas né en l'an un, au début de notre calendrier chrétien, à cause de nombreuses inexactitudes dans le système de datation original. La seule chose certaine à propos de cette controverse est que personne n'est absolument certain de ce que fut l'Étoile de Bethléem, ni de la date à laquelle elle est apparue.

Je ne pensais certainement à rien de tout cela et c'était la dernière chose à laquelle je m'attendais lorsque je travaillais avec Katie. Cet épisode est survenu lors de notre première séance quand nous avons eu juste la rencontre avec Suddi et que j'essayais d'en savoir plus sur qui il était. Je me sens extrêmement honorée que nous ayons été autorisés à participer à un événement aussi glorieux. Je lui avais simplement demandé d'avancer vers un jour important de sa vie. Ceci est une commande de routine pour empêcher le sujet de s'enliser dans les choses banales et ennuyeuses qui sont la part intégrante de la vie de chacun. Les faire passer à une journée importante est une façon de les faire avancer dans l'histoire de leur vie. Ce qui est important pour une personne n'est pas nécessairement importante pour une autre et cela ajoute à la validité de ce récit. C'est donc la dernière chose à laquelle je m'attendais lorsque je lui ai demandé de passer à un jour qu'il considérait important, de le compter à rebours jusqu'à là-bas, et de lui demander ce qu'il y faisait.

Il a dit qu'il était avec son père et qu'ils observaient les étoiles. Ce n'était pas inhabituel, mais il y avait quelque chose de différent concernant sa voix. Une excitation silencieuse, un sentiment d'émerveillement et de crainte qui m'avertit que ce n'était pas une nuit normale.

Il prit plusieurs profondes inspirations et me dit: "C'est le commencement de tout. Pouvoir voir cela par moi-même. Je n'aurais pas pu en demander plus. Savoir que la prophétie est en train de s'accomplir." Katie (tout comme Suddi) joignit ses mains devant elle et son corps sembla être vivant d'excitation. Suddi continua: "C'est la réunion des quatre ce soir."

Voir le chapitre 3. Le père de Suddi lui avait dit qu'il y aurait un signe dans les cieux lorsque le Messie arriverait. "Il est dit que des quatre coins du ciel, les étoiles se lèveront ensemble et que, lorsqu'elles se rencontreront, ce sera l'heure de sa naissance."

Il y avait beaucoup d'esséniens avec Suddi et ils regardaient depuis "le lieu de l'attente dans les collines", qui était probablement au-dessus de Qumran. Il pouvait à peine contenir son enthousiasme, "Jamais dans mes espoirs les plus fous!" Sa voix était si émue qu'elle était presque un murmure. Je lui ai demandé de décrire ce qu'il voyait.

> S: C'est comme si les cieux eux-mêmes s'étaient ouverts et que toute la lumière brillait sur nous. C'est comme le soleil en plein jour! C'est si brillant! Elles sont ... Elles se rejoignent ensemble. Elles ne se sont pas encore unies ensemble, donc elles sont bien plus grandes maintenant que cela ne va être après.

Il a formé un grand anneau avec ses pouces et ses index qui se touchaient, pour montrer comment les étoiles apparaissaient lorsqu'elles allaient fusionner. Il était clair qu'il voyait quelque chose de très inhabituel.

Son excitation était contagieuse et sa voix me donnait la chair de poule. Ce n'était que l'un des biens nombreux instants, où j'ai souhaité voir ce qu'elle voyait, mais nous devions nous contenter de la deuxième meilleure description de témoin oculaire de Suddi. Il semblait qu'il y avait quatre étoiles se rejoignant ensemble en un seul point.

> S: Et il est dit que lorsque elles deviennent une, à ce moment-là, alors, il va prendre son premier souffle.

D: Savez-vous où il va naître?
S: Il est à Bethléem. C'est dans les prophéties.
D: Comment réagissent les autres personnes qui se trouvent avec vous?

> S: Ils sont tous joyeux. C'est ... tout le monde est en exhaltation. Ils sont remplis de joie et... de l'énergie qui circule autour de nous. C'est comme si le monde entier retenait son souffle avec espoir.

Sa voix vibrait d'émotion. Là, je ne doutais absolument pas qu'il assistait à quelque chose d'extrêmement inhabituel.

D: Que comptez-vous faire? Allez-vous essayer de trouver le Messie?

J'ai supposé que quiconque à l'époque serait au courant de la signification de cet étrange phénomène astral, voudrait naturellement aller le rencontrer. Ce serait vraiment une avancée pour obtenir cette histoire. Je ne savais pas à l'époque que beaucoup de temps sera mis à notre disposition plus tard pour en apprendre plus sur le Messie.

S: *Nous ne le ferons pas. Ce sera à eux à venir ici.*
D: Les prophéties disent-elles qui trouvera cet endroit?
S: *On dit qu'il sera identifié par d'autres et ensuite ils repartiront.*
D: Alors, vous n'allez pas aller à Bethléem et ainsi voir si vous pouvez le trouver?
S: Non, car des années noires se préparent qui arriveront bientôt. *Alors, il viendra à nous. Nous serons préparés pour lui.*
D: Cela a été prophétisé qu'il viendra à votre peuple?
S: *Oui, c'est un fait connu.*
D: Va-t-il être enseigné par votre peuple?
S: *Pas tant qu'il apprendra de nous, mais plutôt qu'il sera éveillé à ce qui est à l'intérieur de lui.*
D: Et vous avez la capacité d'aider à réveiller cela?
S: *Nous ne pouvons qu'essayer.*

C'était la première indication que Suddi avait la possibilité de nous donner des informations de première main sur Jésus. J'avais parfaitement compris l'importance de cela, et j'avais l'intention de le suivre avec les indices partout où cela me mènerait. Elle prenait de grandes et profondes respirations alors que Suddi regardait les étoiles se rapprocher les unes des autres. J'ai demandé s'il savait à quelle époque de l'année il était.

S: *C'est le début de l'année. La nouvelle ... année vient de passer.*

Il est intéressant de supposer ici qu'il se réfère peut-être à Rosh Hashanah (ou "Rosh Shofar", comme il l'appelait), le début du Nouvel An juif, qui se déroule maintenant à l'automne. Les experts disent qu'il y a eu trois conjonctions de Saturne et de Jupiter au cours de la 7ème année av. J.-C., et prenant en compte de nombreuses autres variables, ils pensent que l'étoile pourrait avoir été la conjonction du 3 octobre, qui aurait eu lieu peu après le début de leur nouvelle année. Bien sûr, quand je posais ces questions, je ne savais pas que leurs années étaient différentes des notres, et j'ai demandé si c'était pendant la saison que nous appelons le printemps. Il a répondu: "La saison de croissance de cette venue, oui."

D: Quelle année du règne d'Hérode est-ce maintenant?
S: C'est la vingt-septième, je crois, je ne...

Il semblait souhaiter que nous arrêtions de parler et que nous partions et le laissions seul. Il était tellement impliqué dans ce qu'il regardait qu'il semblait perturbé par mes questions. Il a montré son impatience, "Tu ne le vois pas?! C'est si ... beau!" Il y avait tellement d'émotion dans ces mots. Il semblait surpris que nous ne puissions pas également le voir.

D: Allez-vous faire quelque chose de particulier chaque fois que les étoiles se rencontrent?
S: Nous allons regarder ... et lui rendre hommage, car il est notre roi.

Cela aurait pu prendre un bon bout de temps, car les étoiles étaient manifestement lentes. J'ai donc décidé d'accélérer les choses en le faisant avancer lorsque toutes les étoiles se sont rapprochées puis je lui ai demandé ce qu'il faisait.

S: Nous chantons des louanges à Yahweh pour nous avoir accordé notre présence ici maintenant. Et nous savons que c'est le grand honneur Yah (?), Car nous sommes nés au temps de l'accomplissement de toutes les prophéties. Nous lui faisons savoir que nous nous efforçons de faire de notre mieux, d'y être préparés. Car c'est un grand honneur qui nous a été confié. Et, bien que nous sachions que nous en sommes indignes, nous espérons être à la hauteur de cet honneur.

Ses mains étaient jointes et ce qui précède ressemblait à une prière. J'ai demandé une autre description des étoiles maintenant qu'elles étaient toutes les quatre réunies.

S: Il y a un rayon... c'est comme une queue. Cela descend avec une pleine lumière. C'est comme une concentration qui tombe directement de l'étoile. Et il est dit que dans cette lumière il naîtra.

(Ou est-ce que le mot était une percée? Il y a une différence de définition intéressante ici et cela ouvre pour de la spéculation.)

Suddi a déclaré qu'ils se trouvaient peut-être à moins de cinquante kilomètres de Bethléem, de sorte qu'ils ne pouvaient pas voir l'endroit exact où le faisceau de lumière avait touché la terre.

D: Est-ce plus lumineux maintenant qu'elles sont toutes ensemble?
S: C'est comme si la plus grande partie de la lumière y était focalisée. En cela, elle n'est plus dispersée mais est en un point précis. Cela ressemble à celle d'une très grande lune.

Je m'apprêtais à lui poser une autre question, quand j'ai remarqué que les lèvres de Katie bougeaient doucement comme si elles étaient en prière. Je pouvais presque voir Suddi à genoux, les mains jointes vers l'étoile et priant avec une immense émotion.

D: Vous pouvez le dire à voix haute. Nous aimerions partager ce moment avec vous.
S: Non! (Avec emphase) Est-ce que je parlerais de mon âme aux autres? Je parle directement de mon âme à Yahweh seul.

Je restai quelques instants silencieuse par révérence et lui permis de continuer jusqu'à ce que tout se passe comme s'il était fini. Je ne le pressais pas d'aller à une autre scène. Cela a dû être un moment si dramatique que je voulais lui laisser en savourer chaque fragment.

D: Elie est-il également revenu?
S: Il est également né. C'était il y a quelques mois aupavant. Son père est connu pour ceci, car il est des nôtres.

Ainsi, cette prophétie s'était aussi réalisée. Dans le Nouveau Testament, de nombreuses références à cette prophétie confirment que les habitants de l'époque ont accepté le fait que Jean-Baptiste était la réincarnation d'Elie. Alors que Jésus parlait de Jean à la multitude: Matthieu 11: 10, 14, " C'est de lui qu'il est écrit : Voici que j'envoie mon messager en avant de toi, pour préparer le chemin devant toi. Amen, je vous le dis: Parmi ceux qui sont nés d'une femme, personne ne s'est levé de plus grand que Jean le Baptiste; et cependant le plus petit dans le royaume des Cieux est plus grand que lui. Depuis les jours de Jean le Baptiste jusqu'à présent, le royaume des Cieux subit la violence, et des violents cherchent à s'en emparer."

Quand l'ange dit à Zacharie qu'il doit avoir un fils nommé Jean, nous voyons dans Luc 1: 17: "Et il accomplira sa mission sous le regard de Dieu, avec l'esprit et la puissance d'Elie, pour réconcilier les pères avec leurs enfants, pour amener ceux qui sont désobéissants à penser comme des hommes justes et former ainsi un peuple prêt pour le Seigneur. "

D: Ce doit être un moment très excitant. Je vous remercie vraiment de partager tout ceci avec nous. C'est quelque chose qui n'arrive qu'une fois dans une vie, avoir la possibilité de vivre quelque chose d'aussi beau que ça.
S: *C'est plus qu'une fois dans une vie, c'est une fois pour toutes.*
D: C'est vrai. Et quelque chose que nous n'aurions jamais été autorisés à partager si vous ne nous en aviez pas parlé.

C'était une expérience si extraordinaire que je pensais que Katie en ramènerait sûrement le souvenir avec elle. Quand je l'ai amenée au temps présent et que je l'ai réveillée, c'était un peu triste qu'elle n'ait aucun souvenir de ce que Suddi avait vu. J'avais été très tentée de lui suggérer de faire valoir ce souvenir. Cependant, nous avions décidé au début de notre travail qu'il serait souhaitable de laisser ces expériences rester dans le passé, là où elles appartenaient. Quelqu'un peut-il imaginer à quel point il serait difficile, dans votre vie de veille normale, de porter les souvenirs conscients de tant de vies différentes? Je pense qu'il serait extrêmement difficile de continuer avec les affaires de la vie quotidienne. Il y avait eu des moments où Katie avait dit qu'elle se rappellerait plus tard des aperçus éphémères de scènes. Mais ceux-ci seraient similaires aux fragments de rêves en voie de disparition que nous vivons tous au réveil d'une nuit de sommeil.

CHAPITRE 19

Les rois mages et le bébé

Nous avions avancé dans la vie de Suddi et en sommes arrivés à une époque où il rendait visite à ses cousins à Nazareth. Il était assis sur la place et regardait les enfants jouer dans la fontaine. Je souhaitais l'interroger davantage sur le phénomène de l'étoile de Bethléem dans l'espoir de mieux le comprendre. J'espérais aussi obtenir plus d'informations sur la naissance de Jésus.

D: Avant quand je ne vous en ai parlé, vous avez dit que vous connaissiez toutes les prophéties de la venue du Messie et que vous le recherchiez. Pourquoi le Messie est-il si important?

S: *Il est important parce que c'est lui qui apportera la lumière au monde. Il livrera et donnera de l'espoir à ceux qui sont sans. Il nous montrera, ainsi qu'à d'autres, comment nous pouvons perfectioner notre âme.*

D: Autrement dit, il sera une personne très spéciale.

S: *C'est déjà une personne très spéciale, même s'il n'est qu'un enfant.*

D: L'avez-vous vu?

S: *Une fois, quand ses parents sont venus nous voir, nous demandant de les aider. Car ils connaissaient les plans d'Hérode et ils devaient s'enfuir. Ils ont passé plusieurs jours avec nous pendant que nous rassemblions des affaires afin qu'ils puissent faire leur voyage en toute sécurité.*

D: Savez-vous quel était le plan d'Hérode?

S: *Éliminer tous les enfants nés dans un délai de deux ans. Parce qu'il était dit que le Messie était né et il pensait ainsi le capturer dans son filet et se débarrasser lui-même de cette inquiétude.*

D: Comment Hérode a-t-il su que le Messie était né?

S: *Quand les mages sont venus et qu'ils se sont arrêtés dans son palais. Ils pensaient, à tort, que si un roi était né, il serait sûrement né dans le palais du roi. Ils ont parlé à Hérode et, grâce à eux, il a appris que le Messie était né et qu'il serait appellé le Roi des Juifs. Et ceci, Hérode ne pouvait pas l'entendre. C'est pourquoi, dès le départ des rois mages, il ordonna que cet édit soit obéi. Parce que si un roi des Juifs était né, alors qu'il était lui-même connu en tant que roi des Juifs, il s'ensuivrait aussi qu'il cesserait d'être roi.*

D: J'imagine que si les mages avaient su cela, ils ne seraient probablement pas allés au palais.

S: *(Soupir) C'était leur destin. Car n'était-il pas écrit que cela se produirait? C'était prévu il y a de nombreuses années et donc tout le monde le savait, afin que nous soyons prêts pour tout cela. Ils ne faisaient que suivre leur destinée, comme nous devons tous suivre la nôtre.*

D: Certaines personnes ont dit que lorsque les rois mages ont rendu visite à Hérode, c'était bien longtemps après la naissance du Messie.

S: *Non, car lorsque les mages sont venus au Messie, il était toujours sur le lieu de sa naissance. Il n'en était pas encore parti.*

D: Savez-vous combien de ces sages sont venus?

S: *Il y en avait trois. C'étaient des hommes d'Ur.*

D: N'est-ce pas une ville à Babylone?

S: *Barchavia (phonétiquement.) Ceci en est un autre nom pour le lieu que tu appelles, Babylone. Ur est plus un peuple qu'un pays ou n'importe quel autre lieu. Ils viennent d'Ur. C'est leur origine.*

D: je vois. J'ai entendu tellement de différentes histoires. Comme vous étiez là, vous sauriez mieux la vérité.

S: *Je n'étais pas avec eux quand ils ont parlé à Hérode. Mais j'en ai entendu parler et je sais que c'est la vérité.*

D: Comment les rois mages ont-ils su qu'il était temps pour eux de venir?

S: *C'était annoncé dans les cieux. C'était la conjoncture des planètes et des étoiles, et ils s'en sont servis pour être guidé. Ils ont vu l'étoile et l'ont reconnue pour ce qu'elle était.*

D: Une fois, quand je t'en avais parlé, tu avais dit que tu avais vu l'étoile la nuit où le Messie était né.

S: *(émotionnellement) Oui.*
D: Pensez-vous que les rois mages ont vu cette même étoile?
S: *Tous ont vu la même étoile!*

J'ai essayé de découvrir, si possible, quels corps célestes étaient impliqués dans la formation de l'étoile de Bethléem. Je pensais qu'il pourrait peut-être en connaître les différents noms.

S: *Il y a différents noms pour celles-ci, et les différentes ... (il a cherché le mot juste) constellations ont également leurs propres noms. Il y a plus à cela qu'elles ne soient nommées de cette manière là, et ce n'est pas seulement que des étoiles individuelles ont leur nom. On dit que chacune des étoiles qui se sont ainsi réunies avait un nom, mais je ne le connais pas. Il ne s'agit pas de mes meilleures matières d'étude.*
D: S'agissait-il d'étoiles qui sont normalement positionnées dans le ciel?
S: *Oui. C'était juste qu'elles se soient accrues à l'unisson. Que leurs chemins dans les cieux se soient croisés, pour ainsi dire.*
D: Certaines personnes ont dit que c'était peut-être une étoile étrange qui n'avait jamais été vue dans les cieux (faisant référence à cette possible nova.)
S: *Ce n'en était pas une seule qui ait été créée dans cette seule unique instance pour cela, non. Nombreux sont ceux qui essaient de l'expliquer de différentes manières. Ils ont essayé de dire que c'était un avertissement des dieux que Rome était sur le point de tomber. Que c'était une comète. Il est dit qu'il y avait des points de lumière où les cieux s'ouvraient et brillaient. Ils ont de nombreuses explications à tout cela. Mais c'était Dieu qui démontrait que c'était son fils et nous donnait un moyen pour le savoir.*

Beaucoup de gens disent que cela est impossible et que tout est impossible si on ne possède pas la foi. Mais quand on y croit, tout est possible. Je ne peux pas en douter, car je l'ai vu de mes propres yeux. Tout ce que je sais c'est que quand tout s'est amalgamé ensemble, que la lumière était assez grande pour projeter des ombres. Et elle était assez forte pour que vous ne puissiez pas rester assis longtemps à la regarder. C'était quelque chose qui ne s'est jamais produit auparavant dans la mémoire connue de l'homme. Qui suis-je pour juger les manières de faire de Dieu? Les sages on dit qu'il y en aurait peut-être eue une quatrième. On dit que chacun des sages a suivi l'une des étoiles et c'est à ce moment-là qu'ils se sont rencontrés.

D: Vous voulez dire qu'ils ne se sont pas rencontrés avant d'être dans la région de Bethléem?

S: C'était au moins sur une courte distance. Presque aussitôt que les étoiles se sont rencontrées, les mages se sont rencontrés. Tous venant de directions différentes, et il est dit que l'un d'entre eux n'y est jamais parvenu, car il y en avait un pour chaque étoile.

D: savent-ils ce qui aurait pu se passer en ce qui concerne le quatrième?

S: S'ils le savent, pour ma part, cela m'est inconnu.

D: Pensent-ils qu'ils venaient de quatre pays différents?

S: On pourrait dire qu'ils venaient de pays très lointains, oui, quatre points d'origine différents.

D: Savez-vous quels pays?

S: On n'en a pas parlé, non.

D: Les gens ont dit que si les rois mages voyaient l'étoile dans des pays lointains, il serait difficile de voir la même étoile et qu'à leur arrivée à Bethléem, l'étoile serait déjà repartie.

Cela avait été l'une des discussions. Si l'étoile était une seule lumière brillante, elle n'aurait pas pu être vue à cause de la courbure de la terre.

S: C'est vrai. Les contes s'allongent à chaque récit. Mais, ils ont tous suivi les étoiles qui grandissaient simultanément, car ils savaient ce qui était en train de se passer. Et ils observaient cela depuis des centaines et des centaines d'années. Quand cette étoile est devenue une, on l'a vue ... de partout.

D: Les mages devaient aussi connaître les prophéties ou au moins devaient savoir lire les étoiles.

S: On dit que ce sont les hommes d'Ur qui nous ont donné beaucoup de nos prophéties. Ils nous ont également donné Abraham.

L'étoile combinée initiale était extrêmement brillante cette nuit-là et pouvait encore être vue dans le ciel pendant près d'un mois après, mais la lumière ne pouvait pas être vue pendant la journée.

S: Ce n'était qu'un point de focalisation pour une nuit seulement. C'était... comment pourrais-je expliquer cela? La lumière n'était pas tout à fait la même. C'était comme si, après s'être d'abord rassemblées, elles se séparaient à nouveau et rejoingnaient leur propre route, de sorte que la situation devenait de moins en moins brillante. Cela a pris peut-être un mois pour que la lumière disparaisse totalement, oui.

Les gens se sont souvent demandé pourquoi Hérode avait ordonné l'assassinat de tous les enfants de sexe masculin de deux ans et moins. Certains disent que ceci est la preuve qu'il a fallu aux mages tout ce temps pour voyager depuis leurs pays pour se rendre à Bethléem. Mais selon la version de Suddi, cela n'aurait pas pu être vrai. Il a dit que les mages avaient retrouvé le bébé alors qu'il était toujours sur le lieu de sa naissance.

Je me rends compte que la Bible est ouverte à de nombreuses interprétations, mais je pense que Hérode avait attendu un moment que les Sages retournent à lui avec des informations sur l'endroit où se situait l'enfant. Ensuite, je pense qu'il a probablement envoyé des soldats pour les trouver. Tout ça avait du prendre du temps. Lorsqu'il a découvert que les mages avaient quitté le pays, il a proclamé avec colère que tous les enfants dans un délai de deux ans seraient inclus afin que l'enfant ne "s'échappe pas de son filet".

D: Comment appelez-vous le Messie?
S: (Il a hésité.) Nous ne lui donnons aucun nom.
D: Il n'a pas encore recu de nom?
S: Il a un nom, mais de le nommer serait prononcer sa mort et il doit donc être protégé.

C'était inattendu. Apparemment, si les gens connaissaient son nom, Hérode ou ses soldats pourraient en être informés, et ils sauraient qui chercher. Il semblerait qu'Hérode aurait la certitude de l'avoir tué lors de son massacre des enfants et qu'il n'aurait plus à s'inquiéter pour lui. Mais les Esséniens pensaient qu'il était bien mieux qu'il demeure anonyme jusqu'au moment de la révélation de son identité. Cette précaution pourrait présenter des problèmes à l'encontre de potentielles collectes d'informations pour nous. J'ai demandé s'il avait entendu des histoires sur sa naissance, dans l'espoir d'obtenir quelque chose qui ressemble à la version biblique.

S: *Nous connaissons l'histoire de sa naissance. Il est né à Bethléem, c'est tout ce qu'il faut pour qu'il soit connu. Cela a accompli la prophétie. À une date ultérieure, il réalisera à nouveau une autre prophétie par laquelle, lorsqu'elle se réalisera, tout sera su. Et il sera un objet d'incrédulité à cause de cela. Mais en dire trop maintenant serait idiot.*

Il faisait apparemment allusion à la prophétie qu'il avait mentionnée plus tôt, selon laquelle rien de bon ne sortirait de Nazareth. Toujours en quête d'informations, j'ai pensé que Suddi avait peut-être entendu parler de la naissance de la Vierge. Cela ne mettrait sûrement pas le Messie en danger s'il me parlait d'événements inhabituels liés à sa naissance.

S: *Il est né dans une grotte, si cela est considéré comme inhabituel.*

Cela paraissait étrange, mais les livres perdus de la Bible font souvent référence au lieu de naissance de Jésus, où il a habité comme étant une grotte. L'ancienne église de la Nativité à Bethléem est construite sur la grotte ou la grotte sacrée reconnue comme étant le lieu de naissance supposé. Les grottes étaient également utilisées comme écuries à cette époque.

S: *Il y a beaucoup d'histoires sur sa naissance. Il y en aura beaucoup d'autres dans les années à venir. Mais ceci est pour une date ultérieure pour que ceci soit alors connu. Savoir exactement où il est né reviendrait à nommer ses parents. Les gens sont traçables. Vous pouvez faire des recherches et si vous en savez assez sur eux, vous pouvez les retrouver.*

Cela, bien sûr, tombait sous le sens. J'étais encore en train de pêcher quand je pensais que s'ils venaient se cacher chez les Esséniens, ils n'étaient probablement même plus dans le pays. Il semblerait que la chose la plus sûre à faire serait de quitter le pays de sa naissance, mais il n'a fait que répéter ma remarque: "Ce serait une chose bien plus sûre." Le mieux serait peut-être d'essayer de décrire les parents.

S: *Sa mère n'était qu'une enfant. Elle avait peut-être seize ans, pas plus. Avec tant de beauté et de calme, il y avait de quoi en être émerveillé. Le père était plus âgé, un homme très pieux. Il aimait beaucoup sa femme; cela se voyait en un seul coup d'œil. Ils avaient été ensemble plusieurs fois dans d'autres vies.*
D: Y avait-il quelque chose d'inhabituel chez le bébé?
S: (sa voix était tellement en adoration) Ses beaux yeux. Et le fait qu'il était un enfant aussi calme. Il te regarderait et c'est comme s'il connaissait tous les secrets de l'univers et qu'il était fier de les savoir.
D: Alors il était bien différent d'un enfant normal?
S: *Comment pourrais-je savoir quelque chose sur les enfants normaux? (Une réponse naturelle, Suddi était célibataire) Ils pleurent tous et prennent le sein et ont besoin que leurs couches soient changées. Que peut-on en dire? C'était comme s'il regardait tout... pour apprendre encore davantage, pour tout expérimenter en même temps.*

J'ai supposé que si Suddi l'avait vu, cela aurait été une expérience si émouvante qu'il se serait souvenu de chaque détail.

D: Vous avez dit qu'il avait de beaux yeux. De quelle couleur étaient-ils?
S: *Ils n'étaient jamais les mêmes. Dans un coup d'oeil ils étaient gris, et la fois prochaine, bleus, peut-être même verts. Tu n'étais jamais sûr.*
D: De quelle couleur étaient ses cheveux ou en avait-il?
S: *Ce qu'il avait était une légère nuance de roux, un roux très sablonneux.*

C'était une réponse étrange qui ne correspond pas à l'image habituelle que les gens ont de l'Enfant Christ. Ils supposent toujours qu'il avait des cheveux noirs ou tout au moins bruns. Cependant, cette description concorde avec celles données par Taylor Caldwell dans le livre de Jess Steam, "In search of Taylor Caldwell" (non traduit en français) et les écrits d'Edgar Cayce sur Jésus.

Quand le Messie est venu chez les Esséniens pour se protéger, il n'était qu'un petit bébé, mais Suddi savait que ce serait sa destinée de le revoir. C'était une autre indication positive que nous pourrions obtenir plus sur son histoire.

J'ai changé de tactique, et j'ai décidé de poser des questions sur Jean le Baptiste. Peut-être qu'il ne serait pas aussi protecteur avec lui et que je pourrais obtenir plus d'informations de manière détournée.

D: Vous m'avez parlé de la prophétie selon laquelle Elie reviendrait et serait né de nouveau quelques mois avant le Messie. Vous avez dit que son père vous était connu parce qu'il était l'un d'entre les vôtres. (Suddi hochait la tête.) J'ai entendu dire que son père était un prêtre, mais je ne sais pas dans quelle religion.
S: *Il y a toujours les religions romaines, mais on dit que les Romains croient en ce qui est juste à leur portée. Il était un prêtre de Dieu. Il n'y a pas d'autre religion que celle-là. Il n'était pas un rabbin. Il était en service au temple.*

J'ignorais vraiment qu'il existait une réelle différence entre le temple et la synagogue. Dans la Bible, tous les deux y sont mentionnés, mais on ne nous dit pas qu'ils peuvent être des endroits différents et avoir des fonctions qui diffèrent. J'ai toujours pensé qu'ils se référaient au même lieu. Ceci est traité dans le chapitre 5 lorsque Suddi en a expliqué la différence.

D: Pouvez-vous me dire ce qui est arrivé à cet enfant?
S: *L'enfant et sa mère sont avec nous. Il est en danger, car il s'inscrit également dans la catégorie que Hérode veut tuer. Le père a été tué. Malheureusement, cet édit a eu lieu juste après le recensement, ils ont donc eu connaissance des bébés qui étaient nés. Et quand ils sont venus chez lui et ont demandé: "Où est votre enfant?" Il leur a répondu:" Je ne le sais pas. " Et ils ne l'ont pas cru.*
D: Le bébé était-il là?
S: *Non. La mère est très malheureuse, car elle pense qu'elle aurait dû être plus ferme avec lui et ainsi s'être assurée qu'il soit venu avec elle. Mais il lui a parlé et a dit, non, qu'il était un vieil homme et*

qu'il mourrait en faisant son devoir envers Dieu. Tel était son souhait.

D: Savait-il où elle était allée?

S: Il savait vers qui, il ne savait pas où.

D: Il ne l'aurait probablement pas révélé de toute façon.

S: Non, il aurait plutôt choisi la mort et c'est ce qu'il a fait.

J'ai supposé que la vérification ou l'annulation des rapports de Katie reposerait sur la Bible puisque c'est le compte rendu le plus complet que nous puissions posséder de la vie du Christ. Mais j'ai été surprise de trouver de nombreuses lacunes et demi-histoires dans les récits bibliques. Un exemple typique est celui de Zacharie. Il est mentionné dans la Bible en tant que père de Jean, mais l'histoire de son destin ne s'y trouve pas. J'ai trouvé que l'histoire de son assassinat est fidèlement consignée dans l'Évangile du Verseau, sur Jésus-Christ et l'un des Livres apocryphes perdus de la Bible appelé The Protevangelion (non traduit en français), soi-disant écrit par Jean.

Quand j'ai lu dans ces histoires qu'Elizabeth avait pris le bébé et s'était enfuie dans les collines, c'était comme si une lumière brillante brillait dans ma tête. "Bien sûr, elle est allée dans les collines," pensai-je. "Quelle femme avec un bébé va errer dans un désert? Elle savait tout le temps où elle allait se rendre. Elle se dirigeait vers la communauté essénienne dans les collines, où elle savait qu'elle serait en sécurité." C'était absolument incroyable comment cette histoire qui nous parvenait au travers de Katie dans cette transe profonde avait tellement plus de sens et dévoilait tant de choses qui restent sous-entendus dans la Bible.

Jusqu'à présent, Suddi n'avait mentionné aucun nom sauf que ce bébé était la réincarnation d'Elie. J'ai demandé s'il connaissait le nom du père. J'ai dit que je voulais savoir parce que je pensais qu'il était un homme très courageux.

S: Le moment n'est pas encore venu pour qu'il soit connu. Ne serait-ce pas simplement pour risquer que son enfant soit également en danger? Par conséquent, nommer le père, c'est nommer le fils.

Un soupçon de peur et de secret a toujours semblé s'infiltrer lorsque je me suis trop rapprochée des sujets interdits. Il estimait devoir protéger de nombreuses choses. J'allais devoir trouver des moyens pour lui faire divulguer quelques informations. Cette protection était très profondément enracinée, comme nous avons pu en témoigner dans les chapitres précédents. Mais maintenant, il était presque devenu obsédé par le fait qu'il devait protéger le Messie et Jean de tout danger.

D: Mais ils ne sont plus des bébés, n'est-ce pas?
S: Ce ne sont que des enfants. Ils ne sont pas très vieux.
D: Vous avez dit que cet enfant (Jean) est avec vous. Semble-t-il différent des autres enfants?
S: (souriant) Il est féroce comme un lion. Il est fort et laisse à chacun savoir exactement quelle est son opinion. Ils ne doivent pas nécessairement être d'accord avec lui, mais ils sont certains de connaître son point de vue.
D: (j'ai ri) Est-ce qu'il est facécieux?
S: Non, c'est un bon fils. Il ressemble beaucoup à son cousin (Jésus). Seulement, il est peut-être plus sanguin et ressemble plus à son père pour la force. Alors que son cousin est bien plus calme et plus délicat.
D: Est-ce qu'il a la même couleur de cheveux?
S: La sienne est vraiment très, très rousse. Elle brille comme un feu autour de sa tête.
D: Certaines personnes pensent que ceux qui vivent dans votre pays ont la peau sombre et les cheveux noirs.
S: Ceux qui vous ont dit cela n'ont peut-être rencontré que ceux venant du sud ou peut-être d'une autre région. Mais ceux qui vivent ici (à Nazareth) ont pour la plupart la peau beaucoup plus claire, sont blonds pour les cheveux et ont des yeux clairs. Il y a beaucoup de mariages mixtes avec des gens du sud. Par conséquent, cela s'est de plus en plus perdu. Il y a moins d'enfants nés avec des cheveux roux ou blonds. Il y en a plus qui soient nés avec des cheveux bruns ou noirs.
D: Eh bien, savez-vous s'il y a d'autres prophéties concernant ce qui va arriver à cet enfant, le Messie, dans sa vie?
S: Il est dit qu'il répandra la parole et prendra la souffrance du monde sur ses épaules. Et par sa souffrance nous serons sauvés.

Nous avons entendu ce terme «nous serons sauvés» toute notre vie. Mais je me demandais ce que cela voulait vraiment dire, surtout ce que cela signifiait à l'époque de Suddi. Nous serons sauvés de quoi?

S. *De nous-mêmes. Avec la façon par laquelle tout est maintenant, comment tout est intégré ensemble, il faut toujours essayer, en faisant preuve d'un manque de combativité, par exemple, de gravir les échelons. Tandis que, avec l'intercession divine et en demandant de l'aide ou en étant sous une bénédiction quelconque, vous pouvez gravir les échelons bien plus facilement. Je ne l'explique pas très bien. Mon père explique tout ceci beaucoup mieux.*

D: Eh bien, être sauvé, montez sur l'échelle, est-ce que cela a quelque chose à voir avec la réincarnation, la renaissance?

S: *Pour renaître, oui. Afin d'atteindre la perfection de l'âme, oui. Car il dit qu'un homme doit naître de nouveau. C'est dans certaines des prophéties.*

D: Pour atteindre la perfection?

S: *Pour atteindre le paradis.*

D: Bien, laissez-moi vous dire une chose que j'ai entendue et vous pouvez me dire ce que vous en pensez. Certaines personnes disent que lorsque vous êtes sauvé, cela signifie que vous êtes sauvé de vos péchés et que vous n'irez pas en enfer.

S: *(me coupant la parole) Il n'existe aucun autre enfer que celui que vous vous créez pour vous-même. C'est l'image que vous projetez, que vous prévoyez. Cela a toujours dû être connu. Que la souffrance qui se produit, pour la plupart, s'accomplie ici. Pour qu'au moment de la mort, ce qui sera part de ta souffrance est dû à ton besoin ou bien à ton désir de devenir plus tenace. Pourquoi Dieu, qui crée toutes choses parfaites, créerait-il quelque chose qui lui serait aussi horrible? Cela n'a aucun sens pour moi.*

D: Ils disent qu'il vous enverra en enfer pour vous punir.

S: *La seule personne qui te punit est toi-même! Vous êtes votre propre juge. Ne dit-il pas: "Ne jugez pas les autres, de peur que vous ne soyez jugés"? Cela dit, ne jugez pas les autres, cela ne dit pas que vous ne vous jugiez pas vous-même. Vous êtes votre propre juge. (Il semblait être très convaincu à ce sujet.)*

D: Bien, j'ai toujours cru que Dieu était un Dieu bon et aimant. Il ne ferait pas des choses comme ça, mais certains autres ne sont pas d'accord avec moi.

St Mary's Well in Nazareth

CHAPITRE 20

Jesus et Jean: Deux étudiants à Qumran

Lors d'une autre séance, j'ai rencontré Suddi alors qu'il enseignait. Encore une fois, cela n'aurait pas été une situation inhabituelle si ce n'est que son hésitation à répondre m'avait prévenu qu'il se passait quelque chose de spécial. Il y avait le même sous-courant de secret qui était présent à maintes reprises. La question était toujours de savoir comment contourner cette garde intégrée. Il a seulement admis qu'il avait deux étudiants et, d'après ses réponses soigneusement formulées, j'ai pu deviner qui pourraient être ces étudiants. Je devrais procéder avec prudence pour trouver les réponses. Je lui ai demandé ce qu'il leur enseignait.

S: *J'enseigne la loi. (Il a fait une pause et a souri tendrement.) Cela me semble très étrange. Comment enseigner la loi à quelqu'un qui la connaît mieux que moi-même? (Il rit doucement.)*
D: Parlez-vous de vos étudiants?
S: *Je parle de l'un d'entre eux, oui.*

Maintenant, je me sentais certaine de savoir quelle était la personne à laquelle il enseignait. Mais comment lui faire l'admettre?

S: *Ils sont tous les deux très intelligents. L'un possède plus du tempérament de feu, et l'autre est juste assis là et vous regarde. Et parfois, vous vous sentez incroyablement stupide parce qu'il présente la chose, et c'est comme si on vous avait montré cela pour la première fois. Et vous regardez tout ainsi avec une nouvelle lumière et de nouveaux yeux.*

Je lui ai dit que j'étais surprise parce que je me demandais bien ce qu'un enfant pourrait enseigner à un enseignant.

S: Un enfant peut enseigner bien des choses à beaucoup d'adultes. Comment aimer, comment être ouvert, comment aimer les autres sans même considérer peut-être ce qu'ils vont atteindre de l'autre personne.

J'ai demandé un exemple de ce qu'il lui avait montré et Suddi m'a donné ce qui suit.

S: Il est très observateur. Il regarde tout comme pour tout apprendre de tout. Il a dit que quand une plante grandit, elle sait quand faire croitre de nouvelles branches, quand elle peut fleurir et quand elle peut se semer à nouveau. Et elle sait quand faire toutes ces choses sans aucune direction apparente. Elle semble connaître ces choses à partir de rien, pour ainsi dire. Ainsi, au cœur de toutes choses, l'homme peut savoir les choses à partir de rien, comme le font les plantes avec les choses les plus fondamentales. Parce que l'homme est une créature plus avancée, il pourrait connaître les choses plus avancées de nulle part et les utiliser pour guider sa vie et ses actions. Je ne peux pas le répéter comme il l'a fait. Il possède un beau cheminement avec les mots.

D: Est-ce que ce sont des choses qu'il vous a dites et auxquelles vous n'auriez pas pensé seul?

S: Pas nécessairement que nous n'y aurions pas pensé. Mais c'est comme un souffle printanier qui enlève la poussière et les toiles d'araignées pour que vous puissiez tout voir clairement. Peut-être pour la première fois.

D: Il doit être un enfant très inhabituel. Quel age ont vos étudiants?

S: Ils ne sont pas encore à leurs Barmitzvahs. Ils ont douze ans et demi.

Comme je ne connaissais pas les coutumes juives, je pensais que la Barrnitzvah était célébrée lorsque le garçon avait atteint l'âge de 12 ans, mais Suddi a déclaré qu'il devait attendre 13 ans. Je voulais un peu plus d'informations sur ce qu'il leur enseignait, Par la loi, voulez-vous sous-entendre la Torah?

S: *Cela fait partie de la Torah, mais la loi est celle qui nous a été donnée par Moïse. Les choses que nous devons vivre quotidiennement, pour être considéré comme saint et sur le bon chemin. Ce sont des lignes directrices, pour ainsi dire. C'est juste une partie de la Torah. Il ne s'agit que de l'un des articles, pour ainsi dire.*

D: Pouvez-vous me dire, brièvement, certaines des lois qui sont importantes?

S: *Il y a toutes les règles alimentaires. Il y a les lois de ... bien sûr, les commandements. Honore ton père et ta mère, et sanctifie le jour du sabbat, et ne commet pas d'adultère ni de péché, ni ne vole ou ne convoite aucun de ceux-là. Ceux-ci font tous partie de la loi. Comment vous devez traiter ceux qui travaillent avec vous. Comment faire face à ... disons, par exemple, si un mari meurt, de qui la femme deviendrait sa femme. Il y a ces lois. Tout ce qui concerne la vie quotidienne est inscrit dans la loi. Ensuite, il y a la loi qui va dans, comme, combien de temps vous pouvez conserver un esclave comme une partie de votre possession, les lois sur les esclaves et les affranchis, et de telles choses inutiles.*

D: Que voulez-vous dire, des choses inutiles?

S: *S'il n'y a pas d'esclaves, pourquoi devrait-il y avoir des lois dessus?*

C'était vrai. Il n'y avait pas d'esclaves à Qumran. Mais Suddi a dit que même si c'était inutile, c'était une tradition d'apprendre ces choses. Bien sûr, il serait important que ceux qui vivent hors des murs les sachent. Je lui ai demandé d'expliquer la loi sur les esclaves et sur les affranchis.

S: *Eh bien, après sept ans, un juif n'est plus un esclave. La loi vous oblige à libérer cet esclave et à en faire un homme libre. Sauf dans certaines autres circonstances. Il existe des différences, mais elles sont très peu nombreuses. C'est très compliqué et très convoluté, mais c'est la base de tout.*

D: Les lois esséniennes sont-elles si différentes de celles de la Torah?

S: *Vous ne les considéreriez pas comme des lois esséniennes. Ce sont des lois issues de la nature. La loi de la manifestation. Où cela, est désiré et ensuite savoir que cela doit être accompli et que le besoin doit être satisfait. Ces lois sont les lois fondamentales de la nature. C'est ce qu'on enseigne aussi, mais il y en a d'autres qui pourraient l'enseigner. Comment utiliser toutes parties en soi pour réaliser le but de sa vie. Quel est le but ultime à atteindre? Cet objectif, afin que l'on puisse se réaliser avec cette vie.*

D: Ces croyances esséniennes ne se trouvent pas dans la Torah?

S: *Ce n'est pas que cela ne s'y trouve pas. Les lois sont là pour tout voir. C'est juste qu'elles ne sont pas sujettes à une attention particulière.*

D: Eh bien, pour beaucoup de gens, ce ne sont que des mots. Ils ne comprennent pas vraiment.

S: *Mais ce sont les paroles du Seigneur notre Dieu. Je veux dire, elles sont sacrées, ils doivent ... c'est au-delà de moi comment les hommes, et il y en a beaucoup, continuent dans leur existence quotidienne en niant que Dieu existe. Pour ceux-là, je ressens une grande douleur, car ils traversent une vie plus aveugle que celle de ceux qui soient nés sans yeux. Car ils ont clos les yeux de leur âme.*

Je pensais que j'essaierais encore d'obtenir les noms des étudiants. Il hésita mais répondit finalement: "Il y a le jeune ben Joseph et ensuite il y a ben Zacharie." Finalement, j'y étais parvenue. Il ne savait pas que je l'avais feinté. Il ne pouvait pas me dire les noms du Messie et ni du préparateur de la Voie, mais il serait correct de révéler les noms de ses étudiants puisqu'il pensait que je ne pourrais pas associer les deux ensemble. Il ne pouvait pas savoir que ces noms me suffiraient pour les identifier. Apparemment, "ben" devant un nom signifie "fils de", et les noms Joseph et Zacharie indiquaient clairement qu'il parlait de Jésus et de Jean. Il n'avait aucun moyen de savoir que je connaissais la signification des noms de leurs pères et que je pourrais les associer tous les deux ensemble. Maintenant, je possédais des noms à utiliser qui pourraient échapper à la barrière de protection. Il pouvait parler librement de ses élèves sans se rendre compte qu'il donnait quoi que ce soit comme information.

Il a dit que c'étaient les noms de leurs pères. Ils avaient deux noms: "Ceci est leur nom de famille, comme tu les adresserais ainsi, oui." Il refusait toujours de me donner leurs prénoms. C'était très bien. Il ne se rendrait pas compte qu'il m'en avait déjà assez dit.

D: Ces étudiants étudient-ils avec vous depuis très longtemps?
S: *Depuis peut-être l'age de huit ans, environ. Environ cinq, quatre ou cinq ans.*

Je savais maintenant que je pouvais poser des questions sur ben Joseph et il répondrait, sans savoir que je savais que ben Joseph et le Messie ne faisaient qu'un. Cette méthode s'est révélée très efficace.

D: Où ben Joseph vivait-il avant de venir chez vous?
S: *Il a passé un certain temps en Egypte pour étudier, loin d'ici.*
D: Certaines personnes disent qu'un enfant ne peut pas penser par lui-même et apprendre quoi que ce soit lorsqu'il est aussi jeune.
S: *C'est parce qu'ils ne sont pas traités comme s'ils avaient une intelligence, ils n'ont donc pas besoin de montrer qu'ils ont un quelconque pouvoir de pensée et d'assimilation. On dit que les sept premières années d'un enfant sont ce qui fait l'homme. Il est un étudiant très inhabituel. Donc, oui, je dirais qu'ils lui ont donné des enseignements. On dit qu'il est allé avec son cousin voir de nombreux endroits plus lointains. Je ne le sais pas, je ne l'ai pas interrogé à ce sujet. Je ne pense pas que ce soit mon droit.*
D: Savez-vous quel cousin c'était?
S: *C'est l'un des cousins de sa mère. Je ne suis pas sûr, je crois que c'est son cousin. Il s'appelle aussi Joseph.*

J'ai été surprise que sa mère l'ait autorisé à aller aussi loin, mais Suddi a dit qu'elle l'avait aussi accompagnée lors de ces voyages.

D: Sa mère vit-elle avec vous maintenant?
S: *Non, ils habitent chez eux. Ils ont déjà vécu dans la communauté, mais ils ont d'autres enfants à s'occuper. Et il y a beaucoup de choses à faire afin de vivre au jour le jour. Ils ont estimé qu'il bénéficierait de nos connaissances et de nos enseignements. Ils viennent ici assez souvent et lui rendent visite. Et il rentre également chez lui avec une aussi grande régularité. Ils habitent à Nazareth. C'est un voyage de quelques jours. Peut-être qu'une*

fois par mois, ils viennent le voir, puis il va les voir. Par conséquent, le contact n'a pas été rompu.

D: La loi est-elle la seule chose que vous enseigniez à ces garçons?

S: Oui, mais ils étudient avec tous les enseignants ici. Ils apprennent les mathématiques, l'étude des étoiles, l'étude des prophéties, les mystères. Tout ce que nous pourrions éventuellement leur apprendre.

D: Pensez-vous qu'ils sont de bons étudiants?

S: Oui, je dirais qu'ils le sont.

Chaque fois qu'il en parlait, il y avait de l'affection dans sa voix. Ils étaient les seuls étudiants de Suddi. Il se consacrait exclusivement à leur enseignement. Les anciens de Qumran ont donc dû considérer leur éducation comme un projet très important.

CHAPITRE 21

Jesus et Jean: Achèvement de leurs études

Quand Jésus et Jean avaient quatorze ans, je suis tombé sur Suddi alors qu'il leur écrivait un certificat. "Ils doivent partir et c'est pour certifier que j'ai été leur enseignant et que je leur ai fait passer des examens et que j'ai jugé qu'ils possédaient assez de connaissances en droit pour qu'il soit considéré d'un niveau supérieure en droit. Suffisemment bien pour qu'eux-mêmes puissent enseigner."

À ce stade, j'ai sorti une tablette et un marqueur que je m'étais procuré et je lui ai demandé de m'écrire une partie de ce qu'il mettait sur le certificat. Je voulais surtout qu'il écrive les noms de ses étudiants. Mais il a dit: "Les étudiants vont écrire eux-même leurs noms. Cela doit être signé par eux." Il a ouvert les yeux, a pris le marqueur et le regarda avec curiousité. Il l'a pris avec sa main droite bien que Katie soit normalement gauchère. C'était manifestement un objet étrange pour Suddi et il sentait qu'il était important d'essayer d'en trouver le but pour l'utiliser. Il a ensuite écrit quelque chose de droite à gauche sur le papier, mais pour moi cela ressemblait à du gribouillage. J'ai demandé ce que ça disait.

S: C'est juste que, pour l'essentiel, il serait important pour tout le monde de constater que ces étudiants sont des premiers de classe en droit Il y a plus encore, et encore, mais ça en fait partie.
D: Ont-ils été de bons étudiants?

S: *Pour la plupart du temps. Il y avait parfois des débats houleux. Mais pour la plupart, ce sont de très bons enfants.*
D: Ces discussions ont-elles eu lieu entre les garçons ou avec vous?
S: *Une grande partie de tout cela était entre eux deux.*
D: Ils n'étaient pas d'accord avec les enseignements?
S: *Ce n'est pas qu'ils n'étaient pas d'accord avec les enseignements. Peut-être qu'ils n'étaient pas tout à fait d'accord avec les interprétations des autres (il avait du mal avec ce mot), sur les enseignements.*
D: Avez-vous déjà eu des querelles avec eux?
S: *Aucune dont je me souvienne. (Il sourit.) Avec ben Joseph, il n'a jamais lieu de se disputer. Il vous regarderait simplement. S'il sentait que vous ne compreniez peut-être pas son point de vue sur une certaine chose, et qu'il l'avait revu plusieurs fois, il vous regarderait simplement avec ces yeux mélancoliques. Et c'était comme s'il disait ça: "Même si je sais que tu ne comprends pas, je te pardonne quand même." Et le sujet serait clos. Qui penserait à discuter alors?*

Pendant toutes ces années, ils étaient les seuls étudiants de Suddi. "Les classes sont très petites afin d'obtenir la certitude d'apprendre tout ce qui a à être enseigné. Avoir plus d'étudiants diviserait trop l'attention." Suddi n'avait pas fait autant de voyages à Nazareth parce que son travail avec eux avait pris le pas sur tout le reste. Il n'allait plus avoir d'étudiants après leur départ.

D: Je pensais que vous deviez enseigner tout le temps?
S: *Non, il y a également des moments entre étudiants, oui. Nous avons le temps de poursuivre nos propres études, d'autres choses à faire. C'est mon heure de sortir pendant un moment. Pour voir ce qui se passe dans le monde. Il est temps de ... faire une pause. Je dois sortir et parler aux autres, afin qu'ils sachent les grandes choses qui se passent. Et leur donnez de espoir et avec de l'optimisme, comprendre parfaitement... peut-être leur vie et le pourquoi des choses.*
D: Ferez-vous cela en allant chez les gens ou dans un lieu public dans les villes?
S: *Parfois des deux manières. Nous deviendrons des enseignants pour eux. S'il n'y en a qu'un, alors vous l'enseignerez, s'il y en a*

beaucoup plus qui ont le désir apprendre, alors vous leur enseignerez... tous ceux qui le souhaitent.

La plupart des enseignements se feraient de bouche à oreille puisque «la plupart des gens sont incapables de lire une écriture ou quoi que ce soit de cette nature». Cela ressemblait beaucoup à ce que Jésus a dit à ses disciples de faire dans le Nouveau Testament. Cette idée pourrait très probablement provenir de cette pratique des Esséniens.

D: Les femmes sont-elles également autorisées à apprendre par vous?
S: *bien sûr! Tout ceci est compris par les femmes aussi bien que par les hommes. Pourquoi pas?*
D: Parce que j'ai entendu dire que les Juifs ne permettent même pas les femmes dans les synagogues.
S: *Ils ont un regard très optu sur l'existence.*
D: Est-ce que les femmes esséniennes sortent-elles également de la communauté pour enseigner?
S: *Habituellement, elles n'enseignent qu'à l'école, à moins que ce ne soit peut-être dans une communauté où elles sont acceptées, comme elles le seraient ici. Parce que cela peut être plus dangereux pour elles de sortir que pour moi-même.*
D: Vous attendez-vous à rencontrer une opposition?
S: *Oui Il y a des gens qui ne reviennent jamais à d'autres idées. Les Romains n'aimeront pas ce que j'ai à dire. Les gens au pouvoir n'aiment pas toujours les prophètes. Ils ne sont pas très populaires. Donner de l'espoir aux masses, c'est peut-être rompre leur lien de contrôle. Et ils sentent qu'ils perdent le contrôle de la situation et cela les effraie, et cela fait partie du problème.*
D: Où allez-vous aller quand vous partez?
S: *Cela n'a pas encore été porté à ma connaissance.*

J'ai demandé alors plus d'informations sur Jésus, ou ben Joseph, comme l'appelait Suddi.

D: Est-ce que ben Joseph a des frères et sœurs?
S: *Il a - laissez-moi réfléchir - six frères et je pense trois sœurs. Il est l'aîné.*
D: A-t-il été formé à tout type de travail en plus de ses études?
S: *Il est charpentier, tout comme l'est son père.*

D: Quel type de menuiserie est faite dans votre communauté?
S: *Il y a des gens qui construisent les maisons. Il y a ceux qui construisent les meubles pour l'intérieur. Il y a ceux qui pourraient aider à construire les temples. Il y en a de différents types. Ce que lui fait le plus, c'est qu'il construit des meubles et fait de très belles choses. Beaucoup de bois sont disponibles ici. Ensuite, il y a ces choses qu'il faut importer. Cela dépend de l'utilisation que vous souhaitez en faire. Il y a du bois pour les meubles. Cela ne serait pas du bois pour ... disons, la construction d'un temple ne serait pas faite avec ce type là. Cela se ferait avec des briques ou des marbres.*
D: Quel genre de personnalités diriez-vous que les deux garçons ont?
S: *Ils ont deux personnalités très différentes. ben Zacharie est très exubérant, il est très vivant. Il est très joyeux dans la vie et dans la célébration de la vie. Ben Joseph est ... il profite autant des joies de la vie, mais peut-être d'une manière plus silencieuse. C'est comme comparer le lis tigré, qui est sauvage et exotique et tape-à-l'oeil. Et en le comparant aux lis, juste aux simples lis des champs, qui sont très sobres et très petits. Mais à leur manière, aussi beaux que le lis tigré est exotique.*

Je pense que c'était significatif que Suddi ait utilisé cette comparaison, Jésus a souvent été appelé le muguet. Je suppose que c'était ce petit lis des champs, évoqué par Suddi.

D: Est-ce que ben Joseph semble être de nature triste?
S: *Non, c'est un enfant joyeux. Il aime tout. C'est comme s'il voyait avec des yeux qui venaient juste de s'éveiller et voyait la gloire de tous.*
D: Savez-vous s'il connaît son destin?
S: *(soupir) Il en a la connaissance. C'est une chose dont l'acceptation en est très calme chez lui. (Un soupir plus profond) Mais c'est... comment peut-on l'expliquer? Il sait peut-être ce qu'il sera, mais son attitude en est celle d'un "Attendons de voir" et vivons chaque jour comme il vient, dans le présent.*
D: Alors ça ne le dérange pas s'il sait ce qui pourrait se passer dans le futur?
S: *Je ne suis pas sa conscience, je ne peux pas dire si cela le dérange vraiment.*

Suddi était préoccupé par ce sujet, alors j'ai décidé d'essayer d'obtenir des informations sur l'endroit où les garçons se rendraient lorsqu'ils quitteraient Qumran.

S: *Je n'en suis pas sûr. Ils partent en voyage. Leur parcours a été déterminé par leurs enseignants. Les aînés savent. Ils en ont connaissance, mais c'est pour leur cheminement personnel.*
D: Bien, est-ce qu'ils vont dans un autre pays ou vont-ils rester dans cette région?
S: *Il est très possible qu'ils se rendent dans d'autres pays.*
D: Pensez-vous que leurs parents iront avec eux?
S: *Il est possible que la mère de ben Joseph le fasse, mais c'est très douteux. La mère de ben Zacharie vit avec nous. Mais il voyagera avec ses cousins. Ils iront probablement de nouveau avec le cousin de la mère de ben Joseph.*

C'était la même personne avec laquelle Jésus avait voyagé lors de ses premiers voyages en tant que petit enfant.

D: Est-ce qu'ils seront partis longtemps?
S: *Qui peut le dire? C'est à Yahweh de décider.*
D: Pensez-vous que vous ne reverrez jamais plus les garçons?
S: *(tristement) Un que je ne reverrai jamais. L'autre je reverrai. Ben Zacharie, nos chemins ne doivent plus se croiser. Il vient de me le faire savoir. Je me sens un peu triste, mais il a son destin et moi le mien.*

Peut-être que ma question avait déclenché la prémonition. J'espérais toujours pouvoir suivre l'histoire de Jésus davantage dans le futur et ne pas le perdre de vue quand il quitterait l'école. Il est maintenant apparu que ce serait possible puisque Suddi savait instinctivement qu'il le reverrait.

CHAPITRE 22

Les voyages de Jésus et Marie

La fois suivante où j'ai découvert que Suddi était à nouveau associé avec Jésus, il avait environ dix-sept ans et était de nouveau éduqué à Qumran. Ben Zacharie n'était pas revenu dans la communauté, mais était avec ses cousins. Je ne suis pas certaine de ce que cela voulait dire, il se pourrait qu'il aille avec Marie et Joseph à Nazareth, car les frères et sœurs de Jésus étaient également ses cousins. Je pensais que lorsque Jésus aurait reçu son certificat et serait parti, il ne serait plus obligé de prendre des leçons auprès des Esséniens.

S: *C'est vrai, il n'a pas à le faire. En fait, ce n'est pas tant d'enseigner que de discuter de questions et de choses. Depuis plusieurs années, il est parti et était en voyage et il est à nouveau revenu. Il souhaite des enseignements sur certaines questions qu'il nous a posées. Certaines prophéties soulèvent des questions pour lui quant à leur signification. En outre, même pour certaines, sur leurs interprétations. Il existe de nombreuses lois très sujettes à interprétation, et nous examinons différents points de vue sur ces choses. Par exemple, le comprendre dans un sens puis le re-examiner et décider s'il pourrait également être compris d'une autre manière. Et quelles en seraient les conséquences.*
D: C'est bien, vous lui apprenez à penser par lui-même.
S: *Et à se poser des questions sur les choses, oui. Ne jamais prendre tout pour argent comptant. Il a dit que lors de ses voyages, il avait remarqué que beaucoup d'enseignants parlaient d'une manière que les gens ne comprenaient pas. Il est préoccupé par cela. Il pense qu'il doit y avoir un moyen de leur parler, alors ils sauront*

de quoi vous leur parlez. En comparant ces connaissances aux choses qu'ils savent, eux, et en voyant leur application dans leur vie quotidienne, ils comprendront alors peut-être mieux le message. Il regarde la nature et voit des leçons dans les choses les plus simples, des choses que je ne pourrais jamais voir moi-même. (J'ai demandé un exemple.) Il y a une plante qui pousse et grandi d'une manière étrange. La façon dont elle se développe, il ne poussera qu'une seule plante de ces racines et plus tard, d'autres plantes peuvent ensuite en émerger, de ces même racines. Et les branches qui poussent se tordront et sortiront, et quand elles toucheront à nouveau le sol, elles s'enracineront et commenceront la résultante d'une nouvelle plante. Il a dit que c'était un bon exemple du cycle de vie d'un homme. Le fait que la plante produisant de nouvelles plantes à partir de ses racines était comme un homme qui renaissait. Et les branches qui se renversent et qui créent de nouvelles plantes de cette façon seraient la famille de l'homme et ses enfants qui descendent ainsi pendant qu'il revient pour de nouvelles vies et commence de nouvelles familles. Il utilise des cercles dans plusieurs de ses exemples. Il a utilisé une autre plante comme exemple, une plante composée de plusieurs couches (semblable à un oignon). Il a dit que cela présenterait les différents plans d'existence. Il a souligné que, au centre même de la plante, les couches sont très minces et rapprochées. Si on peut considérer chaque couche comme un plan d'existence différent, on peut voir au centre où elle est la plus petite et la plus limitée, ce serait comme le monde physique. Au fur et à mesure que l'on se déplace vers le haut et l'extérieur dans les plans, son horizon de compréhension s'élargirait à chaque fois et vous veriez et comprendriez davantage.

Un autre exemple qui lui soit venu était en regardant l'eau. Il a expliqué comment une vague pourrait venir de la mer et se poser sur le rivage et ramasser un peu de débris. Et lorsque ces débris sont à nouveau ramenés, ils sont presque au même endroit qu'avant, mais ils ont légèrement été déplacés. Et ainsi les débris vont graduellement se déplacer sur le rivage, puis être ramassés par les vagues. Il a dit que cela ressemblait à notre cycle de vie. Vous parcourez votre cycle de vie, en commençant à un moment donné, puis lorsque vous mourez, c'est comme si vous étiez capté par la vague puis vous vous trouvez re-déposé dans une autre vie. Votre esprit est re-déposé et c'est un peu plus loin dans la direction où vous vouliez vous rendre.

D: Cela tomberait bien sous le sens. Cela montrerait aussi la lenteur des choses.

S: Oui, c'est un processus très lent. Et il faut avoir beaucoup de patience et y travailler avec diligence.

Il me semblait que Jésus commençait à développer son concept de paraboles. Je me demande si certaines d'entre elles étaient encore trop compliquées pour qu'une personne moyenne de son époque puisse les comprenne. Celles-ci ne sont pas mentionnées dans la Bible, très probablement à cause de leur référence à la réincarnation à laquelle l'église primitive s'est fortement opposée. Les paraboles incluses dans la Bible montrent qu'il continua à simplifier ses enseignements et utilisa souvent les choses dans la nature comme référence.

D: At-il tendance à s'en tenir à la lettre de la loi ou est-il plutôt libéral dans son interprétation?

S: Il est large dans son interprétation en ce sens qu'il ressent que l'amour est la seule loi à laquelle on doit uniquement se conformer. Et après cela, toutes les autres deviennent insignifiantes. Nous ne lui avons pas appris cela. Il est parvenu à cette conclusion par ... comment puis-je dire ... une discussion avec son âme et ainsi il a décidé ce qu'il ressent à propos de certaines choses. L'amour ne peut pas être enseigné. C'est quelque chose qui doit juste grandir. Et encore une fois, je ne m'explique pas très clairement. Les seules restrictions dont il a parlé sont celles concernant le fait de nuire à autrui, aux êtres humains et autres êtres vivants. Ne pas nuire physiquement aux autres êtres vivants et essayer de ne pas leur nuire mentalement non plus. Il connaît le pouvoir de la pensée. Si vous pensez assez fortement à quelque chose, les vibrations envoyées feront se passer cette information, et il en est conscient. Il est important de ne pas penser négativement dans votre cœur.

D: Était-il parti en voyage?

S: Où n'est-il pas allé? Il a voyagé partout dans le monde tel que nous le connaissons. Il est dit que Joseph (d'Arimathée), son oncle est allé avec lui.

Auparavant, lorsque j'ai demandé à Suddi qui accompagnait Jésus dans son enfance, il m'a répondu que c'était son cousin, Joseph, même s'il ne semblait pas trop sûr de la relation. Cela peut ne pas être une contradiction, mais une erreur honnête. Suddi pourrait ne pas être trop au courant de ses liens familiaux avec Joseph, sauf qu'il savait qu'il était apparenté à Marie. Il s'est référé à lui comme étant l'oncle de Jésus à partir de ce moment de l'histoire.

D: Sa mère est-elle partie avec lui?
S: *Pendant une partie du voyage, elle a ensuite dû rentrer chez elle avec ses frères et sœurs. Son père ne bouge pas de là et va à son travail. Il fait vraiment parti de ce monde, Joseph. C'est un très bon être humain, mais il a un esprit très pratique.*
D: Cela me semble étrange, d'avoir une telle différence entre la mère et le père.
S: *Pourquoi est-ce si étrange? Cela donne un regard équilibré sur les choses. Vous en avez un qui vit beaucoup dans une autre dimension, et vous avez celui qui vit ici et maintenant. Cela lui donne une vue des deux angles.*
D: Est-ce que l'un des frères ou l'une des sœurs de ben Joseph est intéressé par les mêmes choses que lui?
S: *Peut-être pas dans la même mesure où lui l'est. Ils aiment leur frère et s'intéresseraient à ce qu'il est devenu. Mais il les a dépassés. Tous les frères ne sont-ils pas différents les uns des autres?*

Lors d'une session précédente, Suddi avait déclaré qu'avant la naissance du Messie, sa mère était connue des Esséniens. Je me demandais comment ils savaient qui elle allait être.

S: *Elle a été choisie par les anciens pour recevoir des enseignements et pour que sa destinée lui soit connue. Dès sa naissance, on savait qui elle serait. Et ses parents faisaient partis de notre groupe.*

J'avais lu dans un livre d'Edgar Cayce que Marie avait été choisie parmi beaucoup d'autres jeunes filles. Alors je l'ai interrogé ayant cela à l'esprit.

D: L'ont-ils choisie parmi un groupe d'autres jeunes filles?

S: *Comment pouvons-nous choisir la mère du Messie? Ce n'est pas à nous de faire cela. Cela dépend de Yahweh. Mais il nous a permis de savoir qui était-ce, afin que nous puissions l'instruire et peut-être la guider sur ce chemin. Les anciens savaient, mais ils ne l'ont pas choisie. On dit qu'il y en a d'autres dont les paramètres auraient pu éventuellement correspondre, mais une étude a été réalisée et il a été décidé que ... c'était la seule décision fondamentale à laquelle je puisse penser qui ait été prise. Sa carte astrologique a été lue et elle a finalement été comprise dans le sens voulu. Je ne m'explique pas très bien.*

D: Oh, je pense que vous faites un excellent travail. Comment la carte est-elle créée?

S: *Il est dit que cela concerne certains points dans le ciel où se trouvent les étoiles lors de votre naissance et le cheminement qu'elles prennent pendant le courant de votre vie. Mais je ne les crée pas, donc je connais très peu d'eux. Le maître de ce sujet est ben Goliad (phonétique). Je me souviens que lorsque nous avons suivi aux cours, ils ont essayé de m'apprendre à suivre les étoiles. Je ne suis pas très bon pour ça, ce n'est pas inclus dans mon domaine d'étude.*

D: Mais c'est le moyen par lequel elle aurait été choisie, grace à sa carte?

Il devenait frustré. Nous avions un problème de communication ici, pour parvenir à comprendre exactement ce qu'il voulait dire.

S: *Tu ne comprends toujours pas! Nous ne l'avons pas choisie. Nous avons été autorisés à avoir les connaissances nécessaires pour savoir qui elle était, afin de pouvoir l'aider dans cette voie. (Très délibérément, s'exprimant comme parlant à un enfant.) La seule chose concernant la décision sur quelqu'un qui reste à prendre, en est l'interprétation de ces diagrammes. Plusieurs filles sont nées approximativement à la même époque qui, elles aussi, auraient pu y correspondre. Et donc l'interprétation finale a eu lieu d'être. C'est à ce moment-là qu'on a découvert qu'elle serait la mère du Messie.*

Je pensais qu'il valait mieux laisser tomber ce sujet, alors je suis revenu à ben Joseph.

D: Savez-vous ce qu'il va faire de sa vie?
S: *(tristement) oui. Il est très spécial.*
D: Pouvez-vous le partager avec moi?
S: *Ce n'est pas à moi de le faire. Il se fera connaître en temps utile.*
D: Pensez-vous qu'il voyagera à nouveau?
S: *Je n'ai aucun moyen de le savoir. Car il est maintenant ici, il vit avec nous. Il a dit que ses voyages lui avaient ouvert les yeux sur beaucoup de choses sur lesquelles il était jusqu'alors aveugle. Et à ce niveau là, ça lui a fait du bien.*
D: Pourquoi a-t-il voyagé dans d'autres pays?
S: *Pour apprendre par les gens. Il m'a été dit qu'ils ont fait des échanges commerciaux, et c'est ce qu'ils ont fait. Mais ils ont aussi beaucoup appris et eu des échanges verbaux avec les gens et cela leur a permis de découvrir leur point de vue sur la vie et sur les choses.*
D: Pensez-vous qu'il aurait pu s'adresser aux chefs religieux des pays traversés?
S: *Ce n'est pas à moi d'en parler, je ne l'ai pas interrogé là-dessus.*

La prochaine mention de Jésus a eu lieu cinq ans plus tard lorsque j'ai parlé à Suddi alors qu'il se rendait vers sa sœur à Bethesda avant sa mort (voir Chapitre 12).

D: Avez-vous eu des nouvelles de ben Joseph récemment?
S: *Pas très récemment, non. On dit qu'il est en voyage. Je ne sais pas. S'il revenait, ce ne serait pas pour très longtemps.*
D: Qu'en est-il de ben Zacharie? Avez-vous reçu des nouvelles de lui?
S: *On dit qu'il est sorti dans le monde et qu'il rassemble des adeptes.*
D: Et n'est-il pas censé être celui qui montre la voie ou le préparateur, n'est-ce pas?

Il fronça les sourcils. Cela semblait le déranger que je le sache. "Je ne t'en ai pas parlé!"

D: Eh bien, quelqu'un l'a fait. Vous ne pensez pas que vous m'en ayez parlé?

Il se mit rapidement sur la défensive et répondit froidement: "Je ne m'en souviens pas".

D: Bien, je sais que c'est censé être un secret, donc nous n'allons le dire à personne. Je suppose qu'il n'est pas encore prêt à en informer les gens?
S: *Non, il rassemble des adeptes, des connaissances et de la force pour se préparer.*

The Pool at Bethesda

CHAPITRE 23

Le ministère de Jésus commence

J'ai encore fait avancer Suddi vers un autre jour important de sa vie. Il séjournait depuis quelque temps chez ses cousins à Nazareth. Il n'était pas retourné à Qumran depuis plusieurs mois. Sa voix semblait fatiguée. "Je suis trop vieux pour voyager partout." Lui et ses cousins étaient à la synagogue de Nazareth. J'ai reçu une agréable surprise lorsque je lui ai demandé s'il avait eu des nouvelles de ben Joseph. "C'est lui que nous attendons d'entendre", annonça Suddi. Jésus était rentré de ses voyages depuis peut-être six mois, mais Suddi n'avait pas encore appris où il était passé. Comme Suddi était juste un membre de cette grande congrégation de la synagogue, il ne savait pas s'il pourrait parvenir à lui parler ou non. Je lui ai demandé de décrire ce qui se passait

S: *Il est juste en train de lire la Torah. Et en commentant des Ecritures, (en cherchant le mot juste), il les définit dans des termes que nous puissions comprendre. Il lit à propos du sujet sur les promesses que Dieu a faites concernant le Sauveur. Il lit également le livre d'Esdras et les promesses qui ont été faites qu'Israël redeviendrait une grande nation.*
D: Est-ce qu'il a déjà fait ça auparavant?
S: *Ça a été fait. À partir du moment où vous avez passé votre Barmitzvah, vous êtes autorisé à parler dans la synagogue, à lire la Torah. Mais c'est inhabituel. Dans la synagogue, il y a souvent de bonnes discussions. Ce soir, on ne discute pas. Les gens sont très silencieux. Il a une belle voix très facile à écouter. Il essaie également d'expliquer un concept difficile sur les différents*

univers, et comment toutes nos vies sont interconnectées. Il utilise l'exemple d'une tapisserie pour simplifier son propos. La tapisserie, si vous la regardez à l'arrière elle est tissée comme un chiffon. Vous regardez sur le côté de devant et il y a des images et des actions en cours. Le dos où il est tissé comme un tissu ressemble à la structure des univers. Et le côté où vous pouvez voir un motif, c'est notre vie qui est surimposée sur ces univers. Il essaie de leur faire comprendre cela, bien que certains y parviennent et d'autres non.

Je me demandais quand il a commencé à faire ses miracles. J'ai demandé si les gens avaient remarqué quelque chose d'inhabituel ou de différent chez cet homme.

S: La plupart d'entre eux savent qu'il est très doux et calme. Que s'ils ont des besoins ou des problèmes, ils peuvent aller le voir et il les écoutera.

La voix de Suddi était très basse alors qu'il parlait de cette scène. Ben Joseph n'était pas au courant de la présence de Suddi parmi cette assemblée. Je pouvais presque voir l'enseignant vieillissant à l'arrière ou sur le côté de la synagogue faiblement éclairée, en train d'écouter calmement avec les autres. Et parmi toutes les personnes présentes, il était peut-être le seul à savoir qui était cet homme et quel destin immense s'annonçait au début de son ministère.

La description physique de Jésus était celle d'un homme avec des yeux gris, des cheveux blonds clair-roux et une courte barbe. Il était légèrement plus grand qu'un homme moyen de cette époque, très mince, "d'un bon gabarit". Il portait un vêtement bleu clair et le vêtement de prière, un long vêtement que les hommes juifs portent encore aujourd'hui à la synagogue. Il est drapé autour de leur tête et de leurs épaules comme un châle. "Ses yeux sont très perçants. Ils te regardent comme si ils étaient quelque chose de vivant."

D: Que pensez- vous de lui?
S: (Il y avait de la fierté et de l'amour dans sa voix) Je suis très heureux. Je pense que c'est un homme bon. Je pense qu'il va bien réussir.

D: Pensez-vous qu'il a bien appris les leçons que vous lui avez enseignées?
S: *Je lui ai rien appris. Je suis venu pour ouvrir ses yeux sur ce qui était déjà là en lui.*
D: Pensez-vous qu'il a changé depuis la dernière fois que vous l'avez vu?
S: *Il a grandi dans une paix plus grande. Il ressemble à une rivière lente et profonde. Vous ne savez pas ce qui se passe sous sa surface.*

Je pensais que Suddi me dirait peut-être l'autre nom de ben Joseph. S'il était sorti dans le monde, il ne serait plus nécessaire de le protéger si étroitement.

S: *Yeshua, c'est son nom.*

Je l'ai fait répéter plusieurs fois afin de l'obtenir correctement. C'était phonétiquement "Yes-uah", avec une forte accentuation sur la première syllabe.

D: Allez-vous parler à Yeshua avant son départ ce soir?
S: *(doucement) Je ne pense pas. Je pense que simplement savoir serait suffisant. Je souhaite juste l'entendre énoncer des mots. Il a bien grandi et je peux ressentir à l'intérieur que j'y ai peut-être contribué.*

Après avoir fini d'écrire ce livre, je suis tombé sur un livre peu connu appelé "The Archko Volume or the Archeological writings of the Sanhedrim and Talmuds of the Jews", des Drs. McIntoch et Twyman (non traduit en français), qui avait été publié à l'origine en 1887. Ces hommes avaient trouvé des rapports écrits dans la bibliothèque du Vatican qui avaient été envoyés à Rome à l'époque du Christ. Ils les ont traduits à partir de leur langue originale. L'un d'entre eux contenait une description de Jésus qui correspond étonnamment à tout ce que Suddi avait dit à son sujet.

"Bien qu'il ne soit qu'un homme, il y a quelque chose en lui qui le distingue des autres hommes. Il est l'image de sa mère, mais il n'a pas son visage lisse et rond. Ses cheveux sont un peu plus dorés que les siens, même s'ils sont aussi décolorés par les influences du soleil. Il est grand et ses épaules sont un peu tombantes; son visage est maigre et d'un teint basané, bien que cela provienne de l'exposition au soleil. Ses yeux sont grands et d'un bleu tendre mais, plutôt ternes et lourds. Les cils sont longs et les sourcils très larges. Son nez est celui d'un juif. En fait, il me fait penser à un juif traditionnel dans tous les sens du terme. Il n'est pas un grand bavard, à moins qu'un quelconque sujet ne lui évoque le ciel et les choses divines, alors sa langue bouge sans qu'il sourcille et ses yeux s'illuminent d'un éclat particulier. Bien qu'il y ait cette particularité à propos de Jésus, il ne discute jamais d'une question; il ne dispute jamais. Il va commencer à parler et énoncer des faits, et ceux-ci sont fondés sur une base si solide que personne n'aura l'audace de les contester avec lui. Bien qu'il ait une telle maîtrise du jugement, il n'est pas arrogant pour confondre ses adversaires, mais il semble toujours être désolé pour eux. Je l'ai vu attaqué par les scribes et les docteurs de la loi, et ils semblaient être de petits enfants qui apprennent leurs leçons sous un maître. "

Quand Jésus a quitté la synagogue après le service, il allait se rendre chez ses parents. Suddi ne prévoyant pas de lui parler, nous n'aurions probablement pas pu apprendre beaucoup plus. J'ai donc décidé de faire avancer Suddi de cinq ans dans un jour important de sa vie. Il était à Nazareth et parlait avec un ami.

S: Il dit qu'il a entendu parler de Yeshua et qu'il a commencé à prêcher aux autres, et que la parole est en train d'être transmise. On dit que déjà dans les quelques derniers mois qu'il a commencé à parler, de grandes foules viennent écouter ce qu'il a à dire, dans l'espoir qu'il accomplira un miracle. On sait que les pouvoirs qui le traversent sont très puissants. On dit qu'il a guéri un lépreux qui n'avait que touché sa robe. Il a dit que c'est la foi de l'homme qui l'a guéri. Et comment un tel homme, ayant une si grande foi, ne pourrait-il être qu'un homme. Par conséquent, il serait le tout. On dit aussi qu'il y avait des gens qui ne pouvaient pas voir, qui ensuite pouvaient voir. On dit que beaucoup de miracles se sont produits. Le seul dont je suis sûr est celui du lépreux. Un de mes amis a vu cela se produire. Il a dit que croire que simplement toucher son manteau avait décidé de sa guérison pour lui, que sa foi en avait été la cause.

D: Était-ce parce que sa foi en Yeshua était si grande?
S: *Que sa foi en Dieu était si grande.*
D: Est-ce ainsi que vous expliquez ce qui s'est passé ou pouvez-vous mieux l'expliquer?
S: *Je sais comment cela s'est fait, mais l'expliquer c'est autre chose. Donner de l'énergie pour guérir ... avoir accepté d'en faire partie. Il faut accepter, et on dit aussi, accepter d'y croire. La foi de cet homme lui a donc permis de vivre pleinement dans sa totalité.*
D: C'est arrivé parce que l'homme était prêt à accepter l'énergie. Ensuite, vous ne pensez pas que Yeshua, lui-même, aurait fait quelque chose?
S: *Il était une canalisation. Je ne peux pas l'expliquer mieux. Il se joignait souvent en méditation avec la personne à guérir, et alors qu'il était dans un tel état de méditation, il transférait une partie de son énergie sur elle. Et parfois, ceux qui regardaient pouvaient voir l'énergie lors du transfert.*
D: A quoi ça ressemblait-il quand ils l'ont vu?
S: *Cela ressemblait à une incandescence de lumière, disons, émanant de sa main jusqu'à la partie affectée du corps de la personne. Et leurs auras commençaient à briller de plus en plus, en un emplacement où les gens qui ne voyaient normalement pas l'aura pouvaient voir leurs auras.*

Cela expliquerait les auréoles montrées autour de Jésus dans les peintures anciennes. Dans les premiers cas, il est montré qu'il avait une auréole tout autour de son corps et dans les suivantes, il est juste montré avec une auréole autour de la tête. Cela doit venir des histoires des gens ont vu son aura s'illuminer au cours de ces échanges d'énergie alors qu'il accomplissait ses miracles.

S: *C'est pourquoi ils commenceraient par méditer. La personne dirait qu'elle veut être guérie et puis elle entrerait dans un état d'esprit méditatif pour pouvoir être réceptive à l'énergie. Parce que s'ils y résistaient, rien ne se produirait. Je ne peux pas mieux l'expliquer.*
D: Yeshua rencontre-t-il une quelconque opposition?
S: *On dit qu'il y a des gens qui sont malheureux parce qu'il va prêcher sur l'amour. Les zélotes en sont très fachésx. Ils souhaiteraient de lui qu'il dise: "Je suis le Messie. Suivez-moi, je serai votre roi."*

Et ils prendraient les armes dans la minute suivante, à tout moment. Mais il ne dira jamais cela.

D: Vous dites qu'il prêche l'amour? Amour pour l'un l'autre, l'amour pour Dieu?

S: *Il parle beaucoup d'amour entre vos voisins, d'amour entre vos frères et d'amour envers même les étrangers. Aimer quelqu'un, partager cela avec d'autres, c'est partager Dieu avec autrui. Dieu est amour. Il est tout ce qui remplit un vide intérieur. Partager l'amour entre eux est la plus grande chose que vous puissiez faire, car c'est partager Dieu. Vous donnez gratuitement de vous-même à un autre, sans penser à quelque chose en retour. Cela fait partie du message. Les gens ont accepté que le Seigneur Dieu ait sa place dans la vie quotidienne. Et ils apprennent à partager cela, à se rapprocher les uns des autres, grâce à ce message.*

D: Vous avez dit que des gens pensent qu'il devrait juste dire: "Je suis le Messie". Pensez-vous qu'il est le Messie?

S: *(emphatiquement) il l'est!*

D: Est-ce qu'il le sait?

S: *Oui Cela lui a été enseigné dès son plus jeune âge, qui il était, et ce qu'il devait être. Mais s'il annoncerait une telle chose, ils pourraient le proclamer fou ou blasphémateur. Il leur dit qu'il est le Fils de l'homme.*

D: Qu'est-ce que ça veut dire?

S: *Qu'il est, comme nous tous, fils de l'homme et fils de Dieu. Je ne peux pas l'expliquer très bien. Il est le fils de Dieu comme je suis le fils de Dieu, mais son destin est d'apporter une lumière plus grande que je ne le pourrais. Il est plus proche de son destin final que moi. Je suis si loin mais il est presque au point où nous nous efforçons tous de parvenir. Il est le stade prochain à atteindre qui soit le plus proche de la perfection.*

D: Si nous sommes tous fils de Dieu et aussi fils de l'homme, en quoi sommes-nous si différents de lui?

S: *Il a appris ses leçons, et il a suivi son cheminement jusqu'à son achèvement.*

D: Vous pensez donc que cela signifie qu'il est parfait?

S: *Il doit l'être. C'était son choix de revenir une fois de plus pour transmettre cette lumière aux gens. Il n'était pas obligé de revenir.*

D: Après cette vie, reviendrait-il jamais?

S: *C'est ainsi dit, mais je ne sais pas quel en serait le but.*

D: Avez-vous de nouvelles de ben Zacharie?
S: *On dit qu'il est à la rivière du Jourdain et que beaucoup de gens l'écoutent. Et il est, comme il dit, une voix qui crie dans le désert, peut-être pour ouvrir les cœurs et les oreilles des hommes à la nouvelle que le plus élevé d'entre nous est ici. Il y en a beaucoup, comme les zélotes, qui le trouvent très intéressant, car il est si intense. Il est comme un homme sauvage. Son cheminement était différent et je ne l'ai pas vu depuis de très nombreuses années.*
D: Pensez-vous qu'il a changé?
S: *Non, il était toujours très intense.*

Il se massait le coude gauche depuis un bon moment pendant que nous parlions et je lui ai posé la question. Il a dit que son articulation lui faisait mal. "Je suis un très vieil homme," dit-il avec un soupir. "Ils m'ont dit qu'il ne me restait que très peu de temps." Il a déclaré qu'il était malade de la "toux" et qu'il habitait en permanence avec ses cousins à Nazareth. Je lui ai donné des instructions pour que son bras ne le dérange pas vraiment et qu'il ne ressente plus aucune gêne physique.

D: Bien, vous avez pu voir beaucoup de choses dans votre vie. Pouvoir enseigner ben Joseph et ben Zacharie était une chose excellente.
S: *Oui, tout a été très bien.*

J'ai demandé qui était le roi à cette époque. Il a répondu que le premier roi Hérode était mort et que Hérode Antipas était maintenant roi, mais que les choses ne s'étaient pas améliorées. "Si quelque chose en est observé, c'est en réalité pire." Il n'aimait pas parler ni de l'un ou de l'autre. Le sujet lui était déplaisant.

Les documents de référence font mention d'Archélaus comme étant successeur d'Hérode, ils ne mentionnent pas Antipas. Suddi a mentionné Philippe comme un autre frère, mais il n'a jamais mentionné Archélaus. Je pensais que c'était conflictuel et curieux. Il y aurait sûrement quelque chose dans la Bible à ce sujet. Harriet et moi-même lisions nos Bibles plus que jamais auparavant, et en tirions beaucoup plus profit au fur et à mesure que cette histoire revivait à travers les souvenirs de Katie. Mais Antipas n'est pas mentionné dans la Bible, alors qu'Archélaus y serait le successeur d'Hérode. Les rois au moment de la naissance du Christ et celui à sa mort s'appelaient toujours Hérode. À l'époque du Christ même, le roi ne s'appelle Hérode, le tétrarque, que dans la Bible. Où Katie a-t-elle jamais trouvé le nom d'Antipas? Encore une fois, les recherches ont révélé qu'elle avait raison.

Hérode le Grand était de religion juive, mais citoyen romain de sang arabe, ce qui pourrait expliquer en partie le ressentiment que le peuple devait ressentir. Comme le dit Suddi, "il ne peut pas décider s'il souhaite être grec ou juif, et par conséquent, il n'est pas très bon ni pour les uns ni pour les autres". Il était aussi extrêmement cruel. Il devint roi en 36 av. JC. Il avait été assassiné par des membres de sa propre famille, mais parmi ceux qui étaient restés en vie, trois de ses fils avaient été nommés pour maintenir l'ordre. Il s'agissaient d'Archélaus, Antipas et Philippe. Il avait été décidé par le gouvernement romain que le pays serait gouverné par tous les trois ensemble. Ils devaient être ce qu'on appellerait des "tétrarques".

Parfois, une province romaine était divisée en sections, et un tétrarque ou «petit roi» en régissait chacun une section. Archélaus, étant l'aîné, reçut la plus grande superficie de Judée et fut nommé téthnarque ou gouverneur. Antipas et Philippe ont été faits tétrarques sur le reste du royaume. Mais Archélaus avait déplu à Rome et en l'an 6 après JC, il avait été banni du pays. La Judée devint alors une province romaine de troisième classe à administrer directement par ses procureurs (il s'agissait d'un responsable qui gérait les affaires financières ou qui en était gouverneur). Le plus célèbre d'entre eux était bien sûr Ponce Pilate. Philippe régnait alors sur le nord de la Palestine. Comme il ne faisait pas de vagues, il avait été autorisé à continuer. Après le bannement d'Archélaus, Antipas avait pris sa place et est ainsi devenu tétrarque sur la plus grande partie de la Judée. Il a adopté le nom d'Hérode et il était celui qui était au pouvoir à l'époque de la décapitation de Jean et de la mort de Christ. Je trouve incroyable de voir comment Katie aurait pu connaître tous ces noms inhabituels liés à l'histoire de l'époque - à moins d'y être présente.

Suddi avait l'air si vieux, fatigué et triste pendant la dernière partie de cette session. J'espérais qu'il vivrait pendant toute la vie de Jésus. Je voulais avoir plus d'informations sur sa vie. Combien de fois une telle chance se représenterait-elle? Mais maintenant, il est apparu que Suddi pourrait mourir au moment même où Jésus commençait son ministère. J'espérais avoir l'histoire de la crucifixion. Mais comment? Suddi était à Nazareth, trop malade pour voyager et Jésus fut crucifié à Jérusalem, assez loin. Même si Suddi vivait, ça me semblait très douteux qu'il aurait pu voyager jusque là-bas. Il est donc apparu qu'il allait nous mourir dans les bras avant la fin de l'histoire. J'espérais peut-être qu'il y aurait un autre moyen. Mais sinon, nous devions simplement être reconnaissants des informations que nous avions reçues jusqu'ici.

J'avais fait avancer Suddi dans sa vie jusqu'à ce qu'il ait environ 50 ans. Il était assis sur les collines au-dessus de Nazareth, probablement non loin de la maison de ses cousins. Sa voix semblait si fatiguée.

S: *(soupir) Je suis très vieux. J'ai cinquante et un ans ... quelque chose comme ça, cinquante-deux? Je suis très fatigué. Je suis un très vieil homme.*

Il était difficile pour moi d'accepter cet âge comme un âge avancé, mais je suppose que c'était le cas dans leur culture. Je lui ai dit que je ne pensais pas à lui comme à un vieil homme.

S: *Mais ça en est le cas! C'est être d'un âge où tant d'hommes sont morts plus tôt. Je suis un vieillard. (Soupir)*
D: Que fais-tu dans les collines?
S: *Ce n'est pas loin. Je ne pourrais pas marcher bien loin. Je communie. J'essaye de me mettre en contact avec l'univers et de méditer sur ma vie. Bientôt je vais mourir. Cela m'est connu. J'en ai peut-être encore pour un an. Je ne suis plus capable de ... prendre ... de l'air pour respirer. J'ai mal à la poitrine ... et je tousse beaucoup. Donc, je le sais à cause de cela et du fait que je suis juste très fatigué.*
D: Cela vous dérange-t-il de penser que votre temps est presque écoulé?
S: *Pourquoi en devrait-il être ainsi? Cela aurait biens peu de sens. C'est de la folie. Pourquoi ne pas transmettre et apprendre de cette expérience et en commencer une autre?*

Il avait l'air tellement déprimé que je voulais changer de sujet, mais j'en ai choisi un qui était aussi déprimant pour lui.

D: Avez-vous reçu des nouvelles de ben Zacharie?
S: *Il est mort. Il a été emprisonné par Hérode... et décapité. (Il n'aimait pas en parler.)*
D: Pourquoi a-t-il été mis en prison?
S: *Pour prêcher la sédition. (C'était un mot inconnu pour moi.) Il a prêché ce qu'ils croyaient être faux et contre les prophètes. C'est comme ... une trahison contre l'État, seulement c'est contre Dieu.*

Elle a commencé à tousser profondément. Je lui ai donné des suggestions rassurantes selon lesquelles elle ne ressentirait aucun malaise physique.

D: Je ne pensais pas qu'Hérode était un homme religieux. Pourquoi s'inquiéterait-il de ce que prêcherait ben Zacharie?
S: *Hérode ne sait pas ce auquel il croit. C'est sa foi et ce sont ses épreuves.*
D: Et c'est la raison pour laquelle Hérode l'avait fait emprisonner?
S: *Cela, et le fait qu'il avait peur de lui, de ce qu'il pourrait faire. Il avait beaucoup d'adeptes.*
D: Qu'est-ce qu'il prêchait exactement?
S: *Les choses dont il parlait étaient du Messie, de sa venue. Qu'il est nécessaire d'affronter tout péché. Qu'ils doivent se confesser dans leur fort intérieur quand ils avaient tort. Faire cela est la moitié de la bataille pour sa liberté. Hérode a eu l'idée de le faire emprisonner pour lui parler, mais on dit que c'est sa prostituée qui l'a fait décapiter.*
D: Pourquoi une femme aurait-elle quelque chose à dire à propos de quelque chose d'aussi important?
S: *Il a prêché la vérité et la vérité doit finir par être transmise à autrui. (Voir la référence à Herode au chapitre 6) On dit qu'Hérode a commencé à le croire. Et par conséquent, depuis que ben Zacharie avait tant parlé contre elle, de sa déchéance et de la vie qu'elle avait choisie de mener, elle avait peur de perdre son pouvoir. Pour qu'Hérode puisse croire en ce qu'avait raconté ben Zacharie, et ensuite faire face à tout cela, et savoir qu'il avait tort.*

S'il y faisait face, alors ne l'aurait-il pas mise de côté? Et ainsi, elle aurait perdu son pouvoir sur lui.

Katie fit une pause. Suddi semblait avoir un malaise. "J'ai de grandes difficultés à ... respirer. Manque d'air." J'ai décidé de faire avancer Katie pour la soulager des symptômes physiques.

Incidemment, je n'ai jamais eu de cas où l'expérience de ces réactions physiques ait eu un effet sur la personnalité consciente. Le sujet se réveille toujours, se sent bien, sans souvenir de la maladie associée à sa mort dans une autre vie. Tout cela reste totalement dans le passé avec l'autre personnalité.

CHAPITRE 24

Preparation pour la Crucifixion

J'avais fait avancer Suddi pour soulager Katie de ses symptômes physiques pénibles. Quand j'ai fini de compter, elle souriait et quand elle parlait, sa voix ne semblait plus si fatiguée et aussi abattue.

S: Je suis parmi mes amis. Je suis avec ma sœur.
D: Oh? Votre sœur n'est-elle pas morte?
S: Vous parlez de mourir. La mort n'existe pas. Il n'y a que d'autres formes d'existence.
D: Où êtes-vous?
S: Je les regarde pendant qu'ils préparent mon corps.

Quand j'ai commencé à travailler avec des régressions, j'ai découvert que je pouvais parler à quelqu'un après leur mort, c'était très surprenant. Mais je l'ai fait tellement de fois depuis, que cela est maintenant devenu banal pour moi, si quelque chose d'aussi étrange que ceci ne puisse jamais être présenté comme normal. J'ai observé pendant les séances que la personne hypnotisée ne s'énerve pas lorsqu'elle se retrouve morte. Les observateurs présents dans la salle étaient généralement plus embêtés que le sujet lui-même. Les témoins s'attendent à une réaction violente, à une protestation contre la mort ou au moins à une révulsion lorsque la personne voit son propre cadavre. Les morts naturelles et tranquilles ne montrent aucun traumatisme. Mais la personnalité veut généralement rester assez longtemps pour savoir ce qui est arrivé au corps. Vous vous attachez à cette chose, après tout. Après avoir assisté à l'enterrement ou à quoi que ce soit d'autre, ils sont prêts à passer à autre chose.

C'est également une surprise pour les observateurs que la personnalité reste intacte après la mort avec peu de changement. Je me suis habituée à parler avec les morts après leur passage, mais les autres personnes présentes dans la pièce ont souvent du mal à comprendre. J'ai trouvé que vous pouvez obtenir beaucoup d'informations par l'âme elle-même. Mais la qualité de cette information dépend de l'évolution ou du développement de cette âme. Là encore, ils ne vous diront que ce qu'ils savent à ce moment-là.

Suddi avait environ cinquante-trois, cinquante-quatre ans lorsqu'il est décédé à Nazareth alors qu'il vivait avec ses cousins. Je me demandais pourquoi il avait choisi de rester avec eux au lieu de retourner auprès de son bien-aimé Qumran.

S: *Mon devoir y avait été rempli. Je n'avais plus aucun but à rester là-bas. Je n'avais pas de famille pour m'y garder.*

Là, j'ai mal compris sa déclaration. Je pensais qu'il voulait dire qu'il n'y avait personne pour le garder, pour s'occuper de lui. Certes, aussi humanitaires que soient les Esséniens, ils l'auraient pourvu jusqu'à ses derniers jours.

S: *Non, quand j'ai dis pas de famille pour me garder, je veux dire que ma famille n'était plus là. Par conséquent, mes liens étaient presque brisés.*

C'était vrai, sa seule soeur était décédée. Il avait dépensé tant d'énergie dans l'enseignement de Jésus et de Jean, peut-être n'avait-il aucune envie de revenir et d'enseigner à d'autres.

S: *J'ai voyagé pendant un petit moment. Parlez avec les gens et écoutez ce qu'ils ont à dire sur les prophéties. Je leur fis savoir que le moment était venu de se préparer à toute leur vie. Et j'espère que lors des enseignements que j'ai faits, j'ai éclairé quelques personnes. J'ai essaimé quelques graines, espérons qu'elles engendreront de la croissance ...*

D: Et bien, parfois c'est tout ce que vous pouvez espérer.

Un peu plus tôt, quand j'ai demandé à Suddi quelle était sa maladie, il a déclaré qu'il souffrait d'une "maladie de la toux". Maintenant, après sa mort, il était bien conscient des problèmes.

S: Il y avait une croissance cancéreuse dans les poumons qui les avait presque tous consommés.

Cela aurait évidemment causé beaucoup de toux, de douleur et de difficulté à respirer, il l'a donc correctement définie dans les termes de son époque comme une "maladie de la toux".

D: Savez-vous ce qui a causé ça?
S: Qui sait? La poussière? C'était ... on avait choisi auparavant que ce serait la manière de ma mort. C'était pour m'aider dans mon évolution.
D: Oh? Mourir d'une certaine manière a une importance?
S: Oui Apprendre à y faire face au quotidien. Comment vivre avec et mourir avec.

Il avait beaucoup souffert avant de mourir, mais il avait été capable de le contrôler "en utilisant son esprit et en manipulant les énergies".

D: C'est bien, vous n'aviez pas à souffrir, parce que vous saviez faire ces choses. Beaucoup de gens ne savent pas comment utiliser ces processus mentaux.
S: La plupart des gens le font dans leur fort intérieur. Ils viennent de fermer leurs portes à cette connaissance et c'est une grande tragédie. On peut y parvenir à nouveau en pratiquant la méditation. Ainsi de s'ouvrir à une connaissance qui est là. C'est juste là à notre portée, mais vous devez vous y ouvrir. Vous devez commencer de l'intérieur. Cette décision doit être prise que vous vous seriez ouvert de l'interieur, alors cela commencera à venir et cela grandira.
D: En d'autres termes, ils doivent en avoir eux-mêmes le désir?
S: Oui, tout comme toute guérison doit venir de l'intérieur. Il est temps de transmettre cette connaissance. Si les gens sont prêts pour ces graines, elles grandiront. Elles sont à eux.

Il observait la préparation de son corps. J'ai demandé ce qu'on en faisait.

S: *Il doit être brûlé comme je l'ai demandé. Il sera brûlé hors des murs de Nazareth et mes cendres seront emportées dans la communauté. Là, elles seront dispersées aux quatre vents.*

J'ai été très déçue de la mort de Suddi ainsi, avant que notre histoire soit finie. Depuis sa mort avant Jésus, est-ce que cela voulait dire que notre histoire serait terminée? Je voulais sincèrement connaître le reste de la vie du Christ. C'était une occasion unique, mais une pour toute une vie, mais je ne savais pas comment obtenir plus d'informations. Au moins, je pourrais poser des questions sur ce que Suddi savait de lui juste avant sa mort.

D: Aviez-vous des nouvelles de Yeshua avant qu'il ne meure?
S: *Il enseignait et il essaye toujours de transférer l'illumination à la multitude. Il y en a beaucoup qui écoutent. Il exerce son ministère auprès du peuple. Leur parler d'amour et espérer transmettre cette compréhension aux autres.*
D: Comment les gens acceptent-ils cela?
S: *Il y a toujours ceux qui croiraient en n'importe quoi, peu importe ce qui a été dit, juste parce que c'était dit. Et il y a ceux qui croient parce qu'ils y ont réfléchi. Ensuite, il y a ceux qui doutent à cause de qui il est. Et ils disent: "Comment se fait-il que cet homme ait toute cette sagesse?" Ils parlent de sa famille. Qu'il n'est pas un prince parmi les hommes. Qu'il est juste un homme pauvre, qui ne possède pas de biens. Ils disent: "Où sont ses belles tuniquees?" Et ils ne sont pas arrivés à comprendre que les biens ne font pas l'homme, mais sont les biens de l'homme. Un homme, il ne peut rien avoir, mais s'il a de la bonté, de la compréhension et de la compassion pour les autres, il est plus riche que l'homme qui a un pays et qui n'a rien de tel.*
D: Mais ils ne connaissent pas sa grande éducation, n'est-ce pas?
S: *Non, on ne saura pas comment cela lui avait été enseigné. Pas vraiment enseigné, mais comment cela lui avait été indiqué qu'il était sur le bon chemin. Comment se guider soi-même, comment cela était de se donner confiance soi-même en ce qu'il faisait.*
D: Pourquoi est-ce que cela devait rester un secret?

S : *(Soupir) Nous sommes un peuple qui souhaitait que cela reste secret, à cause des problèmes avec les différentes religions et autres. Et le fait qu'il ait appris était sans importance. Le fait qui avait de la valeur était ce qu'il savait. Il a cette connaissance, c'est ce qui est important.*

D : Est-il né avec cette connaissance ou est-ce quelque chose qu'il a appris dans sa vie en tant que Yeshua ?

S : *Il est né sage, mais il n'était pas né avec toutes les connaissances qu'il a accumulées de son vivant. Il lui avait été enseigné dans de nombreuses écoles. Parmi elles, celles connues comme la communauté des Esséniens. Il y avait beaucoup de pays et beaucoup d'enseignants aux genoux desquels il s'était assis et avait écouté et avait appris. On lui a montré beaucoup de chemins et des voies différentes. Et à son tour, il a montré aux autres les bonnes directions sur leurs chemins.*

Suddi avait dit plus tôt que Jésus était allé dans tout le monde connu en voyageant avec son oncle à la recherche de ses connaissances. Je voulais savoir plus précisément dans quels pays.

S : *Il y avait les avant-postes commerciaux des Phéniciens dans lesquels ils se sont rendus au Nord. Il y avait ceux vers Cathay et tous ces périples qui ont été parcourus. Il est allé en Inde et a parlé avec certains de leurs sages. En Egypte, et dans différents pays de cette région. Il a également étudiés sur les rivages de ce qu'on appelle la Grande-Bretagne. Je ne sais pas s'il est allé en voir d'autres ou non. Il s'est rendu sur la plupart des lieux de connaissance de l'homme.*

L'oncle de Jésus, Joseph d'Arimathie, était un commerçant principalement en étain et autres métaux. Leur groupe a voyagé sous cette égide, mais ils savaient que Jésus les avait accompagnés dans un autre but. "Pour mieux comprendre les autres et aussi pour faire comprendre les autres." Il était parfois accompagné de sa mère lors de ces voyages.

Suddi a dit qu'on l'appelait quelque chose de similaire à "Maria" à cette époque. Son père, Joseph, était beaucoup plus âgé qu'elle et était mort quand Yeshua était dans sa vingtaine d'années. "Il avait vu son fils devenir un homme et cela avait été sa tâche."

Des amis m'avaient demandé de me renseigner sur la mort de Joseph. Ils se demandaient si c'était peut-être ce qui avait retardé le ministère de Jésus. Qu'il devait peut-être prendre la responsabilité d'aider Marie à élever sa grande famille.

S: *N'y avait-il pas ses frères et sœurs plus jeunes? Ils n'étaient pas beaucoup plus jeunes que lui. Il y avait de l'aide de Joseph (l'oncle) et d'autres personnes encore. Il y avait plusieurs aides qui étaient également des charpentiers, qui ont maintenu l'entreprise familiale, de sorte qu'il y avait toujours un revenu. Et, de temps en temps, Yeshua revenait et aidait.*
D: Savez-vous si ses frères et sœurs plus jeunes ont déjà éprouvés du ressentiment qu'il n'était pas là en permanence?
S: *Ils ont été élevés en sachant qu'il avait beaucoup à faire et qu'il ne disposait pas de beaucoup de temps pour le faire. Comment des enfants élevés par de tels parents compréhensifs peuvent-ils se méprendre? Ils ont accepté. Il y avait un grand amour. On ne pouvait pas connaître Yeshua et ne pas l'aimer. Ce n'était pas possible.*
D: Alors que Yeshua voyageait dans tous les autres pays, pourquoi est-il revenu dans son propre pays pour y commencer son ministère?
S: *Parce qu'à cette époque là, c'était un lieu de rencontre à mi-chemin entre l'est et l'ouest. Par conséquent, les connaissances pourraient être diffusées à un très grand nombre à partir de ce point pivotal. Et c'était une chose connue.*
D: Avait-il des adeptes dans ces autres pays?
S: *Il est dit qu'il a eu beaucoup de gens qui ont écouté sa sagesse.*
D: Ne savait-il pas que quand il reviendrait, il serait mis en danger?
S: *Oui Il savait très tôt la manière par laquelle il mourrait. C'est la partie la plus difficile à accepter. Savoir que même avec cette prescience, il aimerait toujours tant l'homme, et de se livrer pour eux.*
D: Oui, c'est une chose de ne pas savoir ce qui va se passer pour soi-même. Vous n'avez alors aucun contrôle dessus. Mais il l'a su et est toujours resté disposer à quand même le faire. Ce doit être très

difficile. Vous savez, il y a des histoires selon lesquelles il aurait fait des merveilles. Ces histoires, sont-elles vraies?

S: *Oui, le terme que vous utiliseriez est miracle. Il y a des choses que vous appelleriez des miracles. Elles ne sont en aucun cas miraculeuses. Car tout le monde a cette capacité, elle est naturelle et innée. On pourrait développer cette capacité si on en avait la discipline et le temps. Méditer et avoir les disciplines mentales qu'il faut faire pour pouvoir parvenir à la même chose. Il était en accord avec lui-même et avec les plans spirituels, tout en ayant de grandes capacités. Et la combinaison de tout ceci l'a aidé à faire ce qu'on appelle des "miracles". Il utilise les lois de la nature et de l'univers. En connaissant ces lois, il était capable de faire des choses que d'autres pourraient éventuellement considérer comme miraculeux, mais que tous les hommes ont le pouvoir de faire. Mais vous devez vous ouvrir pour devenir un conduit de ce pouvoir, afin que ceux-ci puissent être réalisés. Vous devez juste avoir la connaissance et la volonté de l'utiliser. Il était juste un conduit très pur.*

D: At-il appris à faire ces choses?

S: *Oui, il les savait. Cela faisait partie du programme de formation de son enfance. Et puisqu'il devait être le grand modèle, il a pu développer ces capacités avec un degré de précision extrême. Ses professeurs pouvaient faire certaines choses, comme faire léviter des objets ou changer du plomb en or. Mais il pouvait faire de meilleures choses encore, comme de redonner la vie à quelqu'un qui était mort, changer de l'eau en vin ou autre. Et il pouvait, en utilisant ses capacités sur ceux qui étaient malades, il pouvait rééquilibrer leurs énergies d'une manière où elles puissent à nouveau se retrouver en bonne santé.*

D: Je me demande comment pouvait-il s'y prendre pour changer de l'eau en vin?

S: *C'est difficile à expliquer. C'est comme une combinaison de plusieurs capacités travaillant ensemble en soi-même. Tout ce qu'il a fait s'appliquait aux lois naturelles de l'univers. Il a juste utilisé certaines d'entre elles sur le plan terrestre, qui, elles, ne sont généralement appliquées que sur un plan spirituel. Elles peuvent s'exercer sur le plan terrestre, mais elles doivent être apposées sur un support, comme un être humain, pour les aider et les canaliser, oui.*

D: Avez-vous entendu parler de certains de ces soi-disant miracles qu'il aurait accomplis?

S: Il en a exécuté tellement tous les jours que je ne pourrais pas tout énumérer. Mais il fait des choses, en général, comme de guérir les sourds, les boiteux, les aveugles et des choses de cette sorte. Vous devez juste savoir comment le faire et avoir la volonté de l'accomplir. Il était juste un médium très pur. Il a attiré des gens étant de ce côté, à retourner dans leur existence, en les appelant tout simplement. Tout est possible avec la foi. Il faut juste croire qu'on peut y parvenir.

D: Mais une fois que quelqu'un a quitté le corps, le corps ne commence-t-il pas à se détériorer?

S: Après un certain temps, oui. Vous ne feriez pas cela avec quelqu'un mort depuis ... six mois. Mais, dans tous les cas dont j'ai entendu parler, ils venaient juste de traverser de l'autre côté et, peut-être même, par erreur. On n'ignore pas que le corps a peut-être cessé de fonctionner à un moment où il n'était pas censé le faire. Il ne le faisait pas pour essayer de déséquilibrer les cycles de leur vie. Mais dans les cas où leur vie a été interrompue par un acte de circonstance et, qu'il avait eu la possibilité de constater qu'ils n'avaient pas encore réglé leurs dettes. Alors, par conséquence, ce serait mieux qu'ils puissent régler leurs dettes cette fois. Il leur redonna vie pour qu'ils puissent revenir et parvenir à régler cette partie de leurs dettes. N'avez-vous pas entendu parler de personnes décédées puis ressuscitées hors de leur tombe parce que leur heure n'était pas encore venue? Il était simplement là pour les guider.

Cela ressemblait beaucoup aux EMI (expériences de mort imminente) qui sont maintenant rapportées en nombre toujours croissant. Il s'agit de cas où des personnes ont été déclarées officiellement (médicalement) mortes puis ont été ranimées miraculeusement. Aujourd'hui, cela est souvent dû à nos soins médicaux avancés.

D: Je pensais que c'était un système infaillible. Que tu meurs quand tu es censé le faire et qu'il n'y avait aucune chance pour que des erreurs ne soient commises.

S: Il y a toujours des possibilités que les choses tournent mal. Ce n'est pas très souvent. Parfois il s'agit aussi d'une leçon qu'il faut *encore apprendre. Par conséquent, ils sont libérés de l'autre côté, pour s'éveiller à la connaissance qui est ici.*

Suddi a déclaré que Yeshua avait rappelé les gens à plusieurs reprises et je lui avais demandé des cas spécifiques.

D: Était-ce des gens qu'il connaissait ou juste des inconnus?
S: *Parfois, il les connaissait, et parfois, ils étaient des étrangers. La fille du centurion qu'il ne connaissait pas. La fille de ce commandant romain était très malade. Il avait entendu dire qu'il y avait un prophète qui pourrait l'aider, alors il a fait renvoyer un serviteur à Yeshua et son voyage a duré deux jours. Et le serviteur lui a dit: "S'il te plaît, viens, s'il te plaît, dépêche-toi, elle est très malade." Et Yeshua a répondu: "Attendez une minute, je dois d'abord terminer ce que je fais ici." Et Yeshua prenait essentiellement son temps pour rendre chez ce commandant romain. Quand il y est arrivé, il était trop tard et la fille était morte. Et Yeshua a vu que sa vie n'était pas encore terminée et qu'elle avait encore des dettes à régler. Alors il rendit la vie à son corps en disant au commandant romain: "Ne t'inquiète pas, elle ne fait que dormir maintenant." Puis il est parti. Elle a dormi une période de temps normale, puis elle s'est réveillée et elle allait bien. Ensuite, il y en avait un qui était son cousin, Lazare. Il était le fils unique de sa mère veuve. Il a été rappelé. Comme ce n'était pas son heure de mourir, qu'il avait encore beaucoup à faire et Yeshua le savait.*
D: Je pensais une fois qu'il avait été mis dans la tombe qu'il ne pouvait pas....
S: *(interrompant) Elle n'avait pas encore été scellée. Le sceau n'avait pas encore été placé. Tout ce qu'ils font pour s'y préparer dans ce pays, c'est d'oindre le corps avec des huiles. Quelques-unes d'entre elles aident à les brûler sur les bûchers. Mais pour l'essentiel, c'est uniquement d'être oint avec des huiles et enveloppé dans des draps et placé dans les tombes ou autre chose.*
D: Combien de temps pourrait-il s'écouler et ils puissent toujours revenir dans leur corps?
S: *Quelques jours. Peut-être deux tout au plus. Après cela, il faudrait renouveler bien plus que l'esprit qui se réintègre.*

D: L'un des miracles dont nous avons entendu parler, je ne sais pas si vous le savez ou pas, est l'endroit où il a nourri beaucoup de gens ensemble.

S: *Où il les a nourris avec seulement quelques poissons et des pains? Oui, cela se fait, encore une fois, selon les lois naturelles de la bienfaisance. Si vous en avez besoin et si vous croyez que ce sera là, ce sera là.*

Cela ne me semblait certainement pas être une loi naturelle de pouvoir partager certaines choses entre beaucoup de gens. Suddi était patient avec moi alors qu'il essayait de s'expliquer.

S: *Mais vous devez croire que cela aura lieu et que cela va encore se produire. Il croyait pouvoir faire ce partage et tous croyaient en lui. Je ne sais pas s'il s'agissait d'un poisson réel ou s'ils y croyaient et étaient rassasiés.*

Cela soulève un concept intéressant. Si les gens croyaient suffisamment en ce que Jésus faisait, peu importait que la nourriture soit une nourriture physique tridimensionnelle solide. Cela aurait pu être une illusion. L'essentiel, c'est qu'ils croyaient être nourris et que leur faim était satisfaite. C'était l'objectif même si cela avait pu être accompli par des moyens psychologiques. Beaucoup de questions sur la vie de Jésus suscitaient des interrogations et cela semblait être une bonne occasion de le savoir. J'ai dit: "Certaines personnes disent qu'il a eu une naissance très étrange. Savez-vous quelque chose à ce sujet?"

S: *Juste qu'il soit né dans une grotte et qu'il y avait une étoile réunie au-dessus de sa tête. Ce fut le seul événement inhabituel de sa naissance.*

La version biblique mentionne seulement que le Christ a été placé dans une mangeoire après sa naissance, elle ne dit pas où se trouvait la dites-mangeoire. Même aujourd'hui, les grottes autour de Bethléem sont utilisées comme écuries pour les animaux. Suddi n'avait pas mentionné un aspect important de la naissance et j'avais espéré qu'il me le dirait sans demander plus d'informations. Comme il ne l'a pas fait, j'ai décidé de faire une sortie avec le sujet.

D: Certaines personnes disent que sa mère était vierge. Tu sais ce que ça veut dire?

S: *Cela semble très familier, mais ce n'est pas vrai. Sa mère était une femme comme les autres, tout comme son père, il était un homme.*

D: Eh bien, dans l'histoire que nous avons, la mère était vierge et le père n'était pas un être humain, le père en était Dieu.

S: *Nous sommes tous des enfants de Dieu. Il était plus ouvert à tout cela que d'autres et le moment était venu de faire émerger cette connaissance.*

D: Pourquoi pensez-vous que les gens raconteraient une telle histoire si elle n'était pas vraie?

S: *Pourquoi les gens disent-ils quoique soit d'autre qu'à des fins d'attirer davantage l'attention sur certains aspects particuliers?*

Je pensais que je pourrais peut-être découvrir quelque chose à propos de ses disciples.

D: At-il des adeptes spécifiques qui sont avec lui?

S: *Leur nombre varie. Il y avait à l'origine environ trente personnes dans le groupe central, et plus qui ne sont que des disciples. Il est leur enseignant dans l'espoir qu'ils apprendraient quelque chose de lui. Mais certains d'entre eux ont beaucoup de doutes en eux, ils ne sont que des êtres humains. Ses disciples peuvent aussi faire des miracles, car ils étudient sous lui. Cela fait partie de leurs études, en enseignant plusieurs exercices de méditation pour aider à les rendre réceptif à ces choses et à développer ces capacités. Ils passent beaucoup de temps seuls dans les collines à étudier ces choses. Il y a des disciples à la fois des hommes et des femmes, bien qu'il y ait parfois un peu plus de femmes que d'hommes, car la femme se développe plus efficacement. Elles sont plus réceptives aux choses de cette nature que les hommes.*

Il ne faut pas beaucoup d'imagination pour comprendre pourquoi on ne parle pas de femmes disciples dans l'histoire de l'église. L'église primitive était strictement d'orientation masculine et dominée par eux.

D: Est-ce que ces disciples vont avec lui partout?

S: *Ne les a-t-il pas envoyés pour enseigner aux autres ce qu'il leur a enseigné? Et ils doivent suivre ces chemins.*

D: Qu'est-il arrivé aux femmes disciples?

S: *Elles sont très actives. Quand Yeshua a créé des divisions entre ses disciples, c'était par paires de deux d'entre eux. Et les femmes disciples étaient également séparées. Elles ont été envoyées à travers le monde connu pour diffuser ses enseignements et avoir leurs propres disciples pour aider à diffuser ces capacités qu'elles ont apprises.*

D: N'est-ce pas dangereux pour les femmes de voyager comme ça et d'avoir de tels pouvoirs?

S: *La façon dont il les a divisés était généralement en couplant hommes et femmes.*

D: Oh. Parce que vous êtes au courant que le monde est dominé par les hommes, ils n'acceptent pas les femmes qui font de telles choses.

S: *Oui, il le savait et il voulait protéger les femmes de ceux qui n'auraient pas pu le comprendre. Et ainsi les disciples ont été envoyés par paires. Habituellement, ils sont mis deux par deux en fonction de leurs horoscopes. Il en a douze qui le suivent dans la plupart des endroits. Mais il veut que les disciples soient capables de s'émanciper, de se développer et d'être plus forts d'eux-mêmes, sinon ils continueraient à dépendre de lui. C'était mieux pour les disciples afin qu'ils puissent se développer pleinement.*

D: Connaissez-vous quelques-uns des noms de ces personnes?

S: *J'en connais quelques-uns ... il y a Siméon, qui s'appelle Pierre. Ah ... et il y a ben Zébédée, ses deux fils. Il y a Bartholomé et Mathieu et Judas. Il y en a plusieurs autres, je ne peux pas... Je ne les connais pas très bien. Nous sommes mis au courant ici de ce qu'ils vont faire. On nous montre un peu.*

Ben Zébédée est mentionné dans la Bible en tant que Zébédée, le père de Jacques et de Jean. Mais la Bible nous dit que Jacques et Jean avaient laissé leur père avec le bateau de pêche et sont devenus ses disciples. Zébédée n'est pas mentionné après cela. Il est intéressant de noter que Suddi a cité le nom du père et non ceux des fils les plus connus. Bartholomé est l'un des disciples les moins connus. Et Mathieu n'est même mentionné dans la Bible, uniquement après la mort du Christ. Pierre est bien connu mais Suddi l'appelait par un nom prononcé différemment: "Siméon" à la place de Simon. Je trouve significatif qu'il ait mentionné ces disciples moins connus. Cela renforce la validité du narratif de Suddi.

D: Pensez-vous que tous ces disciples feront comme il leur a enseigné?
S: *(tristement) Non, il n'y en aura que quelques-uns qui sortiront et prendront la parole. (Soupir) Et il y aura ceux qui sentiront que parce qu'ils l'ont connu, ils sont vertueux et vivront leur vie en croyant avoir trouvé la voie juste. C'est très triste, car ce n'est pas ce qu'il leur a appris ... Et puis il y a bien sûr, Iscariote ... Il a tendance à être très déprimé et n'est pas populaire parmi les autres disciples.*

Là encore, il est intéressant de noter qu'il l'appelait Iscariote au lieu de Judas. Il avait déjà mentionné Judas comme l'un des disciples, mais il y avait deux Judas. Il a distingué celui-ci en l'appelant Iscariote. D'autres fois, la prononciation de son nom ressemblait à "Iscarot".

S: *Il est connu en tant que traître. Car c'est son destin d'être l'outil des autres, dans la réalisation de cet acte.*
D: Qui va-t-il trahir?

Je devais constamment faire semblant de ne rien savoir à propos de cette histoire, comme si j'étais complètement ignorante des événements. Je pensais que Suddi raconterait l'histoire à sa manière sans être indûment influencé. Même si Katie connaît aussi l'histoire (comme tout le monde), il existe des différences notables. Et ce sont des différences que quelqu'un ne ferait pas d'une manière consciente.

S: *Il doit trahir Yeshua. Il espère le forcer à faire savoir aux autres qui il est vraiment. Parce que bien qu'ils (les disciples) croient qu'il est l'élu, le Messie, il n'en a jamais parlé. D'autres en ont parlé. Et Iscariote souhaite qu'il se déclare, chose qu'il ne fera pas. Il laissera toujours aux autres le soin de décider s'il était ou non un homme bon, et choisi par Dieu pour aider à guider les autres sur le sentier, afin qu'ils soient tous également un avec Dieu. Iscariote croit tellement sincèrement qu'il croit vraiment que Yeshua est un dieu. Et comme étant un dieu, il devrait lui dire:*

"Ordonne à ces simples mortels qu'ils s'arrêtent", et par conséquent, ils se devraient de le faire.

Il était peut-être possible qu'Iscariote fût l'un des zélotes dont Suddi avait parlé. C'était définitivement leur ligne de pensée.

D: Pensez-vous qu'Iscariote va essayer de forcer la situation?
S: *C'est dans sa nature. Il croit que cela ne se produira pas. Que Yeshua doit se déclarer. Mais ce n'est pas ce qui doit se réaliser.*
D: Est-ce que cette trahison sera considérée comme une mauvaise chose pour Iscariote?
S: *C'est quelque chose qui doit arriver. C'est quelque chose qui doit être réalisé. Mais le pire, ce qu'il pense qui va se produire, ne le sera pas obtenu. Et en réalisant cela, il prendra alors sa vie. Ceci est connu avec une grande tristesse, car c'est un grave tort.*

Apparemment, le suicide était une action bien pire que la trahison du Christ.

D: Pourquoi penses-tu qu'il va se suicider?
S: *Parce qu'il saura qu'il a participé à la mise à mort d'un homme sans péché et que cela ne peut être supportable. Mais nous ne le condamnons pas. Ce sera son propre jugement personel.*
D: Savez-vous comment il va le trahir?
S: *Non, je ne sais pas. Mais le jour se lève bientôt vers la fin. Yeshua nous rejoindra bientôt ici (dans l'état d'après-mort). Nous savons cela, comment pouvons-nous nous empêcher de le savoir? (Soupir) Bien que cela soit ordonné, il est toujours très difficile de rester assis et de le voir se produire ... Cela crée beaucoup de chagrin de savoir que cela doit arriver pour parvenir à sauver. Montrer aux autres que ce cheminement est possible. Qu'il est ouvert à eux. Je pense à ce qui va se passer et pèse également ma vie dans la balance. Je rassemble mes forces pour que ... je sois là. (Malheureusement et avec difficulté) Je dois aussi en tirer des leçons, comme nous tous. C'est quelque chose qui va être très difficile, mais j'espère apprendre grâce à cela ... Si seulement j'en ai la force.*

J'ai poussé un soupir de soulagement et ais dit une prière silencieuse de remerciement. J'avais pensé que si Suddi mourait avant que le Christ ne soit crucifié, nous ne serions pas capables d'obtenir le reste de l'histoire. Maintenant, il semblait que cela pourrait être néanmoins possible, s'il pouvait le regarder de l'autre côté. C'était un développement inattendu mais bienvenu.

D: Y aura-t-il d'autres personnes dans votre monde spirituel qui l'observeront?
S: *Je pense qu'il y aura des multitudes qui le feront. Il y aura ici une bonne leçon. La leçon de l'altruisme, car c'était de son choix. Nous savons cela. Imiter cela, c'est s'appliquer à la voie.*
D: Je pensais que si vous l'aviez suivi de si près tout au long de sa vie, vous voudriez peut-être être là pendant son procès.
S: *Ce n'est pas son procès, c'est le nôtre!*
D: Vous parlez comme si vous saviez ce qui va arriver.
S: *Il va mourir sur la croix.*
D: La croix n'était-elle pas censée être destinée aux criminels, aux félons?
S: *Il sera traité comme s'il était un criminel. Et il l'est à leurs yeux, car il ose leur faire se poser des questions. Il ose les faire regarder en eux-mêmes, et pour eux, c'est un grand crime. Parce que combien d'hommes peuvent regarder leurs âmes et faire face à ce qu'il y a là? En outre, nombreux sont ceux qui croient qu'il est ce que les autres disent qu'il est. Qu'il est le Christ et le Messie. Ils y croient, mais ils doutent à cause de son amour de l'enseignement. Il enseigne qu'il ne faut pas haïr. Et cette guerre là n'est pas la manière dont le royaume sera gagné. Mais ils ne comprennent pas cela. Ils espèrent que s'il est si pressé, il sortira et dira: "Je suis le Fils de Dieu et par conséquent, vous ne pouvez pas faire cela." Mais ils ne voient pas que cela a déjà été dit et encore répété depuis toujours, ce sera son destin. Ils ne peuvent pas le voir.*

C'était un discours très émotif, avec beaucoup de stress sur les mots. Je pensais que la croix serait un moyen terrible pour une personne aussi douce de mettre fin à ses jours.

S: *Beaucoup de gens finissent leur vie de manière horrible, et les gens n'y pensent pas. Parce que ce n'est pas quelqu'un d'important, ce* n'est pas quelqu'un qu'ils connaissent, il ne s'agit pas d'eux-mêmes. En étant quelqu'un qui est sans péché, qui est sans jalousie ni haine, qui est juste rempli d'amour, cela doit leur faire comprendre qu'il y en a beaucoup à qui cela arrive.

D: Ne pouvait-il pas reculer? A-t-il eu le choix?

S: Il a toujours su que c'était son destin. Le moment n'était pas encore venu de le faire, ce choix était pris avant (avant d'entrer dans sa chair). Une fois la décision prise, il n'y avait pas de retour en arrière. Il peut demander de l'aide pour avoir la force de surmonter cela... ensemble, et cela lui sera accordé.

D: Qu'est-ce que cela signifie quand les gens l'appellent le Christ?

S: Cela signifie le Sauveur, l'incarnation de Dieu vivant qui est en vie.

D: Mais ne sommes-nous pas tous l'incarnation du Dieu vivant?

S: Mais en sommes-nous tous conscients? Combien d'entre nous sont en contact avec leur âme plus profonde qui est nous-mêmes, qui est notre vrai moi, alors que nous habitons le corps physique? Combien d'entre nous peuvent vivre au jour le jour en vivant avec les tentations et en vivant avec tout ce qu'il a? Il aurait pu dire: "Arrêtez, non, je refuse de passer par là!"

Mais il ne l'a pas fait. C'est pourquoi il est différent de nous. Je n'aurais pas ce courage. Il est ce que nous pouvons tous être. C'est possible. Il a dit qu'il était la voie. Si nous ne pouvons qu'ouvrir nos yeux et nos cœurs, nous devrions le voir (une pause, puis un profond soupir.) Mais ce sera dur à regarder. Savoir que quelqu'un sans péchés, sans défaut, se sacrifirait pour autruis, pour nous montrer le chemin à suivre. N'est-ce pas toujours difficile à regarder? De savoir que quelqu'un, même s'ils ne vous connaissaient pas, s'ils ne vous avaient jamais vu auparavant, qu'ils se sacrifieraient, simplement parce qu'ils aimaient l'humanité tout entière, et pour que vous sachiez que vous n'en êtes pas digne. L'humanité a avancé depuis des siècles pour commettre à nouveau les mêmes erreurs. N'est-ce pas difficile à assumer? Cela continue de temps en temps, mais cela ne change jamais vraiment. Et il nous montre qu'il est possible de grandir. C'est pour pouvoir s'échapper et atteindre la liberté et la connaissance de l'amour que vous devez grandir. Il nous montre cela, et c'est donc en lui de le faire, comme en nous de faire d'autres choses.

D: J'ai bien peur qu'il y ait beaucoup de gens qui ne comprendront jamais de telles raisons.

S: *Ils ne comprennent pas la totalité de qui est Yeshua. Sa totalité est trop difficile à saisir pour eux, alors ils essaient de le limiter. Mais les gens vont comprendre. Peut-être pas dans le sens d'incarnations de la Terre, ils pourraient ne pas comprendre sous cette forme. Mais ici, nous savons et nous apprenons.*

Il est apparu que nous pourrions obtenir l'histoire de la crucifixion du point de vue de Suddi de cet autre côté. Mais je croyais que cette histoire était trop importante pour être lancée. J'avais l'intention d'y consacrer une session entière. Je ne voulais pas non plus courir le risque de manquer de bande magnétique ou de temps. J'avais l'intention d'y consacrer le plus de temps possible et d'entrer dans un maximum de détails. J'ai pensé que c'était une grande découverte capitale, que nous aurions peut-être une chance rare d'obtenir un témoignage oculaire sur les événements les plus mémorables et les plus controversés de l'histoire de l'humanité. Sa version correspondrait-elle à la version qui nous a été transmise? Nous avions déjà pu constater dans les chapitres précédents que l'histoire de Suddi était souvent différente de celle acceptée.

CHAPITRE 25

La Crucifixion et la Resurrection

La semaine suivante, des sentiments mitigés venaient à moi en début de séance. J'espérais que nous pourrions obtenir l'histoire de la crucifixion; ce serait le joyau de cette expérience. Ce serait également très important pour beaucoup de gens. Mais je craignais que peut-être nous ne serions pas autorisés à l'obtenir. Le subconscient dispose d'un dispositif de protection très efficace. Il ne permettrait pas au sujet de faire l'expérience de tout ce qui pourrait lui être dangereux. En hypnose, il est bien connu que si une personne voit ou se souvient de quelque chose à laquelle elle ne peut pas faire face, elle se réveillera immédiatement, même si elle est en transe profonde.

J'ai vu cela arriver. Je ne savais pas comment le subconscient gérerait quelque chose d'aussi traumatisant que de regarder un profondément cher ami mourir d'une manière aussi horrible. Je savais que je ne pouvais pas passer outre ce système de protection et je ne voudrais même pas l'essayer. Je devrais compter sur notre longue association et sur l'instauration progressive de la confiance qui s'était installée entre nous pour convaincre le subconscient que tout était en sécurité. Ma préoccupation première est le bien-être de mes sujets et leur protection est toujours de la plus haute importance pour moi.

Katie ne ressentait rien de tout cela et était ravie de savoir ce qui allait arriver. Alors je lui ai dit le mot clé et je l'ai regardée alors qu'elle glissait sans effort dans l'état auquel elle était devenue si habituée et nous avons commencé.

Je l'ai ramenée dans le passé, dans la vie de Suddi et je l'ai ramené sur le plan des esprits juste après sa mort. Et nous avons repris au moment où nous nous étions interrompu la semaine précédente.

D: Je vais compter jusqu'à trois et nous allons avancer jusqu'au moment où tout cela va être accompli. Si vous êtes en mesure de savoir, je veux que vous me disiez ce qui est en train de se passer. Si c'est possible, j'aimerais que vous le regardiez. Je veux que vous partagiez cette connaissance avec nous. Je pense que cette expérience peut être très enrichissante si vous avez la force de la regarder et de la partager. 1, 2, 3, c'est le moment où tout cela doit avoir lieu. Pouvez-vous me dire ce qui se passe?

Je ne savais pas si Suddi serait dans une position où il pourrait assister aux événements. Il a dit qu'il le ferait s'il en avait la force, alors il se rendait très bien compte à quel point ce serait difficile. Serait-il capable de passer par là ou reculerait-il? Quand j'ai fini le compte à rebours, il n'avait aucune hésitation, il a semblé juste charger droit dedans.

S: Il y a eu une offrande selon laquelle il est de coutume aux Romains d'offrir à chaque prisonnier sa liberté un jour de fête. Et Ponce Pilate ne croit pas que Yeshua soit la mauvaise personne qu'ils prétendent qu'il soit. Il sait dans le fond de son âme que c'est faux, que c'est grave. Par conséquent, il a offert le choix entre Barabbas et lui, en sachant tous les hommes qui ont été assassinés par Barabbas, et que bien sûr ainsi ils libéreront Yeshua.

J'ai senti qu'il présentait que s'il ne se contentait pas de plonger dans la scene, il risquerait de perdre son courage et de ne pas être en mesure de la raconter.

D: Barabbas était-il un meurtrier?
S: oui
D: Vous parlez comme si Yeshua a été emprisonné.
S: Oui, il a été pris. Par le Sanhédrin (prononcé "San-had-rin") et après qu'ils l'aient interrogé et qu'il l'aient trouvé, à leurs propres yeux, coupable de blasphème, ils ont pris la décision que c'était à Rome de décider de son sort. Car ils ne pourraient pas mettre à

mort quelqu'un que d'autres ont qualifié de Messie. Cela ferait alors tomber la terreur du peuple sur leurs têtes. En échange, ils l'ont livré aux Romains pour avoir tenté de déclencher une révolution. En disant qu'il avait incité ses partisans à faire des choses contre Rome.

Apparemment c'était la politique de l'époque. Jésus n'était pas considérer une menace jusqu'à ce qu'il commence à rassembler des disciples. Avant cela, il pouvait seulement être considéré comme un radical ou un fou.

D: Qui sont ceux qui ont fait ça?
S: *Le Sanhédrin. (C'était difficile à comprendre parce qu'il avait prononcé ce mot si étrangement.) Le Sanhédrin. Le corps des législateurs de la loi pour Israël. (Israël a également été prononcé différemment.)*
D: Ils avaient le pouvoir de faire ça?
S: *Oui C'était l'une des choses que la loi de Rome leur permettait encore.*
D: Vous avez dit plus tôt qu'Iscariote allait le trahir. Savez-vous si cela s'est passé?
S: *Il est allé voir les prêtres et leur a dit où serait Yeshua. Et il l'a vendu.*
D: At-il eu quelque chose pour faire ça?
S: *Ils disent un sac d'argent. Je ne sais pas.*
D: Mais à ce moment-là, ils vont offrir le choix entre Yeshua et Barabbas aux gens afin qu'ils puissent choisir qui sera libéré?
S: *(C'était très émouvant pour lui) Oui. Mais le Sanhédrin a beaucoup de gens dans la foule qui sont payés pour crier le nom de Barabbas.*
D: je vois. Ils vont essayer d'empêcher les gens de choisir Yeshua?
S: *Ils n'ont pas d'autre choix. Ils ne peuvent pas, c'est pour cela... c'est son destin.*
D: Ces gens, le Sanhédrin, ils ont peur de lui?
S: *Ils ont peur qu'il soit ce que les autres disent qu'il est.*
D: Ils ne peuvent pas se permettre de le laisser partir librement? Est-ce ce que vous voulez dire?
S: *Non, ils ne le peuvent pas.*

D: Est-ce pour cela qu'ils ont payé les gens pour être dans la foule, pour inciter la foule?
S: *Pour prononcer son nom. On dit que le nom qui est prononcé le plus fort est celui de qui sera relacher.*

Il était évident que Suddi ressentait tout ceci profondément. Il y avait beaucoup d'émotion dans sa voix. J'espérais qu'il serait capable de continuer.

D: D'accord, déplaçons-nous en avant dans le temps et découvrons ce qui se passe. J'aimerais vraiment que vous nous le racontiez. Beaucoup de gens peuvent bénéficier énormément de cela. Si cela vous dérange trop, vous pouvez le regarder comme un observateur objectif.

Je pouvais dire que cela le dérangeait déjà de regarder ce qui arrivait à quelqu'un qu'il aimait tant. J'avais peur que ce soit encore plus traumatisant pour lui de regarder la crucifixion. J'espérais seulement que son désir de partager cette information avec d'autres contrecarrerait toute révulsion qu'il pourrait éventuellement ressentir. J'ai continué à faire des suggestions apaisantes pour le bien-être de Katie.

D: Je compterai jusqu'à trois et nous nous déplacerons en avant dans le temps. 1, 2, 3, que se passe-t-il maintenant?
S: *Il a été décidé... ceci, à côté de lui et de deux autres, il sera cloué... à une croix pour mourir en crucifixion. Le style traditionnel romain de tuer des criminels, des meurtriers et des voleurs. (C'était difficile, mais il a continué.)*
D: Il semble qu'il n'appartiendrait à aucune de ces catégories, n'est-ce pas?
S: *(Un murmure) Non. Il n'a jamais fait de mal à un autre. Mais on dit qu'il donnera son sang pour le monde entier.*
D: Y a-t-il d'autres personnes avec vous qui regardent ça?
S: *Il y en a beaucoup qui sont ici.*

Dans la Bible, il est dit que les tombes se sont ouvertes et que les esprits des morts étaient visibles par beaucoup à ce moment là. Auraient-ils pu voir les esprits qui étaient en train de regarder de l'autre côté? Un événement de ce type de grandeur émotionnelle aurait pu renforcer les perceptions psychiques des gens.

> S: Et il y en a beaucoup, des centaines, qui sont sur le plan terrestre, qui regardent ... avec horreur. Car ils l'aiment. Ils ne peuvent pas croire que cela est en train de se passer. Que cela puisse être accepté de se produire.

Sa voix était presque submergée par l'émotion. Il était au bord des larmes. Il sentait tout cela, malgré les instructions, qu'il pouvait rester objectif s'il le souhaitait. Je devais continuer à rester détachée pour pouvoir observer chaque mouvement de très près. S'il y avait un signe quelconque que c'était trop difficile pour elle à gérer ceci, j'aurais immédiatement sorti Katie de sa transe. L'histoire ne vaut jamais la peine que ne soit compromis le bien-être du sujet.

En général, je suis tellement absorbée par le suivi du sujet que l'impact émotionnel de la session ne m'est pas évident avant que je n'écoute les bandes plus tard. Ensuite, moi aussi, je ressens l'accablante importance de ce qui a été dit.

D: Savez-vous comment il se sent à ce moment précis?
> S: Il est très calme. Il s'est éloigné de beaucoup de douleur. Cela aide quelque peu de savoir que ... il n'y a pas de souffrance totale.

D: C'est bien qu'il en ait cette capacité. A-t-il des sentiments envers les personnes qui lui le font subir?
> S: Il ressent un grand amour, sachant qu'ils ne peuvent pas savoir ce qu'ils font. Et il sait que beaucoup d'entre eux se rendront compte de tout grâce à ceci.

Il semblait au bord des larmes. Il n'y avait aucun doute dans mon esprit qu'il en était le témoin.

D: Voulez-vous aller de l'avant dans le temps et nous dire ce qui se passe? (J'ai essayé d'être très gentille avec lui, je savais que c'était un moment très difficile pour lui.) S'il vous est difficile de parler de certaines parties de tout ceci, vous pouvez les ignorer. Comme je l'ai dit, c'est un événement très important et le monde entier devrait en avoir connaissance. N'êtes-vous pas d'accord? (Il a répondu avec un "Oui" très émotif.) Je crois que tous de tout temps devraient savoir ce qui s'est passé.

S: *Il porte la croix à travers les rues. Et, c'est très lourd, et il tombe. (Cela a été parlé lentement, comme s'il observait tout se dérouler pas à pas.) Plusieurs personnes le côtoient pour l'aider à se relever. Les soldats disent à l'un d'entre eux qu'il doit l'aider à la supporter, son poids.*

D: Un des soldats ou une des personnes?

S: *L'un des spectateurs est choisi pour le faire.*

D: Comment cette personne se sent-elle à propos de ceci?

S: *Il ferait n'importe quoi pour soulager ce fardeau. Il y a beaucoup de joie en lui sachant qu'il a aidé d'une certaine manière.*

D: Que pense la foule à ce sujet?

S: *Ils sont en larmes. Quelques-uns se moquent en disant: "Pourquoi n'allez-vous pas vous-même le sauver?" Mais la plupart du temps, ils savent que peu importe ce que les autres disent qu'il est, il s'agit d'un très bel être humain. (Il prit une profonde respiration.) Sans faiblesses humaines. Il est passé au-dessus des problèmes quotidiens qui nous assaillent ... Ils l'ont mis sur la croix, il est étendu dessus et les bras liés. Et ses jambes. Et les pointes ... entrent ... dans la chair. (Plusieurs respirations profondes.) Il semblerait comme si le monde même était en train de se déchirer. Car les cieux qui étaient d'abord dégagés sont très sombres maintenant. Et les ténèbres grandissent. (Respiration profonde.) La croix est érigée, avec les deux autres. Elle est centrale. De ce point la plupart de la ville peut voir tout ceci. C'est sur une montée en dehors de la ville, afin que tous puissent voir.*

D: Pourquoi les nuages sont-ils venus et commence-t- il à faire noir? Est-ce causé par ceux de votre côté?

S: *C'est comme si le monde entier criait. Que cela ne doit pas être! (Respirations profondes.) Il demande que ... notre Père lui pardonne.*

D: pourquoi? Il n'a rien fait.

S: *(Une longue pause, puis un murmure.) Je ne sais pas. Puis il demande à Abba de pardonner aux autres pour avoir commis cet acte. Car ils ne savent pas mieux. (Une longue pause alors qu'il respirait profondément.)*

D: Les deux qui sont sur les autres croix, sont-ils de vrais criminels?

S: *Oui On lui a cependant parlé. Je ne sais pas vraiment ce qu'il a dit, mais l'autre l'a réprimandé. Lui demandant, s'il ne connaissait pas un homme vraiment bon? Et Yeshua l'a regardé et lui a dit qu'il serait avec lui aujourd'hui... dans son royaume.*

D: Qu'est-ce que ça veut dire?

S: *Il doit être ici. Je veux dire, ce n'est pas toujours le cas, mais il - je crois que cela a à voir avec ... même si c'est aux derniers moments de sa vie, il a acquis une compréhension de ce qui est.*

D: Y at-il quelque chose de différent à propos de son corps quand il est sur la croix? At-il quelque chose sur lui ou sur la croix?

Je me souvenais de toutes les images et statues que j'ai vues de Jésus.

S: *Il y a une pancarte grossière qui dit: "C'est le roi des Juifs", au-dessus de lui. Sur les autres, il n'est donné que leur nom et leur crime.*

D: Pouvez-vous voir ce qu'ils étaient?

S: *(Pause, il semblait lire.) Je ne suis pas sûr du nom. Celui à droite dit ... qu'il était coupable de vol, d'avoir volé les marchandises d'un autre homme. Je ne sais pas quoi. Je pense hors de la maison ou quelque chose comme ça. Mais l'autre était coupable de meurtre.*

D: Quel est celui qui, selon lui, serait avec lui?

S: *Ce serait le voleur.*

D: Qu'en est-il du corps de Yeshua? Y a-t-il quelque chose de différent?

S: *Il y avait - avant qu'il ne soit cloué sur la croix, il y avait un manteau qu'il avait jeté sur ses épaules... et des épines tramées autour de sa tête. Mais ceux-ci ont été enlevés quand il a été placé sur la croix.*

D: Il n'a pas la couronne d'épines sur sa tête quand il est sur la croix? (C'est toujours là dans les images.)

S: *Non ... Et les soldats sont au pied de la croix. Ils jouent, ils jettent beaucoup les dés. Une partie de la coutume veut que les objets personnels des criminels soient traités de cette manière. Qui gagne les lots gagne les vêtements ou autre. C'est ... le ciel est presque noir alors qu'il est tôt dans la journée. Mais, lui-même ... la force de son âme brille encore. C'est comme la seule étincelle de lumière aux alentours. C'est un de ces soldats, sachant que* c'est le sabbat ... il jette une lance dans l'un des voleurs pour s'assurer qu'il y a eu mort.

D: Que voulez-vous dire, sachant que c'est le sabbat?

S: *Les corps des félons sont toujours enlevés le jour du sabbat, peu importe le moment où ils ont été montés en croix. Par conséquent, être crucifié signifie mourir sur la croix, ce qui prend généralement des jours. Et ils doivent s'assurer qu'ils sont morts avant d'être autorisés à les descendre.*

D: Alors ils les tuent?

S: *Parce que le ciel s'assombrit et que le sabbat commence au crépuscule.*

Ce n'était pas encore le sabbat parce que le ciel s'assombrissait plus tôt que d'habitude.

D: je vois. Ils doivent les tuer. Les corps ne peuvent pas être laissés accrocher pendant le sabbat? Est-ce correct?

S: *Oui (Soudainement) il est parti! Il a quitté son corps!*

D: quoi? Est-ce que le soldat ne devait-il pas le tuer, lui aussi?

S: *Non. La tête est tombée sur l'avant à cet instant, au moment où il est parti de son corps. Ils sont curieux maintenant car ils ne peuvent pas croire qu'on puisse mourir aussi vite. Alors ils ont aussi jeté une lance sur son côté et le sang coule lentement.*

D: Ils veulent être sûr qu'il est vraiment mort?

S: *Oui*

D: Est-ce que son esprit reste près du corps physique?

S: *Il se tient avec sa mère alors qu'elle s'éloigne. Elle est consciente de sa présence.*

D: Est-ce qu'elle le sent présent ou est-elle capable de le voir?

S: *Je ne sais pas, mais elle est au courant.*

D: Restera-t-il à votre niveau?

S: *Pendant un petit moment, pas longtemps. Il y a des choses qui doivent être traitées, et ensuite il continuera.*

D: Qu'est-ce qui arrive au corps?

S: *Il est toujours suspendu ... On dit que la terre tremble, bien que je ne sache pas. Je sais qu'il y a des gens qui courent dans la terreur, car ils savent que quelque chose d'horrible vient d'arriver. Et ils disent qu'il y a des tremblements de terre.*

D: Vous ne pourriez pas le ressentir, n'est-ce pas? (Il secoua la tête négativement.) D'accord, avancez dans le temps et dites-moi ce qui arrive au corps. Pouvez-vous voir?

S: *Joseph (prononcé 'Yoseph') a demandé à Hérode qu'il soit autorisé à enlever ce corps. Et Hérode l'a envoyé à Pilate qui lui a donné sa permission.*

D: Pourquoi Hérode ne donnerait-il pas sa permission?

S: *Il a dit à Yoseph que ce n'était pas à lui de la lui donner. Parce qu'il a été tué par les Romains, c'était à eux de le faire.*

D: C'est Joseph, son oncle?

S: *Oui, et Pilate lui donne la permission de le faire. Et ils enlèvent le corps et celui-ci est placé dans la tombe.*

D: À qui est la tombe où il est déposé?

S: *C'est celle de Joseph. Il l'avait faite préparer.*

D: Était-ce pour lui-même?

S: *Non, c'était pour Yeshua.*

D: Il savait donc que cela allait arriver? Pensez-vous que Yeshua le lui avait déjà dit?

S: *Il n'était pas nécessaire d'en parler, car tous le savaient.*

D: Que font-ils avec le corps?

S: *Ils l'oignent avec les huiles, et de l'encens est allumé, et il est enveloppé dans du lin et ensuite est déposé à l'intérieur de celle-ci. Et la pierre est roulée sur la porte.*

D: La tombe était-elle scellée?

S: *Oui*

L'immense émotion avait maintenant disparue. La partie la plus difficile semblait avoir été de regarder son ami bien-aimé blessé, humilié et tué. Maintenant, sa voix était revenue normale.

D: Est-ce qu'il se passe autre chose?

S: *Au cours des trois prochains jours, ce ne sera plus. Car ce n'est plus nécessaire. Ensuite, cela sera parti.*

D: Le corps sera parti, vous voulez dire?

S: *Oui ... Je sais qu'il y a moyen de le faire, mais je ne connais pas la méthode.*

D: Que veux-tu dire exactement? Je pensais que vous vouliez dire que le corps était mort.

S: Le corps est mort, puisque comme il n'est plus nécessaire, il l'est. Il y un moyen de faire comme si ce n'était pas le cas. Je ne connais pas la méthode. Je ne peux pas mieux l'expliquer.

D: Oh? C'est quelque chose que vous ne vous comprenez pas?

S: Cela n'est connu que des maîtres.

D: Vous voulez dire que le corps disparaît, en d'autres termes?

S: Oui, c'est fait comme si... C'était de la poussière, que c'était, et que ce n'était plus.

D: Est-ce que les maîtres de votre côté font cela, ou les maîtres du côté terrestre?

S: Ce sont les maîtres de mon côté.

D: Pourquoi feraient-ils cela? Pourquoi le corps devrait-il disparaître?

S: Parce qu'il était prédit dans les prophéties qu'il se lèverait le troisième jour. Et pour se relever, ils doivent montrer que l'endroit où il a été déposé est vide. Et il ne peut pas être emmené par des moyens normaux. Que le corps ne puisse pas être... ils (ses amis) ne peuvent rien y faire. Par conséquent, cela doit être fait de ce côté.

D: Yeshua ne l'a-t-il pas fait lui-même? Au moment où le corps n'y est plus, où est-il?

S: Il est là avec eux, les aidant à le faire.

D: Ses forces jointes aux forces des autres maîtres?

S: Oui, avec les autres maîtres.

D: Ce devrait être très compliqué. Il faudrait être très avancé pour parvenir à le faire.

S: C'est fait avec l'aide des autres aussi. Je ne connais pas cette méthode. Je ne suis pas à ce niveau.

D: Et ils ont fait disparaître le corps. Serait-ce un bon choix de mot? (J'essayais de comprendre.)

S: Qu'il n'existe plus, oui.

D: pas plus. Eh bien, est-ce que Pilate ou qui que ce soit a pris des mesures de protection pour s'assurer...

S: (interrompant) Oui, il y avait des gardes dehors, parce qu'ils sont au courant de cette prophétie. Et ils savaient que d'autres parlaient de lui comme étant le Messie et donc il y avait des gardes postés là-bas.

C'est quelque chose qui a apparemment été mal interprété à travers les âges. Je pense que ce qu'ils essayaient de faire était de montrer que même le corps physique peut être fait pour transcender le temps et l'espace.

La tombe a été scellée et les gardes placés afin qu'il n'y ait aucune chance que le corps ne soit volé et emmené par des moyens normaux. Il fallait montrer que seules des forces surnaturelles anormales auraient pu enlevé le corps. Cela doit faire partie de la leçon de la tombe vide, pour prouver que ces forces supérieures existent et qu'il en faisait partie.

D: Vous avez dit que selon la prophétie il serait ressuscité. Est-ce que ça va arriver?

S: *Oui! Comment cela ne peut-il pas être! Il est à nouveau comme il était avant. N'est-ce pas en soi une résurrection? Car il est ressuscité de son corps qui est fait de poussière et d'argile et est à nouveau tel qu'il était.*

D: Je pense que les gens croient que cela signifie que le corps lui-même va s'élever. Vous savez, comme pour Lazare, quand vous en avez parlé.

S: *Mais alors, Lazare était à nouveau une entité humaine, et habitait son corps humain. Alors que le Messie, comme il a été rappelé, doit montrer qu'il y a une continuation après tout cela. Pas seulement pour dire que nous pouvons retourner dans le corps, cela a déjà été démontré. Mais il faut montrer qu'il y a de la continuité après. Qu'on est capable d'exister après que le corps humain ait cessé d'exister.*

D: Je pense que c'est ce que les gens pensent que la prophétie signifie, que le corps ressusciterait physiquement.

S: *C'est la raison pour laquelle il faut le détruire! Ainsi, ils doivent le savoir par d'autres moyens.*

D: Que se passera-t-il par la suite? Les gens découvrent-ils que le corps est parti?

S: *Vous voyez, c'est la coutume selon laquelle plusieurs jours après, le corps doit à nouveau être oint. Et sa mère et sa cousine étaient venues pour faire cela. Et la tombe a de nouveau été ouverte à cette fin, avec les gardes présents. Et ils ont trouvé qu'elle était vide.*

D: Mais sa mère était celle qui est venue avec une autre femme?

La Bible ne mentionne pas que la mère de Jésus était l'une des femmes qui soient venues au tombeau. Elle parle de Marie Madeleine, Marie, la mère de Jacques et " l'autre "Marie, selon la version que vous avez lue dans les différents chapitres.

D: Ce serait difficile à faire, je pense, de revoir le corps après plusieurs jours. Ce serait un réel acte d'amour, n'est-ce pas?

S: *Et qui serait la plus disposée à accomplir cet acte d'amour qu'une mère?*

D: Mais qui a ouvert le sceau?

S: *Les soldats ont aidé à ouvrir le sceau.*

D: Qu'ont-ils pensé quand le corps était parti?

S: *Bien sûr, ils ont dit que quelqu'un les avait contournés et volé le corps. Mais que pourrait-on en dire? Le linge était toujours là avec le sang dessus. Et tout était comme il avait été laissé.*

D: Et le sceau n'avait pas été brisé, n'est-ce pas?

S: *Non*

D: Qu'a ressenti sa mère lorsqu'elle a découvert que le corps avait disparu?

S: *Elle a su qu'il s'en était allé et qu'il s'était préparer pour continuer.*

D: Est-ce que Yeshua a continué ou est-il resté là-bas?

S: *Il y est resté un petit moment, car il doit s'adresser à ceux qui croient en lui et leur dire: "Ne soyez pas consterné. Pour savoir que tout est tel que je l'ai prêché." Il doit leur faire savoir qu'il n'a dit que la vérité. Et pour ce faire, il doit montrer qu'il est encore vivant ... pour eux.*

D: Il semblerait qu'il leur parle. Pourraient-ils avoir la possibilité de le voir et de l'entendre?

S: *Oui, car ils possèdent cette capacité. Tous ceux qui s'ouvrent ainsi développent cette capacité et peuvent le voir. Beaucoup l'ont fait.*

D: Pensez-vous qu'ils le voyaient comme une personne physique?

S: *Oui, mais une qui soit ... différente. Qui ressemble plus à un des êtres de lumière que de posséder un corps terrestre. Ce n'est pas quelqu'un avec lequel vous pourriez avoir la possibilité peut-être d'atteindre avec votre main et de toucher, car votre main passerait au travers.*

D: Mais ils ont pu le voir?

S: *Oui. Savoir que c'était vrai.*

D: Est-ce qu'il a encore des marques sur le corps spirituel? (Je pensais à l'endroit où ils avaient enfoncé les clous.)

S: *Oui, pendant un petit moment, il fera écho aux choses qui lui auront été faites. Parce que c'était une façon de le leur prouver. Ôter tout doute qu'il était peut-être vraiment celui qu'il a dit qu'il était.*

D: Avez-vous douté?

S: *Comment peut-il ne pas y avoir un peu de doute chez l'homme? Car c'est sa nature.*

D: C'est pourquoi il portait toujours l'image, pour ainsi dire, des marques? Pour prouver qui il était?

S: *Oui*

D: Et d'autres, l'ont vu aussi? Nous avons entendu beaucoup d'histoires. Certaines d'entre elles disent qu'il est apparu comme son corps physique et qu'il a marché sur la terre.

S: *C'est lui tel qu'il est vraiment, plutôt que tel qu'ils le connaissaient.*

D: Et le corps physique était complètement mis en pièces, pour ainsi dire.

S: *Réduit en poussière et en cendre, oui.*

D: Cela tombe plus sous le sens, réduit en cendres.

Il semble que l'histoire de l'ange et de la pierre roulée ait peut-être été une dissimulation inventée plus tard par les soldats pour sauver leurs propres peaux. Dans les récits circulant au fil des ans, il semble que le véritable miracle de la résurrection ait été obscurci. À mon avis, ce miracle était la désintégration du corps physique et l'apparition du corps spirituel. Comme il a été vu par tant de gens, il espérait prouver la continuité de la vie après la mort, car son corps physique n'était plus. Ce point principal semble avoir été assombri et confus par le dogme religieux qui s'est développé autour de cette question au fil des ans. Suddi avait raison, des centaines de personnes ont retrouvé leurs corps physiques après avoir été déclaré cliniquement mort. Ce phénomène n'est pas aussi unique que l'ont affirmé les églises. Apparemment, les maîtres essayaient aussi de montrer ainsi le peu d'importance qu'a un corps physique.

D: Vous avez mentionné les êtres de lumière. Qu'est-ce que ça veut dire? Est-ce la nature de la personne quand elle quitte le corps physique?

S: Ce sont ceux, parmi ses membres, qui n'auront plus besoin de revenir. Qui sont parvenus à l'étape suivante pour n'être plus qu'un à nouveau avec Dieu. Ce sont ceux qui viennent nous aider et nous guider de nombreuses manières pour nous orienter sur notre chemin.
D: Qu'est-il arrivé à Yeshua?
S: Il est finalement retourné pour être un avec les autres. Être avec les maîtres et notre Dieu, tel que nous le connaissons.
D: Est-ce que quelqu'un l'a vu quand tout cela s'est passé?
S: On dit que sa mère était là. Et ils ont vu qu'il y avait un mélange de lumière, et puis il n'était plus.
D: Comme d'être allé sur l'autre plan vibratoire. Serait-ce une façon de le dire?
S: Oui
D: Où est Yeshua maintenant? Est-il sur le plan où vous êtes?
S: Il est avec les maîtres. Il n'est pas là. Je ne suis en aucune façon proche de ce niveau.
D: Savez-vous à quel niveau cela se trouve?
S: Le neuvième au moins. Très proche du dixième niveau.
D: Combien de niveaux y a-t-il dans sa totalité?
S: Dix est la perfection.
D: S'il est à ce niveau, vous n'auriez aucun moyen de le voir maintenant. Est-ce exact?
S: Sauf s'il est descendu chez nous, non.
D: Je vois ... Nous avons entendu des histoires selon lesquelles des gens disent l'avoir vu.
S: Je n'en doute pas.
D: Je veux dire de nombreuses années après son départ, après qu'il ait quitté la Terre.
S: Mais pour nous, une année n'est qu'un instant, alors comment est-ce impossible?
D: Permettrait-il aux gens sur terre de le voir ainsi alors?
S: S'il le désirait. Peut-être que si cette personne avait encore quelque chose à faire, et qu'ils doutaient toujours. Ne se révélerait-il pas à eux? Afin de leur faire savoir que ce auquel ils croyaient est la vérité.
D: Selon leur système de croyance, cela les aiderait?
S: (Il montrait de la frustration en essayant de nous faire comprendre.) Je fais face à beaucoup de difficulté pour vous

l'exposer. S'il y avait une grande tâche à accomplir pour ces personnes, telle que de répandre la nouvelle, de dire qu'il est toujours vivant et d'en informer les autres, ne se révélerait-il pas à eux? Pour qu'ils sachent que ce auquel ils croyaient était correct.

D: Je pensais qu'il était peut-être trop occupé sur l'autre niveau. Qu'il ne reviendrait jamais sur terre pour des choses comme ça.

S: S'il n'avait pas à prendre soin de l'homme, il ne serait pas venu en premier lieu.

D: Pouvez-vous nous dire les raisons de sa mort par crucifixion? À notre époque, là où en sommes, nous cherchons à partir de là, il nous est dit qu'il est mort pour nos péchés. Il y a un certain désaccord à ce sujet. Ne sommes-nous pas responsables de nos propres actions?

S: *(soupir) C'est une question d'un grand poids.*

D: Il y aurait beaucoup de réponses, je suppose.

S: *Il y a beaucoup d'influences sur ces réponses. Il devait être crucifié pour être ridiculisé par d'autres. Pour montrer que, lorsqu'il a vécu à nouveau, il a pu s'élever au-dessus de tout cela et que nous aussi pouvons également y parvenir. C'est quelque chose qu'il devait traverser pour ses propres leçons ainsi que pour d'autres significations. Qu'il n'était ainsi pas aussi parfait, n'est pas aussi parfait que d'autres auraient voulu peut-être le supposer. Qu'il était prêt à payer les pénalités et à montrer que nous ne devrions pas également en avoir peur. Et, en payant pour ce que nous avons fait, alors nous pouvons également nous élever au-dessus de tout cela, cela ferait partie du raisonnement derrière tout ceci. C'est pour montrer que cela peut être fait par l'homme, que l'homme peut faire de telles choses.*

D: Alors quand ils disent qu'il est mort pour les péchés de tous les peuples du monde, est-ce que cela a du sens pour vous?

S: *Comment peut-il mourir pour les péchés de quelqu'un d'autre? Vous devez tous payer pour les vôtres. Si ce n'est pas le cas, alors peut-être la prochaine fois ou même dans la suivante. Mais finalement, vous devez supporter ce que vous avez fait supporter aux autres à cause de vos choix.*

D: Alors sa vie, sa mort ne va pas effacer les péchés des autres?

S: *Il y a une loi de grâce qui existerait. Mais ce n'est pas parce qu'il a payé pour vos péchés, mais parce que vous l'accepteriez comme* étant digne et peut-être comme un messager de Dieu. Et la loi de grâce traite de l'amour de Dieu pour vous, non pas parce qu'il est mort pour nos péchés.

D: Et bien, alors les gens ont mal interprété cela, n'est-ce pas?

S: C'est très possible. L'homme interprète très mal beaucoup de choses.

D: Nous devrions essayer d'être comme lui. Mais cela ne signifie pas nécessairement que nous devons le suivre dans une façon d'adoration totale. C'est la manière qu'il nous a montrée, et que nous devrions imiter. Est-ce correct?

S: C'est correct. Il est presque au niveau d'un culte, car il avait pu le faire. Et il a montré que cela était possible d'être fait. Par conséquent, on se doit d'en être émerveillé, mais il ne doit pas être vénéré. Il ne doit pas être défié, parce que nous faisons tous partie de Dieu.

D: Pensez-vous qu'il veuille être vénéré?

S: *Il veut qu'on se souvienne de lui, mais peut-être pas de la manière dont beaucoup se souviendront de lui. Fondamentalement, il avait en tête un concept similaire à un guide, un guide spirituel destiné à guider les gens vers une plus grande illumination, afin de les aider à atteindre un plus grand pouvoir en eux-même. Pour les aider à devenir plus spirituels dans leurs perceptions. Il se considérait principalement comme un assistant, un guide, un exemple, comme un bon ami qui vous aide avec des conseils.*

D: Il y a beaucoup de gens qui penseront de lui comme un Dieu à part entière. Il est difficile de penser à lui comme un être humain.

S: *Nous faisons tous partie de Dieu. Certains d'entre nous en sont plus conscients que d'autres. Je dirais qu'il est l'une de ces personnes. Mais le considérer et le déifier de son propre chef, et séparément, c'est une erreur.*

D: C'est ce que je crains que les gens ne fassent à l'avenir. Le déifier et déifier sa mère, parce qu'elle en était la mère.

S: *Si cela signifie qu'ils vivront comme eux, c'est très bien. Mais si cela signifie qu'au lieu de cela, ils les transformeront en dieux, puis diront: "Parce qu'ils sont si sages, ils me pardonneront pour tout ce que je ferais." Et aller d'avant dans l'action, et la faire quand même, ceci serait un très gros problème. Il était simplement conscient, et elle était également très consciente à bien des* égards, de ce qui soit possible pour nous tous. Il faut juste faire face à beaucoup de combat pour l'atteindre.

D: Serait-il une personne qui encouragerait les gens à penser par eux-mêmes ou plutôt à le suivre aveuglément?

S: *Ne jamais le suivre aveuglément! Toujours questionner. Réfléchir par soi-même, c'est prendre une décision d'autant plus grande. Parce qu'elle était prise plutôt que juste transmise. Si on ne questionne pas, on n'a pas la foi. Parce que vous ne pouvez pas penser à quoi que ce soit si vous ne l'interrogez pas dans sa totalité et, ne la regardez pas sous tous les angles. Et puis quand cela aura été fait, si vous croyez, si vous trouvez ça bon, alors ça vaut la peine d'y croire.*

D: Certaines personnes disent que chaque fois que vous remettez quelque chose en question, ceci est l'œuvre du diable ... si vous possèdez un diable dans votre société.

S: *(soupir) Le diable n'existe pas! (Doucement, mais fermement, comme si vous parliez à un enfant têtu.) À l'intérieur de vous, il y a deux parties. Il y a la partie qui est interrogative, qui peut être amenée à y ramener le mal. Mais c'est aussi une très bonne partie, en ce sens que cela vous fait réfléchir à des choses et à des personnes. Parce que tout le monde n'est pas bon. Accepteriez-vous une personne à sa valeur nominale si elle vous souriait mais avait un couteau qui vous poignarde dans le dos? Il est nécessaire de remettre en question les choses, mais vous devez aussi conserver la foi. Il a été démontré que cela est vrai. Vous pouvez avoir confiance en certaines choses. Cela ressemble à un paradoxe, mais cela ne l'est pas... vraiment.*

Il devenait frustré. Il ressentait une si grande passion pour ce sujet et essayait si fort de nous faire comprendre.

D: je comprends. Vous faites un bon travail ... Mais comment savoir quand nous découvrons de nouvelles connaissances, si c'est la vérité? Comment pouvons-nous nous le faire réaliser?

S: *(soupir) La vérité... ça pourrait te rendre triste. Mais quelque part au plus profond de toi, tu sait que c'est la vérité. Si tu ne peux que t'ouvrir à elle, tu sauras quand les choses sont vraies ou quand elles ne le sont pas. Parce que cela est là en soi, à ta disposition.*

D: Parfois, lorsque nous découvrons de nouvelles connaissances, les gens nous disent que c'est mauvais.
S. *Est-ce que ça fait du mal à qui que ce soit d'une quelconque façon? Est-ce dangereux? Cela ne veut pas dire que cela ne vous rend pas triste. Mais si ça fait du mal à quelqu'un, ça ne peut pas vraiment être bon. Si cela ne fait aucun mal, prenez-le et étudiez-le. Et trouvez-y la vérité. Découvrez ce qui est bon à son sujet.*
D: N'est-il pas vrai que de votre vivant, dans les synagogues et les différentes religions, plusieurs d'entre elles ont dit: "Ne te pose pas de question, accepte seulement?"
S: *La plupart d'entre elles ont dit cela, oui. Cela a été indiqué.*
D: Vos gens étaient différents, n'est-ce pas? Les Esséniens, ils aimaient poser des questions.
S: *Oui*
D: Pouvez-vous nous dire si le Christ reviendra sur terre dans le futur?
S: *Oui, il reviendra.*
D: Est-ce que les gens seront au courant de sa venue à l'avance, comme vous le saviez cette fois-ci, ou viendra-t-il soudainement?
S: *Il y en aura certains qui le sauront.*

Cette session est apparue très difficile pour Katie. Elle était très tendue et émue en regardant la crucifixion, comme si c'était extrêmement douloureux. Bien sûr, quand elle fut avancée dans le temps et s'est réveillée, elle ne se souvint de rien de ce qu'elle avait vu et se sentait très bien. Je me rends compte que cette session ouvrira beaucoup de controverse. Mais je pense que cela devrait être examiné et ré-examiné pour savoir ce que c'est vraiment, une vision alternative de certains des événements les plus importants de notre culture.

Ce qui m'étonne le plus dans ce récit, ce n'est pas l'inexactitude, mais l'exactitude, que la version que nous avons dans notre Bible ait pu descendre à travers deux mille ans et se retrouvée aussi intacte qu'elle est, est un fait vraiment remarquable. Qu'elle ait pu traverser cet âge de ténèbres alors qu'une si grande quantité de connaissances irremplaçables y a été égarée et qu'elle ait pu perpétuer malgré divers scribes, traducteurs et exclusions et inclusions délibérées, est vraiment en soi un miracle. Aucun être humain rationnel et bien pensant ne peut s'attendre à ce que ce soit la vérité littérale mot à mot lorsque nos propres livres d'histoire récents contiennent de nombreuses contradictions. Même les informations modernes varient selon le point de vue du journaliste. Nous ne devrions pas chicaner à propos de ces différences, mais être reconnaissants que nous ayons cette histoire. Le fait que la Bible ait survécu est vraiment un cadeau de Dieu.

CHAPITRE 26

Le but de la crucifixion et de la résurrection

Je réalise que des volumes entiers ont été écrits sur ce sujet et que beaucoup d'autres s'y attèleront encore dans le futur. Je veux voir quelle interprétation je peux tirer de ces informations qui m'ont été données à propos de Jésus au travers des régressions. Afin de faire cela, je devrais effacer toute l'instruction religieuse par l'église et tous les dogmes auxquels j'ai été exposée depuis mon enfance, je devrais tout regarder avec des yeux neufs, voir et entendre son histoire pour la première fois. Ce serait très difficile. Le "lavage de cerveau" commence très tôt et est profondément enraciné. J'espère tenter de découvrir ce que Jésus a dit à l'humanité.

Qu'est-ce qu'il essayait vraiment de communiquer au monde par sa crucifixion? Quel était le vrai message derrière la résurrection? Ce sont des questions lourdes et profondes, et je ne suis pas une philosophe. Mais je souhaite présenter ce que j'ai tiré de l'histoire et quelles leçons m'y ont été enseignées. Quelqu'un d'autre pourrait voir beaucoup plus que moi, et une autre personne pourrait encore y trouver quelque chose de totalement différent. Chacun possède son propre point de vue, coloré par ses expériences de vie, et les gens ne pourront jamais se mettre d'accord sur quelque chose d'aussi profond et personnel que les croyances religieuses. Mais mon interprétation peut aider quelqu'un qui tâtonne dans les ténèbres de la confusion.

Nous avons tous été créés au même moment et nous sommes tous enfants de Dieu dans ce sens. Quand nous sommes venus sur terre pour faire l'expérience de la vie, nous nous sommes trouvés pris par le monde physique. Nous avons oublié notre lieu d'origine. Tout du moins nous avons oublié le niveau de notre conscience. Au plus profond, une étincelle encore se souvenait et aspirait à rentrer "à la maison" chez le Père aimant qui nous avait créés. Il attendait patiemment, car il ne sait rien du temps; attendant que ses enfants découvrent une fois de plus leur potentiel et leur destin. Mais l'humanité a profité de la vie et s'est absorbée dans les voies du monde, faisant erreur après erreur, s'enforçant davantage par la loi du karma. Y avait-il un moyen de nous en sortir? Plus les êtres humains vivaient, plus ils se créaient de karma. Nous ne pourrions pas retourner à Dieu avant d'être à nouveau parfaits, après avoir racheté tous les torts que nous avions causés à nos semblables.

Cela semble sans espoir. Pour chaque erreur que nous avons remboursée, nous en avons fait deux autres. Nous sommes sur une roue qui tourne en rond et ne va nulle part, parce que nous ne comprenons pas ce que nous devons faire pour repartir. Comment l'humanité pourrait-elle remonter si c'est un cas de tourner constamment en rond? C'est ce pour lequel Jésus est venu "sauver" l'humanité. L'humanité avait besoin d'un exemple, de quelqu'un pour lui montrer le "Chemin". L'humanité s'est retrouvée dans le chaos lorsqu'elle a eu recours au libre arbitre. Dieu n'a pas puni, il a trop aimé ses enfants pour cela. Il leur a permis de commettre leurs propres erreurs et, espérons-le, ils apprendraient d'eux-mêmes, verraient "la lumière" et trouveraient le moyen de se ramener "à la maison". Puisque Dieu n'interférera pas (il peut seulement aider et guider), il a décidé d'envoyer quelqu'un pour nous servir d'exemple.

Je crois que Jésus ou Yeshua était un maître de la dixième dimension. Cela signifie qu'après un nombre incalculable de vies remplies par des faiblesses humaines, il avait enfin atteint la perfection et était retourné au côté de Dieu d'où il était venu. Seul ce type d'entité pourrait éventuellement résister à être aspiré dans les ténèbres et la fange de l'existence humaine. Même pour un maître, c'était dangereux, car l'attrait de la chair est très tentant, et il pourrait oublier son but en venant.

Il était important qu'il vienne, car nous devons tous entrer dans un corps humain, physique et être exposés à toutes les épreuves auxquelles l'homme doit faire face. Il devait montrer qu'il pouvait s'élever au-dessus de celui-ci. S'il pouvait le faire, l'humanité le pourrait également. Il devait apprendre toutes les connaissances du monde afin de comprendre la période dans laquelle il vivait. Il devait être formé à l'utilisation complète de l'esprit afin d'en montrer ses merveilleuses capacités. Pour montrer qu'un être humain n'était pas simplement un corps animal, mais une création spirituelle suprême.

Il n'a jamais prétendu une capacité à faire des miracles, mais il a dit aux gens qu'ils pouvaient eux aussi faire ces choses là et des choses encore plus merveilleuses. Il a dû apprendre la méditation pour pouvoir rester proche de la source d'où il était venu. De cette façon, il pourrait toujours garder son objectif en vue et ne pas s'en laisser détourner. Son but était de montrer à l'humanité, à travers son exemple, comment elle devrait vivre. La plus grande leçon à retenir était d'aimer ses semblables sur la terre. Si l'amour était présent, aucun autre karma négatif ne pourrait être créé. Si l'amour était présent, il n'y aurait plus de guerres et ni de souffrances. L'humanité pourrait sortir du karma et recommencer à gravir les échelons. Jésus était l'exemple parfait de ce que chaque personne avait en elle et de ce qu'elle était capable d'atteindre. Mais ils n'ont toujours pas compris. Sa perfection les effraya et les confondit. Ils le craignaient parce qu'il était différent et leur seule solution était de le tuer.

Je crois que le but de la crucifixion était de démontrer par un contraste saisissant ce que l'humanité était devenue, les profondeurs jusqu'où elle avait sombré. Je crois que Dieu offrait un choix aux gens: restez sur votre route actuelle et devenez comme ces créatures viles et dégradées sans conscience, qui ne pensent qu'à leurs existences temporelles et mondaines; ou essayez de poursuivre votre vie par son bel exemple et vous pourriez vous élever au-dessus du chaos du monde et atteindre la perfection.

Il avait acquis une compréhension de l'esprit et n'avait donc pas à souffrir extrêmement sur la croix. Il a pu quitter son corps à volonté et est décédé plus tôt que cela est fait d'ordinaire. Les souffrances longues et prolongées n'étaient pas le but, l'exemple et le contraste l'étaient. De cette façon, il est vraiment mort pour toute l'humanité. S'il n'avait pas vécu, l'homme serait toujours à tâtons dans le noir sans l'exemple brillant de cette vie parfaite.

Je crois que le but de la résurrection a également été perdu et est confus dans la pensée des gens. Dieu a voulu montrer que le monde physique n'est pas tout, que l'homme était plus. Une âme éternelle, un esprit qui ne pouvait être étouffé. Que l'esprit avait une continuité et pouvait exister après que le corps ait cessé de fonctionner. Entrer à nouveau dans le corps n'aurait pas prouvé ce que les maîtres essayaient de nous exposer. Cela aurait seulement montré qu'il est possible de continuer dans le corps physique. Ainsi, le corps terrestre de Jésus devait disparaître complètement.

Le corps avait été scellé dans la tombe. Des gardes romains et juifs avaient été postés à l'extérieur de celle-ci. Ni les uns ni les autres ne faisaient confiance aux autres et ils voulaient être certains que personne ne pourrait passer et voler le corps. Avec la tombe scellée et gardée, les maîtres sont allés travailler avec l'aide de Jésus pour désintégrer le corps, le décomposer en atomes et le transformer en poussière. C'était comme si le processus naturel de pourriture et de décomposition avaient été accélérés pour devenir presque instantanés. Les bandelettes de lin ont été laissées pour montrer que le corps n'avait pas été physiquement enlevé. Lorsque les gardes ont eux-mêmes ouvert la tombe et ont trouvé le corps manquant, il était évident qu'il avait été impossible de le dérober. Cela n'aurait pu être accompli que de l'autre côté, par le côté spirituel.

Plus tard, quand beaucoup de gens ont vu la figure du Christ, ils ont dû savoir que c'était la partie de l'homme qui survivait à tout et serait éternelle. Que l'esprit était la vraie nature de l'homme, et qu'il y avait quelque chose au-delà de la simple existence terrestre à laquelle l'homme s'accrochait si farouchement. Ils auraient à le croire, car le corps ne pourrait pas revenir, il avait été complètement détruit.

Mais d'une certaine manière, à travers les âges, tout cela est devenu embrouillé et confus. Les soldats ont reçu l'ordre, sous la menace de mort, de garder la tombe. Le Sanhédrin et les Romains étaient au courant des prédictions selon lesquelles la résurrection aurait lieu. Ils ne devaient rien laisser arriver à ce corps. Quand ils ont ouvert la tombe et ont trouvé le corps disparu, les soldats craignaient pour leur vie. Je peux imaginer que pour sauver leur propre cou, ils ont raconté l'histoire de l'ange qui roulait la pierre et du Christ qui s'en allait.

On sait que le Sanhédrin a ensuite payé les soldats juifs pour leur annoncer que quelqu'un les avait dépassés dans la nuit et leur avait volé le corps. Ces histoires ont été acceptées et transmises à travers les siècles car elles étaient plus faciles à comprendre. Le but réel de la résurrection était apparemment trop compliqué et obscur pour leurs esprits. Il y a peut-être également eu d'autres raisons pour nier l'histoire vraie. La peur crée des choses étranges chez les personnes.

Si vous examinez les récits bibliques, vous découvrirez que de nombreuses références à Jésus après la mort apparaissent et disparaissent soudainement parmi des groupes de personnes. Ces histoires sont plus représentatives de l'esprit que du corps humain.

L'histoire de la vie de Jésus est si belle en tant qu'exemple d'amour parfait qu'il nous a laissé. Je ne peux pas comprendre la nécessité des pièges surnaturels qui s'y sont accumulés. Pourquoi l'histoire qu'il est né d'une vierge? Larson dit dans son livre, "The Essene Heritage" (non traduit en français et épuisé), que cela vient des anciennes croyances égyptiennes selon lesquelles un dieu doit toujours avoir des débuts non naturels. Il y a beaucoup de théologiens érudits qui ne croient pas au concept de la naissance virginale. Pourquoi était-ce nécessaire? Il était transformé en un dieu par des gens qui ne comprenaient pas les raisons de sa venue. Il ne voulait pas être un dieu, il n'a jamais eu l'intention d'être adoré. C'était ce que faisait l'homme. Quel meilleur moyen de l'honorer et de se souvenir de lui qu'en essayant de vivre comme lui?

Bien sûr, ce n'est que ma propre interprétation et mon opinion. Mais quelle chose terrible s'il avait vécu et était mort et que le vrai sens de tout cela devait être perdu dans l'obscurité.

Aucune explication ne suffirait à relater pourquoi une jeune fille normale vivant au XXe siècle est capable de fournir assez d'informations sur une civilisation perdue pour remplir tout ce livre. Une chose est sûre, cela a été fait par des moyens paranormaux. Il y aura sans aucun doute d'innombrables arguments à propos de ce phénomène, qu'il s'agisse de la réincarnation, de la possession d'esprit ou de nombreuses autres explications. Personnellement, je préfère la théorie de la réincarnation. Mais pour moi, cela n'a plus d'importance. Pendant les trois mois où j'ai travaillé avec lui, Suddi ben Zahm est apparu comme une personne bien réelle. Personne ne peut jamais me convaincre qu'il n'a pas vécu.

En soi, la vie de Suddi n'a rien qui ne soit vraiment remarquable voire excitante. C'était un homme calme et paisible, empreint de bonté et d'une compréhension innée, qui a consacré sa vie à la préservation et à l'enseignement de la connaissance. Au cours de ses rares voyages dans le monde extérieur, il semblait déçu par la condition humaine. Le caractère unique de sa vie provenait des personnes avec lesquelles il vivait et du fait qu'il ait été en mesure de se familiariser si étroitement avec peut-être le plus grand être humain qui n'ait jamais vécu. Cela semblait lui apporter de la joie, d'avoir pu être un spectateur vivant au temps de l'accomplissement des prophéties et avoir été une aide dans l'enseignement (ou l'épanouissement) du Messie.

Ce croisement de leurs deux sentiers à Qumran est important car il a permis de décrire un domaine inconnu de la vie de Jésus. Cela nous a donné la possibilité de retrouver le côté humain même d'un homme dont la déification a rendu son image démesurée. Après cette expérience, il n'est plus un visage sur une image, une statue froide ou une silhouette molle suspendue à un crucifix. Il vit, il aime et prend soin de tous les hommes. L'association de Suddi avec lui m'a illuminée d'une manière que je n'aurais jamais cru possible.

L'histoire de la vie de Suddi est également précieuse en raison de la merveilleuse connaissance qu'il nous a transmise pendant deux mille ans. Pour ce partage, nous serons éternellement reconnaissants. Il nous a montré un côté de l'ancien esprit dont nous n'avions jamais su l'existence.

Je ne peux que dire à Suddi: "Je suis heureuse que vous ayez vécu." "Je suis reconnaissante que vous ayez choisi de nous parler. Je vous remercie du fond de mon être d'avoir partagé cette information. Je ne vais jamais vous oublier."

ADDENDUM

AJOUTÉ EN 2001

Après la mise en impression de" Jésus et les Esséniens " en Angleterre en 1992, j'ai commencé à voyager et à donner des conférences concernant ce livre. J'ai notamment pris la parole dans une école lors de cours d'été du réseau Essene (Essene Network Summer School), dans le Dorset, pendant plusieurs années. Lors de l'une des premières conférences, un homme dans l'auditoire a posé une question qui m'a fait réfléchir. Je parlais des voyages de Jésus avec son oncle, Joseph d'Arimathie, et du fait qu'il était un riche négociant, qui négociait de l'étain et du tissu. L'homme demanda: "Où Joseph a-t-il trouvé de l'étain?" J'ai répondu que je ne savais pas, que je n'y avais pas pensé. Ensuite, le public a déclaré qu'il y avait beaucoup de vieilles légendes dans cette partie de l'Angleterre au sujet des mines d'étain, et que Joseph y était venu. J'avais entendu parler de ses liens avec Glastonbury et le calice. Mais je n'avais jamais entendu parler des mines d'étain. Ils ont dit que la population locale y chantait encore une chanson "Joseph était un homme en étain" ("Joseph was a tin man").J'ai trouvé cela fascinant parce que cela vérifiait encore une autre partie de l'histoire que nous avions reçue. J'ai dit au public que j'aimerais bien en savoir plus sur ces légendes. En conséquence, au cours des années suivantes, j'ai reçu des livres et des brochures de mes lecteurs anglais. Les recherches effectuées par les auteurs semblent reposer sur des archives et une histoire solides. J'ai décidé que si ce livre était imprimé aux États-Unis, j'ajouterais un addendum concernant cette recherche. Il est absolument incroyable de voir comment toute l'histoire continue de résister à tout examen minutieux, et des morceaux continuent à y être ajoutés.

***

LE DRAME DES DISCIPLES PERDUS par "George F. Jowett, 1993, Covenant Publishing Co. Ltd., London Ce livre est très renommé comme étant l'histoire la plus complète que j'ai pu lire. C'était probablement l'inspiration des autres. Tandis que les autres livres laissaient entendre que toute l'histoire de Joseph en Angleterre pouvait être un mythe ou une légende, ce livre cite d'anciens documents historiques datant de l'époque romaine voire antérieure. Ses sources ne peuvent être contestées. C'est une histoire oubliée en ce qui concerne la fondation de la religion chrétienne et qui doit être racontée et rapportée à ceux de notre époque, même si elle va probablement bouleverser de nombreuses personnes qui sont enracinées dans les dogmes de l'église. C'est un privilège et un droit accordé par Dieu de penser par soi-même et d'être constamment à la recherche de la connaissance. C'est la seule façon de trouver les réponses, aussi décevantes qu'elles puissent nous paraître parfois. Nous devons constamment nous efforcer de restaurer l'histoire «perdue» et de la préserver pour notre postérité. Mon travail est consacré à cette fin unique.

***

Joseph d'Arimathie n'est mentionné qu'en passant dans la Bible. Il est considéré comme l'homme riche qui a réclamé le corps du Christ et lui a abandonné son tombeau pour l'enterrement après la crucifixion. Selon les lois juives et romaines, à moins que le corps d'un criminel exécuté ne soit immédiatement réclamé par le plus proche parent, il est jeté dans une fosse commune avec d'autres, où tout enregistrement physique le concernant est complètement effacé. Joseph, le tuteur de la famille, s'est personnellement adressé à Pilate pour obtenir l'autorisation de réclamer le corps, le retirer de la croix et le préparer pour l'inhumation dans son sépulcre privé situé sur son domaine. Cependant, il ya bien plus à son histoire, beaucoup qui été oublié et "perdu" dans le temps. L'histoire est splendide et doit être rapportée aux gens de notre génération.

D'abord l'histoire, par rapport avec notre information découverte par la régression sous hypnose qui est rapportée dans ce livre. Joseph d'Arimathie était bien l'oncle de Jésus, apparenté à Marie. Il était le frère cadet de son père. Il était l'un des hommes les plus riches de leur époque, pas seulement à Jérusalem. C'était un magnat du métal qui contrôlait l'industrie de l'étain et du plomb. L'étain était aussi précieux que l'or à cette époque, le principal métal utilisé dans la production du bronze. C'était une nécessité ultime dans tous les pays et très demandée par les Romains en guerre. Le contrôle mondial de l'étain et du plomb par Joseph était dû à ses vastes avoirs dans les anciennes mines d'étain de Grande-Bretagne. Il avait acquis et développé ce commerce plusieurs années avant que Jésus ne commence son ministère. La majeure partie de l'étain dans le monde avait été extraite en Cornouaille, fondue en lingots et exportée dans le monde civilisé, principalement dans les navires de Joseph. Il possédait l'une des plus grandes flottes de navires marchands privés à flot qui se négociaient dans tous les ports du monde connu.

Joseph était également un membre influent du Sanhédrin et un membre législatif du Sénat romain de la province. Il possédait un palais dans la ville sainte et une belle maison de campagne juste à l'extérieur de Jérusalem. À plusieurs kilomètres au nord, il possédait un autre domaine spacieux à Arimathée, situé sur la route caravanière très fréquentée entre Nazareth et Jérusalem. C'était un homme important et influent dans les hiérarchies juive et romaine.

Après la mort de Joseph, le père de Jésus, alors que Jésus était très jeune, Joseph d'Arimathie a été nommé tuteur légal de la famille en tant que proche parent. Ceci explique l'association de Jésus avec son oncle dès son plus jeune âge et sa capacité à voyager avec lui lors de ses voyages.

Il y a beaucoup de légendes en Angleterre qui nous racontent des faits selon lesquels Joseph se serait rendu dans les îles pour négocier de l'étain, et amenait souvent son neveu Jésus avec lui. Moins souvent, Marie, la mère de Jésus, les accompagnait, ceci surtout quand Jésus était plus jeune. Cela ne semblerait qu'une piste intéressante, si ce n'est que nous savons par l'histoire de ce livre que Jésus est allé avec Joseph dans tous les pays du monde connu sous le déguisement de simples voyages pour des missions commerciales. En fait, il était amené à étudier avec les divers enseignants érudits et à étudier les mystères des anciens enseignements. Cela correspond très bien aux histoires de Jésus et de Joseph en visite en Angleterre pour transporter le précieux étain. Pendant de nombreux siècles, la Grande-Bretagne était le seul pays au monde où l'étain était extrait et raffiné et s'appelait " The Tin Island." (L'île d'étain). Dans la fabrication du bronze, l'étain était l'alliage principal. Ainsi, on peut affirmer sans crainte que l'âge du bronze a pris naissance en Grande-Bretagne. Le commerce de l'étain existait déjà aussi tôt que 1500 ans avant JC, et était la source de l'alimentation mondiale. Les Phéniciens étaient les premiers habitants de la Grande-Bretagne et des mineurs de plomb et d'étain. Beaucoup d'anciens écrivains disent que les Phéniciens sont venus pour la première fois en Cornouailles plus de 4000 ans avant la naissance du Christ. Ils avaient le monopole du commerce de l'étain et gardaient jalousement le secret de l'emplacement des mines d'étain. Plus tard, lorsque les Romains ont essayé de suivre leurs navires pour trouver l'emplacement, les Phéniciens ont délibérément coulés leur navire.

Les Phéniciens étaient une race mystérieuse. C'étaient des hommes grands, aux cheveux roux et aux yeux bleus - pas un peuple méditerranéen. Les érudits ont eu beaucoup de difficulté à retracer leur origine, car phénicien signifie «red headed men» (hommes à la tête rouge) et ce n'est pas le nom ce qu'ils se donnaient eux-même. Ils étaient connus sous différents noms dans différentes parties du monde. Dans les premières annales bibliques, ils sont appelés le peuple de Tarsis. Il y en a qui croient qu'ils étaient les habitants du continent perdu de l'Atlantide! Une chose est sûre, quel que soit leur nom, ils étaient liés au commerce de l'étain en provenance de la Grande-Bretagne. Un autre mystère à résoudre serait de savoir comment, quatre mille ans avant la naissance du Christ, ils ont su qu'il y avait de l'étain en Cornouaille. Comment ont-ils pu naviguer sur des mers inconnues, trouver une terre dont ils ignoraient l'existence et creuser pour trouver un métal dont ils ne savaient rien? Puis ils ont découvert que mélanger ce nouveau métal avec du cuivre ferait du bronze? De nombreux érudits pensent, et il existe de nombreuses preuves à l'appui de cette théorie, qu'avant le grand déluge, une civilisation très avancée vivait en Grande-Bretagne, avec une grande connaissance pratique de la science et qui en savait plus sur la métallurgie qu'aujourd'hui. Ainsi, l'affirmation qu'ils ne venaient pas d'Europe en Grande-Bretagne, mais qu'ils étaient à l'origine des habitants de l'Atlantide et cette partie de la Grande-Bretagne sont les vestiges de ce continent perdu. Ces faits ne sont pas cruciaux dans notre histoire de Jésus et de Joseph d'Arimathie, mais ils constituent un mystère et une ligne de touche intéressante.

Glastonbury, où la majeure partie de l'histoire abonde, était également le centre culturel des druides. Le druidisme a été organisé à l'échelle nationale depuis 1800 av. Les Romains ont ensuite tenté de faire croire aux gens qu'il n'y avait que des barbares vivant dans les îles britanniques à cette époque, et ils ont fait circuler des rumeurs vicieuses selon lesquelles les druides auraient commis des sacrifices humains lors de leurs cérémonies religieuses. Ces deux affirmations se sont révélées fausses. Les Romains considéraient que toute personne qui n'était pas romaine était barbare. La vérité était qu'il y avait de grandes villes, des centres culturels, des bibliothèques et quarante grandes universités (contenant parfois jusqu'à 60 000 étudiants) en Angleterre qui pourraient rivaliser avec tout ce que nous avons aujourd'hui, en matière de connaissance et d'éducation. Londres a été fondée 270 ans avant Rome en 1020 av.

Les druides avaient des croyances remarquablement similaires aux croyances judaïques et on pense qu'ils ont une racine commune. Ils cherchaient un Sauveur, un Messie, et l'appelaient même Yesu, la seule mention enregistrée de ce nom. Cela peut s'expliquer par le fait que les druides seraient une émanation de juifs installés dans les îles britanniques dans l'Antiquité. Ils auraient naturellement certaines des mêmes croyances. Ils avaient une école de mystère imprégnée de Kaballah (parmi d'autres sujets tels que: philosophie naturelle, astronomie, calcul, géométrie, jurisprudence, médecine, poésie et l'art oratoire). Il faudrait normalement vingt ans pour achever toutes les études, mais nous savons que Jésus n'était pas un élève normal. Il avait la capacité et l'habilité d'absorber des informations à une vitesse incroyablement rapide. Cela avait été évident dans le peu de temps passé à étudier avec les Esséniens. À son retour à Jérusalem pour commencer son ministère, tous les sages enseignants de toutes les écoles de mystères du monde l'avaient déjà éduqué. De nombreuses autres histoires et légendes de nombreux pays le confirment. Donc, c'était une pièce manquante du puzzle, la raison pour laquelle il aurait passé autant de temps en Angleterre.

Pourtant, l'histoire remarquable de Joseph d'Arimathie et de ce qu'il a accompli après la mort de Christ compte beaucoup, voire beaucoup plus. Comme le dit Paul Harvey, c'est "le reste de l'histoire". Après la crucifixion, les disciples et disciples de Jésus craignaient pour leur vie. Les Romains avaient peur de cela, même s'ils s'étaient débarassés de l'instigateur principal (Jésus), ses disciples pourraient toujours avoir la capacité de propager la révolte par le biais de leurs enseignements radicalement différents. De nombreux partisans ont été traqués et tués. Joseph était le protecteur du petit groupe de disciples pendant les années périlleuses qui ont suivi la crucifixion, le chef du groupe chrétien clandestin en Judée et le tuteur de la mère de Christ, Marie. Joseph était trop riche et puissant pour être tué sur-le-champ. Une méthode d'élimination unique avait donc été mise au point pour lui et ses complices. Son groupe et lui ont été embarqués dans un bateau non ponté sans voiles, ni avirons, ni gouvernail de direction, et mis à la dérive en Méditerranée. Une peine de mort certaine, dans des circonstances normales, mais rien dans l'histoire de Jésus n'a jamais été considéré comme normal.

Divers dossiers existants concordent entre les occupants du bateau à bord duquel se trouvait le bateau: Joseph d'Arimathée, sa famille et ses serviteurs. Sur la liste se trouvaient: les trois Marie (Marie, mère de Jésus, Marie Madeleine et l'autre Marie, épouse de Cléopas), Marthe, deux servantes: Marcella et la servante noire Sarah, et douze disciples (dont certains parmi les originaux). Lazare, le cousin de Jésus qu'il avait ressuscité, et Maximin d'Aix, dont Jésus a rendu la vue, ont également fait partie du groupe. Parmi les autres noms cités, citons: Salomé, épouse de Zébédée et mère de Jacques et Jean. Eutrope, Trophime d'Arles, Martial de Limoges, Propre, le pro-consul Sidonius (Restitutus) et Saturninus. Marcella a probablement accompagné dans son ancienne capacité de servante les soeurs Béthanie, et non l'une parmi les bandes missionnaires. Joseph d'Arimathée fut le tuteur de Marie jusqu'à sa mort. Comme elle était sous sa protection, il ne l'aurait pas laissée à Jérusalem où elle aurait couru un danger extrême. Elle était vraiment son accompagnatrice, même si le voyage en mer avait été conçu pour tous les tuer.

Les Romains pensaient que c'était un moyen unique de se débarrasser de ces fauteurs de troubles, car ils ne pouvaient absolument pas survivre en haute mer dans un bateau qui ne pouvait être manœuvré. Mais un courant a attrapé le bateau et les a amenés à terre en toute sécurité sur la côte française. L'emplacement s'appelle maintenant Les Saintes Maries de la Mer. Ici, Lazare et quelques-uns des autres se sont installés et ont finalement fondé la première église de France (appelée à l'époque "Gaule"). Le reste du groupe a poursuivi sa route vers la Grande-Bretagne (dans un bateau beaucoup plus navigable). Leurs amis, les druides, étaient présents et Joseph avait des liens avec les familles britanniques au pouvoir (sa fille Anna était mariée au plus jeune frère du roi). Ils sont retournés à Glastonbury, où ils s'étaient trouvés bien des fois auparavant et y ont reçu des terres par le roi de Grande-Bretagne. Ici, Joseph a établi la première église chrétienne au monde, trois ans après la mort du Christ. Cela ne s'appelerait "chrétien" que des centaines d'années plus tard, en 250 après JC. À cette époque, la religion était connue sous le nom de "La Voie", et "les disciples de la Voie", parce que Jésus avait dit: "Je suis la Voie". Ils se sont référés à Christ et à sa philosophie spirituelle comme "la Voie".

Joseph envoya les disciples diffuser les enseignements de Jésus et, grâce à Lazare et aux autres disciples établis sur le continent, parvint à répandre le christianisme dans toute la Grande-Bretagne, la France et l'Espagne. Il y en avait toujours douze et chaque fois qu'un homme mourait, un autre prenait sa place afin de maintenir le nombre constant à douze. Joseph a vécu 50 ans après la crucifixion et ses contributions à Jésus étaient appelées " l'âge d'or du christianisme." Marie a vécu à Glastonbury jusqu'à sa mort et elle est enterrée à l'emplacement de l'ancienne église. Lorsque Joseph mourut, il fut également enterré là-bas et, finalement, tous les disciples. L'épitaphe sur la tombe de Joseph disait: "Je suis venu chez les Britanniques après avoir enterré le Christ. J'ai enseigné. Je me repose." Cette terre sacrée est appelée "la terre la plus sainte de la Terre". Jean fut le dernier apôtre à mourir et à être enterré là-bas. Il a vécu jusqu'à 101 ans.

Leurs descendants ont même établi la première église à Rome des centaines d'années avant même que le Vatican n'existe. Autre fait remarquable: toute la lignée royale des rois et reines britanniques, jusqu'à l'actuelle reine Elizabeth II, sont descendus directement de Joseph d'Arimathie. Ainsi, ils sont tous liés par une longue lignée ancestrale ininterrompue depuis Jésus.

Il y a beaucoup, beaucoup plus dans cette histoire, mais c'est bien trop long pour cet addendum. À cette époque de l'histoire, la Grande-Bretagne était le seul pays libre au monde. Les Romains ne sont jamais parvenus à conquérir l'Angleterre. En 120 après JC, la Grande-Bretagne fut incorporée (par traité, pas par conquête). Il y eut beaucoup de guerres sanglantes alors que Rome tentait sans succès de prendre le contrôle du berceau du christianisme, et de nombreux faux récits se propagèrent lorsque Rome fut finalement convertie trois cents ans plus tard. Ils ont essayé de renverser la Grande-Bretagne en tant que premier pays à accepter les enseignements du Christ.

De nombreuses années plus tard, dans les années 1400, il y a eu un grand débat avec le Vatican à propos de la plus ancienne église ou de la première église. Était-ce l'Angleterre, la France ou l'Espagne? Ils ont tous été fondés à la même période trois ans après la crucifixion du Christ. Il a finalement été convenu, et fait partie des archives du Vatican, que l'église de Glastonbury était la première église. Ils ont essayé de nier tout le travail merveilleux que Joseph d'Arimathie et les apôtres avaient accompli pour diffuser les enseignements, comme Jésus le souhaitait, immédiatement après sa mort.

L'histoire des réalisations de Joseph revêt une telle importance que, immédiatement après l'invention de l'imprimerie, alors que les livres sont si rares, son histoire sera imprimée. (1516 et 1520).

Il faut se souvenir de Joseph et lui rendre hommage pour avoir suivi l'exemple de Jésus lorsqu'il a construit la première église chrétienne au monde. Il a fallu des centaines d'années avant que le reste du monde ne rattrape son retard, alors que Joseph et son groupe de 12 disciples établissaient les débuts du christianisme. Aujourd'hui, peu de gens connaissent cette histoire remarquable et acceptent la version catholique romaine des origines du christianisme. Pour tout le récit, basé sur des documents historiques solides, je suggère de lire" The Drama of the Lost disciples ", par George F. Jowett (Non traduit en français, et épuisé). Cela ouvrira de nombreux yeux sur le "reste de l'histoire".

Bibliographie

Allegro, John, The Treasure of the Copper Scroll, Doubleday Pub., New York, 1960. Revised edition, Anchor Books, Garden City, N.J., 1982. Allegro, John, Dead Sea Scrolls, Penguin Books, Middlesex, 1956.

Allegro, John, Dead Sea Scrolls: A Reappraisal, Penguin Books, Middlesex, 1964.

Allegro, John, Dead Sea Scrolls: The Mystery of the Dead Sea Scrolls Revealed, Gramercy Pub., New York, 1981.

Allegro, John, Dead Sea Scrolls and the Christian Myth, Prometheus Books, Buffalo, N.Y., 1984.

Dupont-Sommer, A., The Jewish Sect of Qumran and the Essenes. Macmillan Co., New
York, 1956.

Fritsch, Charles T., The Qumran Community. Its History and Scrolls, Macmillan Co., New York, 1956.

Ginsburg, Christian D., The Essenes: Their History and Doctrines, Routledge & Kegan Paul Ltd, London, 19Z.

Heline, Theodore, The Dead Sea Scrolls, New Age Bible and Philosophy Center, Santa Barbara, 1957. (An interesting Theosophical approach)

Howlett, Duncan, The Essenes and Christianity, Harper & Brothers, New York, 1957.

Larson, Martin A., Th e Essene Heritage, Philosophical Library. New York, 1967.

McIntosh and Twyman, Drs., The Archko Volume, originally printed 1887.

Reprinted Keats Publishing Inc., New Canaan, Connecticut, 1975.
Szekely, Edmond Bordeaux, The Gospel of Peace of Jesus Christ, C.W. Daniel, Saffron Walden, 1937.

Szekely, Edmond Bordeaux, Guide to the Essene Way of Biogeni Living, International Biogenic Society, Box 205, Matsqui, B.C. VOX 205, Canada, 1977.

Szekely,Edmond Bordeaux, The Gospel of the Essenes, C.W. Daniel. Saffron Walden, 1978.

Szekely, Edmond Bordeaux, The Teachings of the Essenes from Enoch to the Dead Sea Scrolls, C.W. Daniel, Saffron Walden, 1978.

Tushingham, A. Douglas, "The Men Who Hid the Dead Sea Scrolls," National Geographic, pp. 785-808, December 1958.

Il y en a beaucoup d'autres que j'ai lues lors du cours de mes recherches, mais beaucoup se sont répétées et n'ont rien proposé de nouveau. Il y avait aussi beaucoup de références dans des magazines et des encyclopédies. Je recommande vivement le travail de John Allegro car il a été exclu du comité pour avoir révélé trop d'informations trop tôt. The Essene Heritage de Martin Larson est une autre approche nouvelle. Il n'était lié par aucune organisation religieuse dans ses rapports. Je n'ai pas utilisé les livres de Szekely. Ses sources sont assez controversées. J'ai inclus ses titres principalement parce qu'ils sont bien considérés en Angleterre. Beaucoup d'autres auteurs adhéraient strictement au dogme religieux et craignaient de dévier dans leurs pensées. Cependant, ils offrent des informations historiques intéressantes.

À propos de l'auteur

Dolores Cannon, hypnothérapeute de régression de vies antérieures et chercheuse psychique qui enregistre les connaissances" perdues ", est née en 1931 à St. Louis, dans le Missouri. Elle a fait ses études et a vécu dans le Missouri jusqu'à son mariage en 1951 avec un homme de la marine de carrière. Au cours des 20 années qui ont suivi, elle a voyagé partout dans le monde en tant qu'une épouse typique de la Marine et a élevé sa famille.

En 1968, elle a été exposée pour la première fois à la réincarnation par hypnose régressive lorsque son mari, hypnotiseur amateur, a trébuché sur une vie passée alors qu'il travaillait avec une femme souffrant de problèmes de poids.

À cette époque, le sujet des " vies antérieures "était peu orthodoxe et très peu de personnes expérimentaient sur ce terrain. Cela a suscité son intérêt, mais il a dû être écarté pour faire place à des exigences de sa vie familiale.

En 1970, son mari a été libéré en tant que vétéran handicapé et ils se sont retirés dans les collines de l'Arkansas. Elle a ensuite commencé sa carrière d'écrivain et a commencé à vendre ses articles à divers magazines et journaux. Lorsque ses enfants ont commencé leur vie personnelle, son intérêt pour l'hypnose régressive et la réincarnation a été réveillé. Elle a étudié les différentes méthodes d'hypnose et a ainsi développé sa propre technique qui lui a permis de tirer le meilleur parti des informations diffusées par ses sujets. Depuis 1979, elle a régressé et catalogué les informations recueillies auprès de centaines de bénévoles. En 1986, elle élargit ses recherches dans le domaine des ovnis. Elle a effectué des études sur site de suspicions d'atterrissages d'ovnis et a enquêté sur les Crop Circles en Angleterre.

La majeure partie de son travail dans ce domaine a consisté à accumuler des preuves grâce à l'hypnose sur des personnes soupçonnées d'avoir été enlevées.

Ses livres publiés incluent: Conversations avec Nostradamus Volumes I/II/III - Jésus et les Esséniens - Ils ont marché avec Jésus - Entre la mort et la vie - Une âme se souvient d'Hiroshima - Les Gardiens du jardin - Héritage des étoiles - La légende de Starcrash - Les Custodiens, Univers enchevêtré, Livres 1-4 - Cinq vies en mémoire.

Plusieurs de ses livres sont maintenant disponibles dans différentes langues.

Dolores a quatre enfants et de nombreux petits-enfants qui la maintiennent solidement équilibrée entre le monde "réel" de sa famille et le monde "invisible" de son travail.

Si vous souhaitez correspondre avec Dolores sur différent sujets concernant son travail, vous pouvez lui écrire à l'adresse suivante. (Veuillez joindre une enveloppe timbrée à votre adresse pour sa réponse.) Vous pouvez également correspondre via notre site Web.
Dolores Cannon
P.O. Box 754
Huntsville, AR 72740
Ozark Mountain Publishing, Inc.
www.ozarkmt.com

Other Books by Ozark Mountain Publishing, Inc.

Dolores Cannon
A Soul Remembers Hiroshima
Between Death and Life
Conversations with Nostradamus,
Volume I, II, III
The Convoluted Universe - Book One,
Two, Three, Four, Five
The Custodians
Five Lives Remembered
Jesus and the Essenes
Keepers of the Garden
Legacy from the Stars
The Legend of Starcrash
The Search for Hidden Sacred Knowledge
They Walked with Jesus
The Three Waves of Volunteers and the
New Earth

Aron Abrahamsen
Holiday in Heaven
Out of the Archives - Earth Changes

James Ream Adams
Little Steps

Justine Alessi & M. E. McMillan
Rebirth of the Oracle

Kathryn/Patrick Andries
Naked in Public

Kathryn Andries
The Big Desire
Dream Doctor
Soul Choices: Six Paths to Find Your Life
Purpose
Soul Choices: Six Paths to Fulfilling
Relationships

Patrick Andries
Owners Manual for the Mind

Cat Baldwin
Divine Gifts of Healing

Dan Bird
Finding Your Way in the Spiritual Age
Waking Up in the Spiritual Age

Julia Cannon
Soul Speak – The Language of Your Body

Ronald Chapman
Seeing True

Albert Cheung
The Emperor's Stargate

Jack Churchward
Lifting the Veil on the Lost Continent of
Mu
The Stone Tablets of Mu

Sherri Cortland
Guide Group Fridays
Raising Our Vibrations for the New Age
Spiritual Tool Box
Windows of Opportunity

Patrick De Haan
The Alien Handbook

Paulinne Delcour-Min
Spiritual Gold
Holly Ice
Divine Fire

Joanne DiMaggio
Edgar Cayce and the Unfulfilled Destiny
of Thomas Jefferson Reborn

Anthony DeNino
The Power of Giving and Gratitude

Michael Dennis
Morning Coffee with God
God's Many Mansions

Carolyn Greer Daly
Opening to Fullness of Spirit

Anita Holmes
Twidders

Aaron Hoopes
Reconnecting to the Earth

Victoria Hunt
Kiss the Wind

Patricia Irvine
In Light and In Shade

Kevin Killen
Ghosts and Me

Diane Lewis
From Psychic to Soul

Donna Lynn
From Fear to Love

Maureen McGill
Baby It's You

Maureen McGill & Nola Davis
Live from the Other Side

Curt Melliger
Heaven Here on Earth

Henry Michaelson
And Jesus Said – A Conversation

Dennis Milner
Kosmos

Andy Myers
Not Your Average Angel Book

Guy Needler
Avoiding Karma
Beyond the Source – Book 1, Book 2
The Anne Dialogues

For more information about any of the above titles, soon to be released titles,
or other items in our catalog, write, phone or visit our website:
PO Box 754, Huntsville, AR 72740
479-738-2348/800-935-0045
www.ozarkmt.com

Other Books by Ozark Mountain Publishing, Inc.

The Curators
The History of God
The Origin Speaks

James Nussbaumer
And Then I Knew My Abundance
The Master of Everything
Mastering Your Own Spiritual Freedom
Living Your Dram, Not Someone Else's

Sherry O'Brian
Peaks and Valleys

Riet Okken
The Liberating Power of Emotions

Gabrielle Orr
Akashic Records: One True Love
Let Miracles Happen

Victor Parachin
Sit a Bit

Nikki Pattillo
A Spiritual Evoluation
Children of the Stars

Rev. Grant H. Pealer
A Funny Thing Happened on the
Way to Heaven
Worlds Beyond Death

Victoria Pendragon
Born Healers
Feng Shui from the Inside, Out
Sleep Magic
The Sleeping Phoenix
Being In A Body

Michael Perlin
Fantastic Adventures in Metaphysics

Walter Pullen
Evolution of the Spirit

Debra Rayburn
Let's Get Natural with Herbs

Charmian Redwood
A New Earth Rising
Coming Home to Lemuria

David Rivinus
Always Dreaming

Richard Rowe
Imagining the Unimaginable
Exploring the Divine Library

M. Don Schorn
Elder Gods of Antiquity
Legacy of the Elder Gods
Gardens of the Elder Gods
Reincarnation...Stepping Stones of Life

Garnet Schulhauser

Dance of Eternal Rapture
Dance of Heavenly Bliss
Dancing Forever with Spirit
Dancing on a Stamp

Manuella Stoerzer
Headless Chicken

Annie Stillwater Gray
Education of a Guardian Angel
The Dawn Book
Work of a Guardian Angel
Joys of a Guardian Angel

Blair Styra
Don't Change the Channel
Who Catharted

Natalie Sudman
Application of Impossible Things

L.R. Sumpter
Judy's Story
The Old is New
We Are the Creators

Artur Tradevosyan
Croton

Jim Thomas
Tales from the Trance

Jolene and Jason Tierney
A Quest of Transcendence

Nicholas Vesey
Living the Life-Force

Janie Wells
Embracing the Human Journey

Dennis Wheatley/ Maria Wheatley
Payment for Passage
The Essential Dowsing Guide

Maria Wheatley
Druidic Soul Star Astrology

Jacquelyn Wiersma
The Zodiac Recipe

Sherry Wilde
The Forgotten Promise

Lyn Willmoth
A Small Book of Comfort

Stuart Wilson & Joanna Prentis
Atlantis and the New Consciousness
Beyond Limitations
The Essenes -Children of the Light
The Magdalene Version
Power of the Magdalene

Robert Winterhalter
The Healing Christ

For more information about any of the above titles, soon to be released titles,
or other items in our catalog, write, phone or visit our website:
PO Box 754, Huntsville, AR 72740
479-738-2348/800-935-0045
www.ozarkmt.com

www.ingramcontent.com/pod-product-compliance
Lightning Source LLC
Chambersburg PA
CBHW050124170426
43197CB00011B/1711